Síndrome de Down

Instituto Phorte Educação
Phorte Editora

Diretor-Presidente
Fabio Mazzonetto

Diretora Executiva
Vânia M. V. Mazzonetto

Editor Executivo
Tulio Loyelo

Síndrome de Down
Informações, caminhos e histórias de amor

Vanessa Helena Santana Dalla Déa
Edison Duarte
(Organizadores)

São Paulo, 2009

Síndrome de Down: informações, caminhos e histórias de amor
Copyright © 2009 by Phorte Editora

Rua Treze de Maio, 596
CEP: 01327-000
Bela Vista – São Paulo – SP
Tel/fax: (11) 3141-1033
Site: www.phorte.com   *E-mail*: phorte@phorte.com

Nenhuma parte deste livro pode ser reproduzida ou transmitida de qualquer forma ou por quaisquer meios eletrônico, mecânico, fotocopiado, gravado ou outro, sem autorização prévia por escrito da Phorte Editora Ltda.

CIP-BRASIL. CATALOGAÇÃO-NA-FONTE
SINDICATO NACIONAL DOS EDITORES DE LIVROS, RJ

S623

Síndrome de Down: informações, caminhos e histórias de amor / Vanessa Helena Santana Dalla Déa, Edison Duarte (organizadores). - São Paulo: Phorte, 2009.
   336p.: il.

   Inclui bibliografia
   ISBN 978-85-7655-223-9

   1. Down, Síndrome de - Pacientes - Cuidado e tratamento. I. Déa, Vanessa Helena Santana Della. II. Duarte, Edison.

09-1385.   CDD: 616.858842
                    CDU: 616.899.6

27.03.09   01.04.09   011756

Impresso no Brasil
Printed in Brazil

Organizadores

Vanessa Helena Santana Dalla Déa

Doutoranda em Educação Física Adaptada – Unicamp
Docente da Universidae Federal de Goiás
Mãe da Ana Beatriz, com síndrome de Down

Edison Duarte

Doutor em Anatomia Humana – USP
Docente do Departamento de Estudos da Atividade Física Adaptada – Unicamp

Autores

Alexandre Duarte Baldin

Doutor em Saúde da Criança e do Adolescente – Faculdade de Ciências Médicas – Unicamp

Claudia Foganholi

Especialista em Atividade Física Adaptada – Unicamp
Docente da Universidade Camilo Castelo Branco (Unicastelo – Descalvado – SP)

Eloisa Tudella

Doutora em Psicologia (Psicologia Experimental)
Docente do Curso de Fisioterapia da UFSCar

Grazielli Aparecida Cerroni

Especialista em Teatro, Música e Dança
Bailarina e professora de Dança

Hermes Ferreira Balbino

Doutor em Ciências do Esporte – Unicamp
Técnico esportivo, especialista no planejamento e na aplicação de programas de treinamento esportivo

Jaqueline Bonicelli Santiago

Especialista em Atividade Motora Adaptada – Unicamp
Graduada em Educação Física – Unicep

José Irineu Gorla

Doutor em Atividade Física, Adaptação e Saúde – FEF – Unicamp
Docente do Departamento de Estudos da Atividade Física Adaptada – Unicamp

José Luiz Lopes Vieira

Doutor em Ciência do Movimento Humano
Docente da Universidade Estadual de Maringá – UEM
Pai da Julia Fiorese Vieira, com síndrome de Down

Karina Pereira

Doutora em Fisioterapia – UFSCar
Docente da Universidade Federal do Triângulo Mineiro

Lenamar Fiorese Vieira

Doutora em Ciência do Movimento Humano
Docente da Universidade Estadual de Maringá – UEM
Mãe da Julia Fiorese Vieira, com síndrome de Down

Lívia Dias Rodrigues

Especialista em Motricidade Orofacial – CFFa
Fonoaudióloga clínica, hospitalar e escolar

Mey van Munster

Doutora em Educação Física Adaptada – Unicamp
Docente da Faculdade de Educação Física – UFSCar

Nathalia Vasconcelos

Especialista em Psicopedagogia – Centro Universitário Moura Lacerda
Psicóloga Educacional, Psicóloga de Clínica Infantil e Psicopedagoga

Rafaela Gimenez

Graduada em Fisioterapia
Atuante em Fisioterapia Aquática para crianças com síndrome de Down

Renata Cardoso Giongo

Graduada em Enfermagem – UFSCar
Mãe do Gabriel, com síndrome de Down

Rita Hammoud

Especialista em Reabilitação do Membro Superior e Terapia da Mão – Unicamp
Fisioterapeuta – UFSCar
Equoterapeuta formada pela ANDE – Brasília

Roberto Rodrigues Paes

Doutor em Educação – Unicamp
Docente do Departamento de Ciências do Esporte – Unicamp

Rosana Aparecida Salvador Rossit

Pós-doutora em Análise do Comportamento Humano – Fapesp – UFSCar
Doutora e mestre em Educação Especial – UFSCar
Docente do Curso de Terapia Ocupacional da Unifesp – Campus Baixada Santista

Tadeu Batista Dalla Déa

Especialista em Fisiologia do Exercício
Graduado em Fisioterapia – PUC Campinas

Vanielen Erica Santana

Graduada em Pedagogia – Universidade São Marcos
Professora de Ensino Infantil

Venicia Elaine Santana

Bacharel em Educação Física – Unicamp
Autora do livro *Nadar com segurança*

Vicente Paulo Batista Dalla Déa

Especialista em Pedagogia do Movimento – Unicamp
Pai da Ana Beatriz, com síndrome de Down

À nossa querida Ana Beatriz. Seremos eternamente gratos por sua existência, sua alegria e pelo muito que nos faz crescer. Você é a prova viva de Deus. Temos muito orgulho de você.

Agradecemos aos profissionais que aqui apresentaram muito mais que informações e técnicas; deixaram, também, um pouquinho do amor pelo próximo. Às famílias das pessoas com síndrome de Down, que nos deram seu relato enriquecendo este trabalho. A todas as pessoas com síndrome de Down, que tornam este mundo mais humano e especial.

Embora ninguém possa voltar atrás e fazer um novo começo, qualquer um pode começar agora e fazer um novo fim.

Francisco Cândido Xavier

Apresentação

O sucesso do desenvolvimento neuro-psico-motor da pessoa com síndrome de Down depende dos esforços e do conhecimento de diversos profissionais da saúde. A síndrome de Down é uma anomalia genética que pode determinar na pessoa que a possui características e patologias que, devidamente supervisionadas, não serão empecilho para uma vida saudável, útil e feliz.

A síndrome de Down é uma realidade social que não se pode desprezar. Segundo a Organização Mundial de Saúde, nasce uma criança portadora desta anomalia genética a cada 550 nascidos vivos. No Brasil, nascem 8.000 crianças com síndrome de Down por ano. É visível um aumento significativo no número de nascimentos de bebês com essa síndrome; no entanto, isso ainda não é detectado pelas pesquisas e não há uma razão específica para tal.

Em 1929, os indivíduos com síndrome de Down viviam apenas 19 anos, aproximadamente. Alguns morriam logo após o nascimento em virtude das cardiopatias que não tinham tratamento, e outros tinham o sistema nervoso afetado. As doenças respiratórias e o sistema imunológico deficitário eram outros fatores que contribuíam para a baixa expectativa de vida. Com o avanço da medicina, a expectativa e a qualidade de vida desses indivíduos têm superado as barreiras geneticamente impostas. Hoje, a expectativa de vida dessas pessoas é de 60 anos, o que não está tão longe da expectativa de vida da população em geral, que é de 70 anos, contribuindo para que haja mais indivíduos adultos com síndrome de Down no convívio social do que se costumava ver há pouco tempo. Para que se possa proporcionar melhores condições de vida para essas pessoas, é importante que se tenham conhecimentos adequados a respeito.

A visão da sociedade com relação às capacidades desses indivíduos também tem sido modificada lentamente. Hoje, encontramos melhor aceitação da sociedade perante as pessoas com deficiência, o que se deve ao aumento de informação, à mudança das leis e, principalmente, à oportunidade que nossos filhos com deficiência têm tido para mostrar seu potencial. Antigamente, o indivíduo com síndrome de Down era tratado como um deficiente mental profundo, sem produtividade e incapaz.

Hoje, pode-se verificar na sociedade pessoas com Down que conquistaram progressos vencendo suas dificuldades, que vivem em perfeita harmonia na sociedade, com habilidades que ainda surpreendem os leigos, exercendo funções profissionais com muita eficiência, pintando quadros, tocando instrumentos, atuando em emissoras de televisão, casando-se, completando os estudos, adquirindo independência e, principalmente, sendo felizes. Esses indivíduos com síndrome de Down comprovam em seu cotidiano que o único fato que ainda não se pode modificar é sua situação genética.

Com as estimulações disponíveis e a aceitação dos pais, da família e da sociedade, o indivíduo com síndrome de Down tem, hoje, perspectiva de uma vida útil, feliz e muito próxima da realidade vivenciada pelas pessoas que não têm essa síndrome.

A união de profissionais, como fonoaudiólogos, fisioterapeutas, terapeutas ocupacionais, pedagogos e professores de Educação Física, juntamente com a preparação dos pais, dribla a dificuldade inicial na comunicação, no desenvolvimento motor e até na aparência característica do Down, que é modificada.

Este livro tem como objetivo proporcionar informações para que os muitos profissionais envolvidos atualmente na estimulação da pessoa com síndrome de Down, desde seu nascimento até o envelhecimento, na escola, na família, no trabalho e nas atividades cotidianas, possam realizar um trabalho consciente, humano e eficiente.

A primeira parte apresenta informações básicas sobre a síndrome de Down, como conceitos, classificações, diagnóstico, características, possíveis patologias, cuidados com o bebê Down, inclusão na escola e no trabalho, importância da família etc. Apresentamos o indivíduo com síndrome de Down com suas possíveis deficiências e eficiências.

Na segunda parte, discutimos o objetivo e as informações sobre o trabalho realizado pelos profissionais da saúde, envolvendo o fisioterapeuta, o fonoaudiólogo, o terapeuta ocupacional, o hidroterapeuta, o equoterapeuta, o psicopedagogo e o profissional que trabalha com reeducação postural global, oferecendo, assim, informações sobre as técnicas terapêuticas que acompanham a pessoa com síndrome de Down durante toda sua vida.

Na terceira parte, enfatizamos a atividade física como meio de aquisição e manutenção das condições motoras necessárias para uma melhor qualidade de vida da pessoa com síndrome de Down. Atividades como natação para bebês, danças e jogos com bolas podem ser uma forma prazerosa de se adquirir melhores condições físicas e psicológicas.

Vanessa Helena Santana Dalla Déa

Sumário

Pressupostos básicos sobre síndrome de Down

Informações gerais sobre a síndrome de Down 23
Vanessa Helena Santana Dalla Déa
Alexandre Duarte Baldin
Vicente Paulo Batista Dalla Déa

Possíveis patologias da criança com síndrome de Down 43
Renata Cardoso Giongo
Alexandre Duarte Baldin
Patrícia Maria dos Reis Canedo

O papel da família no desenvolvimento da criança com síndrome de Down 55
Lenamar Fiorese Vieira
José Luiz Lopes Vieira

Shantala: toque de amor para o bebê Down 65
Venicia Elaine Santana

Inclusão da pessoa com síndrome de Down no ensino regular. 83
Vanielen Erica Santana

Inclusão da pessoa com deficiência mental no trabalho 91
Rosana Ap. Salvador Rossit

Estimulação multidisciplinar

A importância da estimulação da criança com síndrome de Down 117
Vanessa Helena Santana Dalla Déa

Fisioterapia: orientação para a estimulação sensório-motora de crianças com síndrome de Down 123
Karina Pereira
Eloisa Tudella

Terapia ocupacional: contribuições para a aquisição de habilidades. 151
    Rosana Ap. Salvador Rossit

Fonoaudiologia. 173
    Lívia Rodrigues

Psicopedagogia. 183
    Nathalia de Vasconcelos

Equoterapia. 191
    Rita Hammoud

Fisioterapia aquática. 199
    Rafaela Okano Gimenes

Reeducação postural global (RPG). 207
    Tadeu Batista Dalla Déa

Atividade física adaptada

Atividade física adaptada e o Programa de Educação Física Específico 219
    José Irineu Gorla

Natação para bebês com síndrome de Down 223
    Cláudia Foganholi

Atividades aquáticas: natação e hidroginástica. 229
    Venicia Elaine Santana
    Vanessa Helena Santana Dalla Déa

Pedagogia do esporte e os jogos com bola. 249
    Roberto Rodrigues Paes
    Hermes Ferreira Balbino

Dança para a pessoa com síndrome de Down 263
    Grazielli Aparecida Cerroni
    Jaqueline Bonicelli Santiago

Atividades lúdicas e síndrome de Down: possibilidades em forma de alegria . 269
    Mey van Munster

Conhecendo histórias

A importância de o profissional conhecer a realidade 285
    Vanessa Helena Santana Dalla Déa

História da Ana Beatriz 289

História do João Pedro. 295

História do Paulo. 303

História do Gabriel. 309

História do Leonardo 315

História da Larissa 317

História do Lucas José 321

História do Lucas 325

Considerações finais 329

Álbum de fotos

Álbum de fotos 333

Pressupostos básicos sobre síndrome de Down

Informações gerais sobre a síndrome de Down

Vanessa Helena Santana Dalla Déa
Alexandre Duarte Baldin
Vicente Paulo Batista Dalla Déa

O desenvolvimento humano é um processo contínuo que se inicia quando um gameta feminino (óvulo) é fertilizado por um gameta masculino (espermatozoide), para formarem uma única célula, chamada *zigoto*, com cromossomos e genes do pai e da mãe. Esta célula marca o início de cada um de nós como indivíduo singular.

Esse organismo unicelular divide-se e vai progressivamente se transformando em um ser humano multicelular, por meio da divisão celular, da migração, do crescimento e da diferenciação. Todavia, durante a divisão celular, podem ocorrer alguns erros cromossômicos e a mãe pode gerar um bebê com algum tipo de malformação. A malformação é um defeito morfológico de um órgão, parte de um órgão ou de uma região maior do corpo que resulta de um processo de desenvolvimento intrinsecamente anormal.

Malformações congênitas, defeitos congênitos e *anomalias congênitas* são termos de uso corrente para descrever defeitos do desenvolvimento presentes na ocasião do nascimento.

Essa era a terrível realidade expressa no diagnóstico dado para os pais ao receber uma criança com síndrome de Down: *Seu filho não irá andar nem falar e terá muitas dificuldades*. Se tiver oportunidades, a criança com síndrome de Down, certamente, dará muitas alegrias e orgulho aos que a amam e surpreenderá aqueles que a acompanham.

Além de todos os obstáculos que se têm, normalmente, com a educação de um filho, a criança com síndrome de Down necessita de outros estímulos. No entanto, a falta de informação dos pais e dos profissionais que lidam com a pessoa com síndrome de Down pode interferir no seu desenvolvimento.

Informações básicas

O que é síndrome de Down?

Os fatores genéticos são responsáveis por cerca de um terço dos defeitos congênitos e podem afetar os cromossomos sexuais ou os autossomos. Geralmente, as pessoas portadoras de anormalidades cromossômicas apresentam fenótipos característicos, o que será explicado mais adiante.

A síndrome de Down é a anomalia genética mais frequente em todo o mundo, estando presente igualmente em todas as nacionalidades, as raças e as classes sociais. Também se apresenta da mesma forma independentemente do sexo da criança. Pode aparecer em qualquer família, esta tendo ou não antecedentes com síndrome de Down ou qualquer outra síndrome.

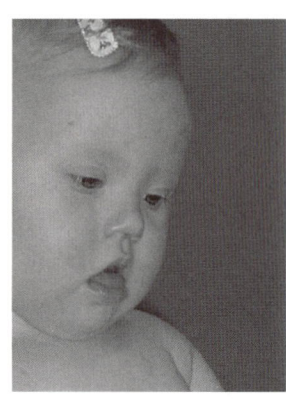

Sendo assim, podemos ter pessoas com síndrome de Down bastante diferentes entre si, tanto nas características físicas quanto na presença de patologias. Além dessas diferenças, cada indivíduo apresentará características provenientes de sua família, tornando-o mais diferente ainda. Da mesma forma, a intensidade da deficiência mental, o atraso no desenvolvimento motor e a capacidade de adaptação na sociedade são bem particulares de cada indivíduo. O desenvolvimento neurológico, psicológico e físico da pessoa com síndrome de Down sofre influência de suas características genéticas, mas será, em parte, determinado pelas oportunidades que lhes serão oferecidas no decorrer da vida.

A ciência nos mostra que a síndrome de Down causa limitações no desenvolvimento físico e intelectual. No entanto, a intensidade dessas limitações, até hoje, não foi definida. Sendo assim, não podemos traçar limites máximos às pessoas com síndrome de Down, o que é muito positivo, pois, na dúvida, devem-se oferecer oportunidades e, só assim, descobrir suas potencialidades. Com as estimulações precocemente iniciadas e com o aumento das oportunidades oferecidas para a pessoa com síndrome de Down, suas condições têm sido ampliadas e mais bem exploradas.

Como devemos definir esse indivíduo?

Utilizar nomenclatura apropriada é de fundamental importância, pois a maneira como denominamos e nos referimos às pessoas pode carregar preconceitos e criar estigmas negativos provenientes da falta de informação. Sabe-se que a autoestima e o autoconceito formados pelo indivíduo sofre grande influência das informações que vêm das pessoas que o cercam e da sociedade em geral. No indivíduo com síndrome de Down, isso não acontece de forma diferente, o que pode, inclusive, dificultar seu desenvolvimento psicológico e criar rótulos negativos na sociedade, que lhe serão uma barreira.

Muitas vezes, ouve-se dizer que a pessoa com síndrome de Down é doente. Várias pessoas já nos perguntaram: *Sua filha é doente?* Esta informação é incorreta, pois ela tem uma síndrome. Síndrome é um conjunto de sinais e sintomas provocados pelo mesmo organismo e dependentes de causas diversas que podem levar a uma doença ou perturbação. Doença é um estado que necessita de cura, caracterizado por um estado resultante da consciência da perda da homeostase, ou seja, da condição estável do organismo. A síndrome de Down não é curável nem é caracterizada como uma condição instável do organismo necessariamente. Sendo assim, não é uma doença, mas uma síndrome. Existem algumas patologias que a pessoa com síndrome de Down pode apresentar, mas é possível encontrar pessoas com síndrome de Down que não apresentam nenhuma dessas patologias. Segundo estatísticas, 10% das pessoas com síndrome de Down não apresentam nenhuma patologia em nenhuma fase da vida. Quando presentes, são tratadas, e esse indivíduo poderá ter uma vida bastante saudável. A nossa filha, até o momento, não apresenta nenhuma dessas patologias e não toma nenhum medicamento; sendo assim, ela tem síndrome de Down e é uma criança saudável.

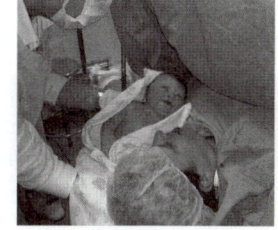

Outra definição utilizada incorretamente é mongoloide. Este termo originou-se quando, em 1866, o cientista John Langdon Down relatou que algumas crianças apresentavam aparência comum e não faziam parte da mesma família e que apresentavam características similares aos habitantes da Mongólia, no centro-leste da Ásia, principalmente a inclinação dos olhos. Em 1958, o cientista francês Jerome Lejeune descobriu que os indivíduos que têm síndrome de Down possuem diferenças genéticas em relação às outras pessoas. Foi Lejeune quem deu este nome a esta síndrome, como uma homenagem a John Langdon Down, o primeiro cientista que chamou a atenção do mundo para um grupo de pessoas que apresentam características comuns entre eles: as pessoas com síndrome de Down.

No Brasil, inicialmente, as pessoas com síndrome de Down eram denominadas *idiotas mongoloides*. Ainda hoje, quando se utiliza o termo *mongol*, ele vem estigmatizado para tratar de pessoas idiotas, ou seja, que sofrem de uma idiotia. Em psiquiatria, sofrer de uma idiotia significa apresentar a mais grave das formas de retardo mental. Como dito anteriormente, a pessoa com síndrome de Down apresenta, na maioria dos casos, uma deficiência mental leve a moderada.

Há graus determinados na síndrome de Down? Não. Na realidade, como já relatado, cada pessoa com esta síndrome tem um desenvolvimento bastante particular, como também acontece com as outras pessoas da população em geral. O que determinará se a deficiência mental e as dificuldades neuro-psico-motoras serão maiores ou menores são diversos fatores. A presença de doenças pode ser um deles, pois poderá levar à internação e à não-participação das atividades de estimulação e da vivência com a sociedade. O isolamento também pode dificultar o desenvolvimento. Antigamente, era comum a família, em uma tentativa de proteção, retirar o indivíduo com Down do convívio social. Hoje, a pessoa com síndrome de

Down pode ter acesso a diversas estimulações, escola convencional e ambientes de trabalho, fato que lhe permite vivenciar para encontrar atividades nas quais terá maiores facilidades e dificuldades e, assim, aumentar suas chances de sucesso. Isso se chama *oportunidade*.

Qual o diagnóstico? Existe um culpado?

Todas as células do nosso corpo contêm 46 cromossomos divididos em pares, ou seja, são 23 pares de cromossomos dentro de cada célula. Os cromossomos são compostos pelos genes, e estes, por um material especial chamado *DNA* ou *ácido desoxirribonucleico*. Os genes carregam as informações que determinarão como serão o crescimento, o desenvolvimento e as características pessoais de cada indivíduo, a altura, a cor dos olhos, o som da voz e todas as demais características. Do primeiro ao vigésimo segundo par, que denominamos *cromossomos autossomos*, o material genético é idêntico em meninos e meninas. A diferença entre os sexos está no vigésimo terceiro par, que denominamos *cromossomos sexuais*. Neste par, encontramos o material genético XX em garotas e XY em garotos. Sendo assim, a primeira célula que dará origem ao novo bebê deve ter 44 cromossomos autossomos e dois sexuais. Na síndrome de Down, o número de cromossomos presentes nas células é diferente do convencional. A alteração genética, presente na pessoa com síndrome de Down, consiste na presença de um cromossomo extra no par 21, sendo assim, receberá 47 cromossomos. Estudos mostram que apenas um pequeno segmento do cromossomo 21 apresenta a região crítica que produz a síndrome de Down. A pessoa com síndrome de Down apresenta cromossomos normais, somente o cromossomo 21 é duplicado, mas também não apresenta nenhuma anomalia. Os cientistas ainda não descobriram o mecanismo que acontece na síndrome de Down. Só se sabe que o material extra produz um desequilíbrio genético que causa o crescimento e o desenvolvimento incompletos, e não anormal.

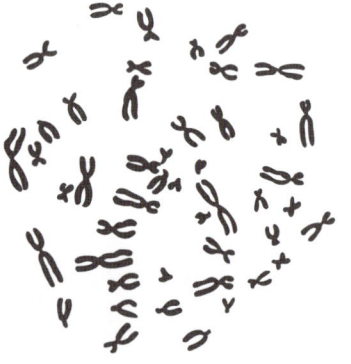

FIGURA 1 – Cromossomos.

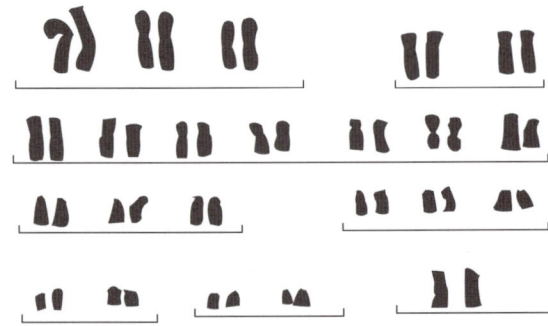

FIGURA 2 – Cariótipo de uma mulher sem síndrome de Down.

As características do indivíduo são formadas da combinação entre as informações vindas dos pais por meio de suas dominâncias. A criança com síndrome de Down carrega as características dos pais e apresenta, também, as características provenientes da alteração genética, comum nas pessoas com síndrome de Down. Da mesma forma que a criança não será cópia perfeita de seus pais, isto é, algumas características físicas e psicológicas estarão presentes e outras não, as características frequentes em quem tem síndrome de Down também podem estar presentes ou não. Existem crianças que apresentam mais características físicas (fenótipo) comuns desta síndrome, e outras, nem tanto.

Para a confirmação de que uma pessoa tem síndrome de Down, é necessária a realização de alguns exames, entre eles, o estudo genético denominado *cariótipo*. Tal exame é realizado a partir de amostras de sangue após o nascimento, por meio da coleta do líquido amniótico ou do sangue do cordão umbilical. É este exame que determina o tipo de síndrome de Down que a pessoa apresenta.

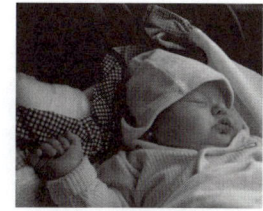

A *amniocentese* é um método de diagnóstico pré-natal que consiste na punção transabdominal de uma pequena quantidade de líquido amniótico da bolsa amniótica para checar a saúde do bebê durante a gravidez. Esse procedimento pode ser realizado logo que exista quantidade suficiente do líquido amniótico em volta do feto. Para que possa ser recolhida uma amostra com segurança, o período ideal é entre 15 e 20 semanas de gestação.

A amniocentese é uma avaliação citogenética que permite detectar a existência de alguma malformação, estabelecer o sexo fetal e verificar patologias ligadas ao sexo. Esse processo também permite:

- Determinar grupos sanguíneos e sensibilização ao fator Rh;
- Estimar a maturidade fetal;
- Revelar erros hereditários de metabolismo;
- Determinar, por meio da análise bioquímica de células, a presença de quaisquer patologias fatais;
- Determinar a possível necessidade de uma transfusão fetal intrauterina.

Translucência nucal (TN) é um espaço com líquido (linfa) que pode ser observado na região da nuca em fetos com três a quatro meses de gestação. Todos os fetos podem apresentar certa quantidade de linfa acumulada na região do pescoço, entre a pele e o plano profundo, até que ocorra o total amadurecimento dos vasos linfáticos, que acontece por volta de 14 a 16 semanas. A TN, quando aumentada, não é capaz de garantir a presença de síndrome de Down; no entanto, nesse grupo de pacientes, que corresponde a 5% da população, encontram-se aproximadamente 80% de todos os fetos com Down. Realiza-se um exame ultrassonográfico detalhado por via abdominal (às vezes, é necessária a avaliação com ultrassonografia transvaginal) e mede-se, então, a espessura da TN e o comprimento do feto. Esses dados e mais alguns outros pessoais são manipulados pelo programa de computador que calculará o risco basal, puramente pela idade materna, e o risco real, avaliado pela TN, que é aquele personalizado para aquela gestação em especial.

O exame mais preciso e informativo é o cariótipo. Nele, as informações mais valiosas estão presentes e há chance mínima de erro. Portanto, para se ter certeza do tipo de síndrome que seu filho apresenta, é de extrema importância a realização do exame do cariótipo.

Quais os tipos de síndrome de Down?

Existem três tipos de síndrome de Down: trissomia 21, mosaico e translocação.

A *trissomia* é encontrada em 95% das pessoas com síndrome de Down; também é chamada de *trissomia livre* ou por *não-disjunção*. No cariótipo, pode-se observar nitidamente o terceiro cromossomo causador da síndrome junto ao par de cromossomos 21. Na Figura 3, apresentamos o cariótipo da nossa filha Ana Beatriz, que tem trissomia 21.

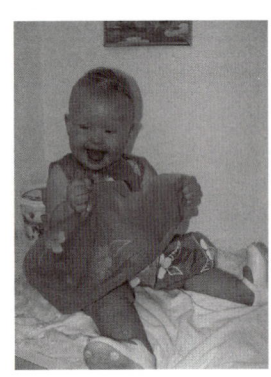

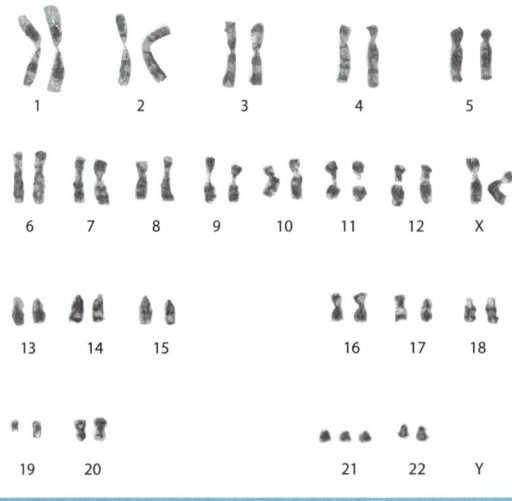

FIGURA 3 – Cariótipo de Ana Beatriz.

O cromossomo extra é de fácil identificação e permanece distinto como os outros dois cromossomos que formam o par 21. A trissomia ocorre por um acidente genético; nesse caso, os pais têm cariótipo normal. Esse cromossomo a mais pode ter vindo do óvulo ou do espermatozoide. O acidente genético que leva à síndrome de Down acontece na meiose, na qual a célula-mãe resulta erroneamente em duas células-filha sendo uma com 22 cromossomos e a outra com 24; este erro é chamado *não-disjunção*. A célula com 22 cromossomos tem só um cromossomo do *lócus* 21 e não consegue sobreviver. A célula com 24 cromossomos tem três cromossomos 21. As células que formarão o organismo desse bebê serão formadas a partir de mitoses, isto é, cada célula gera outras duas idênticas a si. Sendo assim, todas as células do corpo da pessoa com trissomia simples terão 47 cromossomos.

A causa deste acidente ainda não foi comprovada. Existem vários estudos com hipóteses como alterações hormonais presentes na mãe, uso prolongado de contraceptivos orais e de drogas como álcool, fumo etc. No entanto, não existem estudos que comprovem isso; os únicos fatos devidamente comprovados é a relação entre síndrome de Down e idade materna avançada e a maior probabilidade de outro filho com síndrome de Down. Isso se deve ao fato de que a menina já nasce com milhares de óvulos em seus ovários e, à medida que a mulher envelhece, os óvulos envelhecem junto, proporcionando maior incidência de malformações. Outro fato comprovado é que a mulher que já teve uma criança com síndrome de Down tem chances maiores de reincidência (Tabela 1).

Tabela 1 – Risco aproximado de nascimento da criança com síndrome de Down, no caso de mães de diversas idades que nunca tiveram uma criança com esta síndrome e de reincidência

Mulheres que não têm outro filho com síndrome de Down		Mulheres que já têm um filho com síndrome de Down	
Idade da mãe no nascimento	Risco de nascer com síndrome de Down	Idade da mãe no nascimento	Risco de nascer com síndrome de Down
Menos de 35 anos	0,1%	Menos de 35 anos	1,0%
De 35 a 39 anos	0,5%	De 35 a 39 anos	1,5%
De 40 a 44 anos	1,5%	De 40 a 44 anos	2,5%
Acima de 45 anos	3,5%	Acima de 45 anos	4,5%

A idade paterna avançada não deveria ser causa da síndrome de Down, pois o homem tem seus espermatozoides renovados a cada 72 horas. No entanto, alguns estudos mostram que 20% dos casos de trissomia simples são gerados a partir da célula de pais com mais de 55 anos.

A *translocação* é outro tipo de síndrome de Down que também é uma trissomia 21, isto é, existem três cromossomos no par 21. Porém, no cariótipo desse indivíduo, é possível notar que o cromossomo extra está conectado a outro cromossomo, normalmente ao cromossomo 14 ou a outro 21. Estima-se que aproximadamente 3% das pessoas com síndrome de Down apresentem a trissomia 21 por translocação.

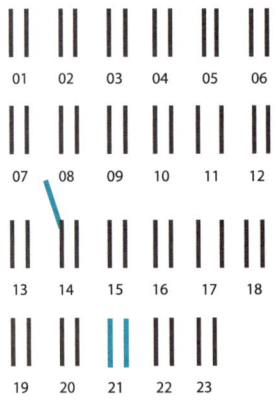

FIGURA 4 – Esquema representativo de uma trissomia por translocação.

O cromossomo é composto por um braço curto e outro longo. Frequentemente, o cromossomo 21 extra está translocado para o braço curto de um dos cromossomos do par 14. Nessas translocações, ocorrem fraturas dos cromossomos em regiões muito próximas ao centrômero (região que divide o cromossomo em dois braços), e, em um dos cromossomos, a quebra ocorre no braço curto, enquanto no outro ela se dá no braço longo.

Um genitor (não portador da síndrome de Down) pode ter o número convencional de cromossomos (46); no entanto, um dos cromossomos 21 está ligado a outro cromossomo 21; assim, em seu cariótipo, aparecem 45 cromossomos. Apesar de este genitor ter a conexão dos cromossomos, não apresenta perda nem excesso de material genético, por isso não é afetado, sendo denominado, então, *translocação equilibrada*. Essa translocação equilibrada é a causa de 50% a 75% dos casos de Down por translocação (Figura 5). Estima-se que 25% dos indivíduos com trissomia 21 por translocação adquiriram esta condição por meio de um erro no momento da fertilização, ou seja, os pais apresentam cariótipo sem nenhum tipo de anormalidade; o erro aconteceu no momento da divisão celular.

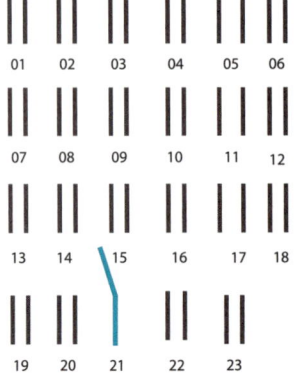

FIGURA 5 – Esquema representativo de uma translocação equilibrada 21/21.

As estatísticas de reincidência de filhos com síndrome de Down na translocação dependerão de alguns fatores que serão determinados no cariótipo do genitor portador. Se o genitor portador for o pai, o índice de reincidência é de, aproximadamente, 2%, e se for a mãe, é em torno de 10%. No entanto, se a translocação equilibrada desse genitor, seja ele o pai ou a mãe, for a conexão de um cromossomo do par 21 no outro cromossomo 21, o índice de repetição de síndrome de Down em outros filhos é de 100%. Por essa razão, quando, por meio do cariótipo, se descobre que a criança tem síndrome de Down por translocação, é importante fazer o cariótipo dos pais. Se for o caso de trissomia 21 por translocação adquirida por acidente na fertilização, os índices acompanham a Tabela 1, ou seja, os índices equivalentes à trissomia simples.

Não existe diferença significativa nas características e no desenvolvimento neuro-psico-motor das pessoas que apresentam trissomia simples em comparação àquelas que apresentam trissomia por translocação.

O último tipo de síndrome de Down é denominado *mosaicismo* e está presente em cerca de 2% dos indivíduos com síndrome de Down. Este é o único tipo de síndrome de Down que não ocorre antes nem no momento da fertilização, mas nas primeiras divisões celulares após a fertilização. Sendo assim, as células germinativas e o zigoto têm seu número de cromossomos inalterados e a não-disjunção ocorre em uma linhagem celular, ou seja, em uma das muitas divisões celulares que formarão o corpo do feto, em que, por um erro na mitose, uma célula de 46 cromossomos dá origem a uma célula de 47 e outra de 45 cromossomos. A célula de 45 cromossomos não sobrevive, e a de 47 sobreviverá, e sua mitose originará outras células com 47 cromossomos. Assim, teremos em um mesmo organismo células dando origem a outras com 46 cromossomos e células originando outras com 47 cromossomos. A quantidade e a localização das células com 47 cromossomos dependerão de quando ocorreu a primeira divisão alterada; assim, as pessoas com translocação apresentam quadros diferenciados.

Há alguns estudos que dizem que os indivíduos com mosaicismo têm menos características que as outras pessoas com síndrome de Down, mas, na prática, não é sempre comprovado. O maior ou o menor comprometimento não está ligado ao número de células trissômicas que o indivíduo tem em seu organismo, mas qual a região do corpo que apresenta quantidades mais significantes dessas células não afetadas.

Características da pessoa com síndrome de Down

Quando se passa a conviver com bebês, crianças, adolescentes e adultos com síndrome de Down e conhecer suas famílias, é possível notar que eles apresentam muitas características que os tornam parecidos com seus entes. No entanto, os indivíduos com síndrome de Down apresentam traços típicos. Existem algumas características comuns entre as pessoas com síndrome de Down, mas é necessário deixar bem claro que não são comuns a todas as pessoas com síndrome de Down; são características possíveis e, por essa razão, algumas estão presentes e outras não. Há pessoas com síndrome de Down que têm pouquíssimas características e outras que apresentam um número maior delas. Outro fato importante de se enfatizar é que não existe relação entre quantidade de características físicas e capacidade intelectual.

É comum ouvir dizer: *Seu filho tem só um pouquinho de síndrome de Down, pois ele quase não parece*. Na verdade, não existe quem tenha menos ou mais síndrome de Down, até mesmo as pessoas com mosaicismo. A pessoa ou tem ou não tem síndrome de Down.

Muitos materiais informativos dão a impressão de que todas as crianças com síndrome de Down têm a mesma aparência, as mesmas condições intelectuais e muitos problemas de saúde. Isso não é verdade! Quanto à aparência, a pessoa com síndrome de Down, como qualquer outra, carrega as características da família. Existem crianças com síndrome de Down negras, loiras, índias, japonesas... Com olhos pretos, castanhos, azuis... Com cabelo liso, crespo, ondulado... Enfim, com características muito diversas. Quanto às condições intelectuais, existem pessoas com síndrome de Down que chegam ao curso universitário, outras vão até o Ensino Médio e outras não conseguem ler. Quanto às patologias, aproximadamente 10% das pessoas com síndrome de Down apresentam como característica desta síndrome apenas a hipotonia e o atraso mental, não apresentando nenhuma das patologias possíveis. No entanto, é possível encontrar crianças que nasceram com cardiopatia, porém, durante o curso da vida, não sofreram mais nenhuma patologia. Há outras que só apresentaram algum problema de saúde na fase adulta e, assim, tantas outras pessoas com casos diferentes.

Assim, quando se apresenta uma lista de "possíveis" características, é preciso que fique bem claro que são "possíveis", e que é quase impossível uma mesma criança apresentar toda essa lista.

Deficiência mental

Muitas vezes, a maior preocupação dos pais quando recebem um bebê com síndrome de Down é: *Quanto meu filho vai aprender?*

Podem-se rebater essas perguntas com outras questões: *O que é ser eficiente mental? É ser inteligente?* Já há muito tempo, a inteligência tem sido avaliada de uma forma demasiadamente objetiva por meio dos índices de QI (quociente de inteligência). Este teste tem sido muito criticado, pois hoje já se aceita que ser inteligente não é somente apresentar bom empenho acadêmico, mas ter a capacidade de se adaptar às situações da vida. Existem pessoas com QI muito elevado que apresentam alto grau de dificuldades em comportamentos sociais. Da mesma forma, algumas pessoas apresentam escores baixos no teste de QI e são altamente sociáveis e eficientes em suas atividades de vida diária. Há outra forma, mais adequada atualmente, de avaliar a pessoa com deficiência mental, por meio dos comportamentos adaptativos. São eles: comunicação, cuidados pessoais, vida doméstica, aptidões sociais, desempenho na comunidade e na família, independência na locomoção, saúde e segurança, funcionalidade acadêmica, lazer e trabalho. Define-se que uma pessoa apresenta deficiência mental se tiver dificuldade em dois ou mais dos comportamentos adaptativos.

No entanto, ainda hoje, as crianças chegam às escolas com a avaliação feita por meio do teste de QI. Esta é uma avaliação que procura medir a capacidade de raciocinar, conceituar e pensar. A maioria da população tem QI entre 70 a 130, a chamada *inteligência normal*, aproximadamente 3% têm *inteligência superior*, com QI acima de 130, e, também, aproximadamente 3% possuem QI abaixo de 70. As pessoas com QI abaixo de 70 e avaliadas somente com esse instrumento são consideradas *deficientes mentais*. Hoje, é mais do que provado que ter QI alto não é sinônimo de sucesso. O problema quando uma criança rotulada *deficiente mental* chega à escola ou em outra instituição qualquer é não lhe dar oportunidade de tentar realizar as tarefas que os outros realizam por se julgar que ela seria incapaz. A criança com síndrome de Down tem surpreendido cada vez mais, principalmente no ambiente escolar, e isso se deve ao início da estimulação cada vez mais cedo, à qualidade dessa estimulação, à aceitação, ao apoio e ao amor das pessoas significativas para a criança.

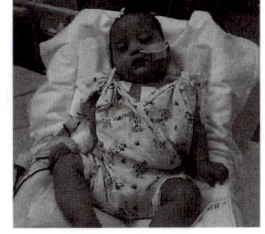

Na antiga avaliação, que ainda é utilizada, dentro da deficiência mental, temos três grupos: *deficiência mental leve* (QI entre 55 e 70), *deficiência mental moderada* (QI entre 40 e 55) e *deficiência mental profunda* (QI de 25 a 40). A maioria das crianças com síndrome de Down apresenta deficiência mental leve a moderada. No entanto, as pessoas não têm informação correta e, ao verem o rostinho característico do Down, associam à deficiência mental profunda. Este estigma vem sendo cultivado há décadas e infelizmente ainda é divulgado de forma incorreta em livros e, principalmente, em dicionários. Poucas crianças com síndrome de Down apresentam deficiência mental profunda. Sabe-se que 95% das crianças com síndrome de Down têm *deficit* intelectual; as outras 5% apresentam um desenvolvimento mais lento, mas considerado dentro da normalidade.

Hoje, é comum encontrar pessoas com síndrome de Down alfabetizadas, que leem com facilidade. A criança Down tem todas as condições de aprender a se cuidar, a se deslocar sozinho pelas ruas e a exercer um cargo profissional com eficiência. Inclusive, muitas vezes, é capaz de fazer suas próprias escolhas e julgamentos.

Os cientistas ainda não descobriram como, exatamente, o cromossomo a mais causa deficiência mental, mas é certo que o indivíduo com síndrome de Down apresenta o cérebro menor e menos complexo, isto é, com menor número de células nervosas, e algumas funções quimioneurológicas alteradas. A cabeça da criança com síndrome de Down, na maioria das vezes, apresenta circunferência menor que a das outras crianças, o que é chamado *microcefalia*, mas essa diferença é muito pequena, de aproximadamente 3%, e não é facilmente notada. A parte posterior da cabeça pode ser mais achatada. Os fontículos, parte mole da cabeça do bebê nos primeiros meses, podem ser maiores que o convencional e demorar mais tempo para fechar.

As crianças com síndrome de Down são capazes de aprender muitas coisas: ler, escrever, tocar instrumentos, andar a cavalo, dançar, nadar etc. No entanto, muitas vezes, precisam de um tempo maior que outra criança precisaria para processar as informações e aprender. Com paciência e persistência, esses indivíduos surpreendem as famílias e os profissionais.

A criança Down pode apresentar dificuldade de aprender quando lhe for exigido grande tempo em estado de atenção. Além de apresentar dificuldade de generalização, isto é, quando aprende em um lugar ou em determinada situação, tem dificuldade de reproduzir o conhecimento em outros lugares e situações. Outra dificuldade comum nessas crianças é o raciocínio abstrato. Por exemplo, as regras sociais são aprendidas abstratamente, não são claramente ensinadas, e a criança com síndrome de Down terá maior dificuldade de entendê-las. Muitas vezes, indevidamente se acredita que a pessoa com síndrome de Down sempre terá atitudes que não são socialmente aceitáveis. Isso realmente poderá acontecer, pois ela terá maior dificuldade de perceber os limites sociais e ultrapassá-los, não por falta de caráter, mas porque este limite não lhe ficou claro. Para que isso não aconteça, será necessário o diálogo dos educadores envolvidos com este indivíduo, principalmente dos pais. Existem estratégias e jogos que podem desenvolver e apresentar as regras sociais de forma agradável e eficiente para a criança com síndrome de Down. Dar limites para os filhos também significa amar.

Para que a criança, independentemente de ter síndrome de Down, desenvolva todo seu potencial mental, é necessário que se acredite que ela é capaz. Os autores da psicologia dizem que a expectativa dos adultos significativos influencia fortemente no sucesso deste. Sendo assim, é muito importante que não criemos uma ansiedade excessiva em cima de nossos filhos para não causar pressão psicológica, mas, ao mesmo tempo, acreditar em seu potencial o tornará mais forte e confiante ao aprender. Muitas vezes a pessoa com deficiência mental enfrenta a incredibilidade dos que a cercam, mas, tendo o apoio da família, este fato não se tornará um obstáculo.

Desenvolvimento motor

Quando o bebê com síndrome de Down nasce no tempo ideal, 38 a 40 semanas de gestação, costuma ter peso e comprimento médios; no entanto, temos verificado uma quantidade razoável de bebês que nascem prematuros. Mesmo quando nascem com medidas medianas, geralmente, não crescem com a mesma velocidade das outras crianças. A média de altura dos adolescentes com síndrome de Down é de, aproximadamente, 1,60 m para os meninos e 1,40 m para as meninas, porém existem exceções, pois alguns adolescentes apresentam a altura correspondente aos adolescentes de sua família. No entanto, a altura não é um fator que poderá atrasar o desenvolvimento desses indivíduos, diferentemente da hipotonia muscular.

A *hipotonia muscular* é a falta de tônus muscular, o que torna a pessoa com síndrome de Down mais flexível, com músculos mais fracos e movimentos mais lentos. Essas características influenciam negativamente na qualidade de movimentos dessas pessoas. A hipotonia é a grande causa do atraso no desenvolvimento físico dessas crianças, fazendo que se sentem, rolem, engatinhem e andem mais tarde. A pessoa com síndrome de Down sempre terá menor tonicidade muscular que as outras pessoas; no entanto, o trabalho de fortalecimento muscular realizado na estimulação e com esportes pode diminuir este quadro. É muito importante que essas crianças recebam trabalhos adequados para aumento do tônus muscular, pois a criança conhece o mundo e se desenvolve por meio do movimento corporal. Se esse movimento for demasiadamente limitado, o desenvolvimento psicossocial também será afetado.

Além da hipotonia muscular, essa criança pode apresentar grande amplitude nas articulações do corpo. Este fato, juntamente com a hipotonia, torna os movimentos da pessoa com síndrome de Down com pouca harmonia, com dificuldade de equilíbrio e controle do movimento. Ela pode apresentar problemas nas articulações do quadril, dos joelhos e dos pés por causa desta instabilidade. Sendo assim, o acompanhamento do desenvolvimento físico realizado por um ortopedista é muito importante, pois 95% das pessoas com síndrome de Down apresentam algum problema ortopédico, podendo ser ele apenas o chamado pé plano ou chato ou uma instabilidade no quadril ou no joelho que pode favorecer lesões.

O problema ortopédico mais grave resultante da instabilidade articular e da hipotonia muscular é a instabilidade atlantoaxial. Essa instabilidade ocorre em, aproximadamente, 15% das pessoas com síndrome de Down e consiste em um espaço aumentado entre as duas primeiras vértebras da coluna vertebral. Esse espaço aumentado causa uma frouxidão, que permite movimentos excessivos da coluna cervical, que pode pressionar ou lesionar a medula espinhal. Pesquisas mostram que apenas 2% das pessoas com instabilidade atlantoaxial sofrem de algum tipo de dano à medula; no entanto, cuidados extras devem ser tomados em movimentos que exijam hiperflexão ou hiperextensão do pescoço, pois podem levar a uma subluxação, e esta pode causar lesão medular em nível cervical, gerando comprometimento neurológico (sensitivo-motor) ou até a morte por parada cardiorrespiratória, ocasionada por lesão do nervo frênico e do centro respiratório medular. Por essa razão, é muito importante realizar um raio-x para saber se existe e qual a intensidade dessa instabilidade.

Com essas características musculares e articulares, o bebê com síndrome de Down poderá demorar mais tempo para atingir as fases de desenvolvimento motor; no entanto, há inúmeras variações diferentes. Existem crianças com síndrome de Down que andam com 1 ano e outras que poderão andar com 5 anos; a média é com 2 anos. Isso dependerá não somente da hipotonia muscular e da amplitude articular, mas, também, dos estímulos oferecidos, da qualidade dos profissionais envolvidos, da ausência de problemas sérios de saúde e do estímulo da família. O importante é lembrar que nosso filho com síndrome de Down andará e realizará as fases do desenvolvimento como as outras crianças, mas no seu tempo. Estimular é importante, mas respeitar o ritmo do desenvolvimento de cada criança também é fundamental. As crianças, de uma forma geral, apresentam grande variação da idade em que realizam determinadas habilidades físicas, como sentar ou andar. No caso das crianças com síndrome de Down, isso não é diferente, pelo contrário, existe uma variação de tempo ainda mais ampla. A ansiedade e a excessiva cobrança só atrapalharão o desenvolvimento do bebê. Sendo assim, é importante estimulá-lo adequadamente e ter paciência. A Tabela 2 apresenta os principais marcos e variações do desenvolvimento de crianças com e sem síndrome de Down.

Tabela 2 – Principais marcos e variações do desenvolvimento de crianças com e sem síndrome de Down

	Crianças sem síndrome de Down		Crianças com síndrome de Down	
	Média em meses	Variação em meses	Média em meses	Variação em meses
Sorrir	1	0,5 a 3	2	1,5 a 4
Rolar	5	2 a 10	8	4 a 22
Sentar sem apoio	7	5 a 9	10	6 a 28
Engatinhar	8	6 a 11	12	7 a 21
Rastejar	10	7 a 13	15	9 a 27
Levantar	11	8 a 16	20	11 a 42
Caminhar	13	8 a 18	24	12 a 65
Falar palavras	10	6 a 14	16	9 a 31
Falar frases	21	14 a 32	28	18 a 96

Fonte: Stray-Gundersen (2007).

Características físicas

Há características presentes em algumas crianças com síndrome de Down que não influenciarão no seu desenvolvimento. Dizemos que é o charme dessas crianças. Existe, em alguns países, a prática da realização de cirurgia plástica para minimizar algumas dessas características, como a diminuição da prega dos olhos. Este fato é bastante discutido, com autores que o condenam e outros que o aceitam. Nossa opinião será apresentada na discussão deste capítulo.

Características faciais

Inicialmente, serão apresentadas as características faciais que aparecem com maior frequência. É importante lembrar, mais uma vez, que é muito difícil encontrar uma criança com síndrome de Down que apresente todas essas características; cada criança apresenta algumas delas.

Prega epicântica e fissura palpebral oblíqua

As pregas epicânticas são pequenas dobras de pele localizadas no canto interno dos olhos da pessoa com síndrome de Down. A aparência oriental encontrada no Down é dada pela fissura palpebral oblíqua que torna os olhos inclinados para cima.

Orelhas pequenas com baixa implantação

As orelhas das pessoas com síndrome de Down podem ser menores que o convencional e, algumas vezes, apresentam dobras nas pontas superiores. Se se prestar atenção, ver-se-á que a grande maioria das pessoas sem síndrome de Down tem a implantação da orelha, ou seja, a parte superior da localização de onde a orelha está presa na cabeça na mesma direção do canto externo dos olhos. Na pessoa com síndrome de Down, esta implantação pode ter seu início mais abaixo.

Nariz pequeno

O rosto da criança com síndrome de Down geralmente é mais alargado e o nariz, menor que das outras crianças. Isso se dá porque a ponte nasal é mais plana que o usual.

Esta é uma das características observadas no feto por meio da ultrassonografia, que pode ser considerada um indício para seu diagnóstico intrauterino da síndrome de Down.

Língua hipotônica

Uma das informações incorretas, que ainda ouvimos com frequência, é que a língua da criança com síndrome de Down é maior que das outras crianças. Na verdade, o que torna a língua da pessoa com síndrome de Down mais exposta não é seu tamanho, mas a hipotonia muscular. A língua é composta, em grande parte, por músculos e, como todos os músculos do corpo da criança com esta síndrome, são hipotônicos. No entanto, a fonoaudiologia tem contribuído muito para o fortalecimento do músculo da língua e, assim, além de facilitar a fala, favorece a permanência da língua dentro da boca.

Boca e dentes pequenos

A criança com síndrome de Down pode apresentar o tamanho da boca menor que o convencional. Seus dentes podem nascer em ordem diferente do mais comum, podendo ser pequenos, fora do lugar e com formas incomuns. Isso se dá em virtude de o palato (céu da boca) dessas crianças ser mais estreito e mais alto.

Cabelos finos e lisos

Os cabelos da criança com síndrome de Down podem ser mais finos que da maioria das crianças. Também pode ter cabelos lisos, entretanto, muitas vezes, seguem o padrão dado pela família. Em alguns casos, a família apresenta cabelos crespos e a criança segue a tendência característica da síndrome e, em outros, ela apresenta o cabelo crespo próprio da família.

Prega palmar transversal

As mãos da pessoa com síndrome de Down geralmente são menores, mais largas e com dedos mais grossos. A palma pode apresentar o que chamamos de *prega transversal* ou *linha simiesca*, que é, no lugar das três linhas convencionais localizadas na palma da mão da maioria das pessoas, uma linha única que atravessa a palma da mão horizontalmente (considerando que a criança está com a ponta dos dedos para cima) (Figura 6). O dedo mínimo pode apresentar apenas uma flexão, chamada *clinodactilia*, e a maioria das pessoas apresenta duas flexões nesse mesmo dedo. Além disso, este pode curvar-se levemente para dentro.

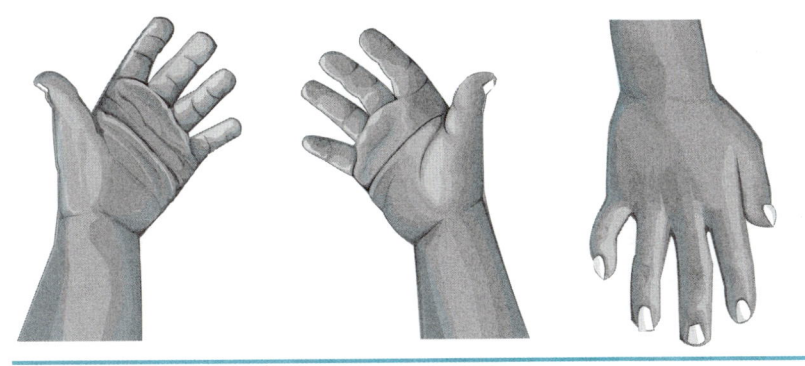

FIGURA 6 – Mãos características da criança com síndrome de Down.

Distância entre dedos dos pés com sulco profundo na planta dos pés

Os pés da criança com síndrome de Down podem apresentar um espaço maior entre o hálux (polegar) e o segundo dedo (indicador). Geralmente, na planta dos pés, nesse espaço aumentado, encontramos um sulco profundo. A hipotonia muscular encontrada nos músculos que sustentam a curva dos pés pode causar o chamado *pé plano* ou *chato* (Figura 7).

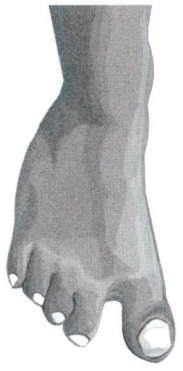

FIGURA 7 – Pés e mãos característicos da criança com síndrome de Down.

Há outras características físicas que a pessoa com síndrome de Down pode ter, como pescoço curto e grosso, tórax afunilado, como peito de pombo, e pele manchada.

Problemas clínicos

Existem crianças com síndrome de Down extremamente saudáveis, mas uma de suas "possíveis" características é a baixa resistência imunológica e a presença de alguns problemas clínicos. Antigamente, tais problemas traziam maiores danos, como o retardo mental profundo, e podiam até levar à morte. Hoje, com os avanços dos tratamentos, a maioria desses problemas é contornada. Os problemas clínicos associados à síndrome de Down mais comuns são malformação cardíaca e do intestino, deficiência imunológica, problemas respiratórios, visuais, auditivos e odontológicos, deficiência na tireoide e obesidade. Esses problemas clínicos serão mais bem apresentados adiante.

Características psicológicas

O indivíduo com síndrome de Down, como qualquer pessoa, tem personalidade própria. Há crianças com síndrome de Down que são hiperativas, mas há outras que são tranquilas. Existem adolescentes com síndrome de Down que não sabem se portar adequadamente em sociedade; em contrapartida, há outros que seguem naturalmente as regras sociais. Existem alguns mitos de que a criança com síndrome de Down é, necessariamente, agitada, que o adolescente com síndrome de Down não consegue conter seus impulsos sexuais ou, ainda, que os adultos com síndrome de Down são extremamente rotineiros. Todas essas características podem ou não fazer parte da personalidade da pessoa com síndrome de Down assim como das outras pessoas. No entanto, o que é certo é que a educação é fundamental para a formação de uma pessoa, seja ela com ou sem síndrome de Down, e que essa educação poderá facilitar ou dificultar a inclusão da pessoa com síndrome de Down no ambiente social.

Considerações finais

Certa lenda conta que duas crianças estavam patinando em cima de um lago congelado. Era uma tarde nublada e fria, e as crianças brincavam sem preocupação. De repente, o gelo se quebrou e uma das crianças caiu na água. A outra, vendo que seu amiguinho se afogava debaixo do gelo, pegou uma pedra e começou a golpeá-lo com todas as suas forças, conseguindo quebrá-lo e salvar seu amigo. Quando os bombeiros chegaram e viram o que havia acontecido, perguntaram ao menino: *Como você conseguiu fazer isso? É impossível que você tenha quebrado o gelo com essa pedra, se suas mãos são tão pequenas e fracas!* Nesse instante, apareceu um idoso e disse: *Eu sei como ele conseguiu.* Todos perguntaram: *Como?* E o senhor respondeu: *Não havia ninguém ao seu redor para dizer-lhe que ele não seria capaz.*

Hoje, a ciência não sabe explicar como as pessoas com síndrome de Down estão conseguindo tantos avanços. Acreditamos que Albert Einstein dá a resposta quando escreve a lenda acima. Acreditar na capacidade, oferecer estimulação, amor, educação e respeito são os ingredientes para que a pessoa com síndrome de Down tenha todas as condições de se tornar um adulto capaz, produtivo e feliz.

Sabe-se que, para a formação de um autoconceito positivo, as perspectivas dos adultos significativos são fundamentais. Sendo assim, a família deve oferecer o melhor tratamento que puder, o máximo de amor que conseguir, regras e educação e, além de tudo, acreditar que a pessoa com síndrome de Down poderá ir longe. Esse será um passo importante para que isso aconteça. No entanto, sempre se deve respeitar a velocidade de desenvolvimento e as limitações dessa pessoa, pois, se verificarmos bem, todos nós temos limitações e deficiências e não somos eficientes em tudo que fazemos.

Quanto às patologias, com o avanço da medicina, são cada vez extinguidas e controladas com maior facilidade.

A aparência facial da pessoa com síndrome de Down não traz problema nenhum para seu desenvolvimento. Se comparadas as vivências sociais pelas quais passaram os atuais idosos com síndrome de Down e as vivências que temos passado, nota-se que a ignorância e o preconceito social têm sido minimizados. Em alguns países, a prática de cirurgia plástica para minimizar tais características é usada. Se quiserem saber nossa opinião, como pais de uma criança com síndrome de Down: *Nunca submeteríamos nossa princesa a uma intervenção cirúrgica para satisfazer a exigência da sociedade. Quem amá-la, como nós, irá achá-la linda como achamos. Veja na foto se você concorda.*

Referências

AMARAL, R. P. **Síndrome de Down, e agora Dr.?** Rio de Janeiro: WVA, 1996.

ANTUNES, M. T. A. III Congresso Brasileiro sobre síndrome de Down, 2000. **Anais**... Curitiba, Paraná, 2000.

BLASCOVI-ASSIS, S. M. **Lazer e deficiência mental**. Campinas: Papirus, 1997.

BRESSAN, F. G. **A vida por trás dos olhos amendoados**: um livro-reportagem sobre portadores da síndrome de Down. Londrina: Editora UEL, 2002.

LEFÈVRE, B. H. **Mongolismo**: orientação para famílias. São Paulo: ALMED, 1981.

MANTOAN, M. T. E.; FERREIRA, A. I. F.; RODRIGUES, J. L. **Essas crianças tão especiais**: manual para solicitação do desenvolvimento de crianças portadoras da Síndrome de Down. Brasília: CORDE, 1992.

MORENO, G. **Síndrome de Down, um problema maravilhoso**. Brasília: CORDE, 1996.

NAHAS, A. B. **Síndrome de Down e meu filho**. 4. ed. Florianópolis: [s.n.], 2004.

PROENÇA, I. F. **Posso ajudar você? Minha experiência com meu filho excepcional**. São Paulo: EDICON, 1982.

_____. **Meu irmão é uma pessoa diferente**. São Paulo: Paulinas, 1984.

PUESCHEL, S. **Síndrome de Down**: guia para pais e educadores. Campinas: Papirus. 1998.

SILVA, M. T. M. **Parece que foi ontem... A trajetória de uma criança portadora da síndrome de Down**. São Paulo: Mandarim, 2001.

STRAY-GUNDERSEN, K. **Crianças com síndrome de Down**: guia para pais e educadores. Tradução de Maria Regina Lucena Borges-Osório. Porto Alegre: Artmed, 2007.

TUNES, E. **Cadê a síndrome de Down que estava aqui? O gato comeu...**: o programa da Lurdinha. Campinas: Editores Associados, 2003.

UNICAMP, PUCCAMP, CDI. II Seminário sobre Educação Especial. Profissionalização e Deficiência, 1994. **Anais**... Campinas: Faculdade de Educação Unicamp, 1994.

VILLA SÁNCHEZ, A.; ESCRIBANO, E. A. **Medição do autoconceito**. Tradução de Cristina Murachco. Bauru: EDUSP, 1999.

WERNECK, C. **Muito prazer, eu existo**: um livro sobre as pessoas com síndrome de Down. Rio de Janeiro: WVA, 1993.

Possíveis patologias da criança com síndrome de Down

Renata Cardoso Giongo
Alexandre Duarte Baldin
Patrícia Maria dos Reis Canedo

Crianças com síndrome de Down podem ser tão sadias como qualquer outra criança, porém podem apresentar problemas clínicos específicos. Alguns desses problemas podem ser graves, mas a detecção precoce e o tratamento melhoraram substancialmente o quadro clínico e, hoje, a maioria das crianças cresce sadia e ativa. Atualmente, com o avanço da medicina e dos métodos de diagnóstico, como ultrassonografia, tomografia e exames laboratoriais, as alterações, quando existirem, são detectadas precocemente, o que possibilita o tratamento adequado e o mais precoce possível.

Todos os bebês têm probabilidade de nascerem com problemas e/ou alterações congênitas ou desenvolverem quaisquer doenças ou condições, porém a criança com síndrome de Down tem esta possibilidade aumentada, bem como predisposição ao desenvolvimento de certas doenças.

Com o aumento dos conhecimentos sobre a síndrome de Down e das condições clínicas associadas, pode-se desenvolver métodos de cuidados de saúde e bem-estar infantil para essas crianças. Os problemas clínicos mais frequentes na síndrome de Down são os defeitos cardíacos, os problemas gastrointestinais, respiratórios, de visão e audição, tireoide, ortopédicos, ortodônticos, hematológicos, de obesidade e no sistema nervoso central. No entanto, é importante lembrar que, como qualquer outra criança, aquelas com síndrome de Down são diferentes entre si; sendo assim, cada uma pode apresentar um ou mais desses problemas clínicos, mas é muito difícil uma criança apresentar todos eles. Existem alguns desses problemas, como os ortopédicos e ortodônticos, que são minimizados ou podem até desaparecerem com a intervenção precoce.

Nem toda criança com síndrome de Down tem anomalias congênitas; em 10% dos casos, nota-se apenas flacidez muscular (hipotonia) e atraso mental. No restante, nem todas as anomalias associadas à síndrome estão presentes simultaneamente e com o mesmo grau de intensidade. São alterações que comprometem órgãos e sistemas em maior ou menor intensidade e que, muitas vezes, só serão notadas ao longo da vida. Por conta disso, faz-se necessária a investigação mais aprofundada por meio de exames por imagem ou laboratoriais.

A prevenção de determinadas doenças pode ser feita por meio de vacinas. Poucas pessoas sabem que o CRIE (Centro de Referência para Imunobiológicos Especiais) do Ministério da Saúde disponibiliza as principais vacinas para as pessoas com síndrome de Down por meio dos postos de saúde gratuitamente. Para recebê-las, é necessário que o médico faça a solicitação por escrito, com o diagnóstico da síndrome, especificando o número de doses, e encaminhe à UBS (Unidade Básica de Saúde). As principais vacinas são:

Quadro 1 – Principais vacinas para crianças com síndrome de Down

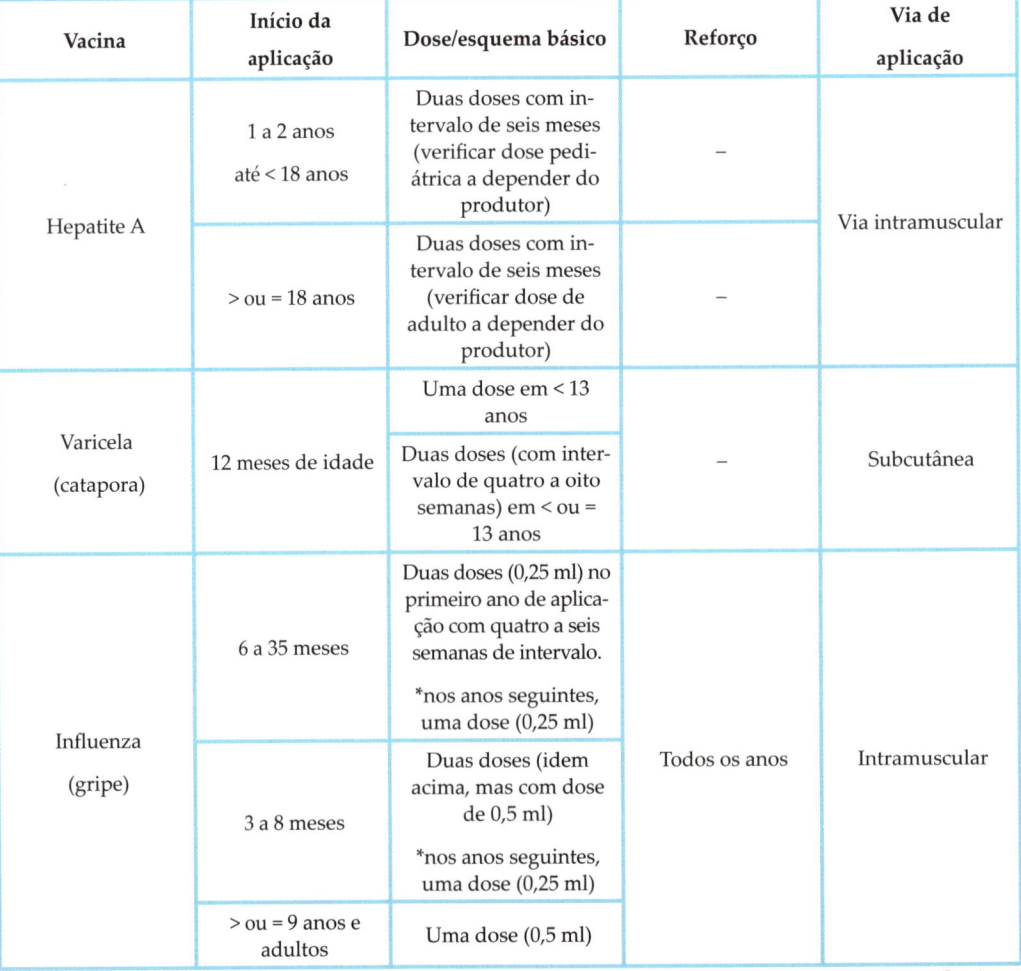

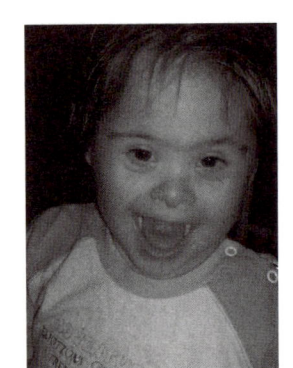

Vacina	Início da aplicação	Dose/esquema básico	Reforço	Via de aplicação
Hepatite A	1 a 2 anos até < 18 anos	Duas doses com intervalo de seis meses (verificar dose pediátrica a depender do produtor)	–	Via intramuscular
	> ou = 18 anos	Duas doses com intervalo de seis meses (verificar dose de adulto a depender do produtor)	–	
Varicela (catapora)	12 meses de idade	Uma dose em < 13 anos	–	Subcutânea
		Duas doses (com intervalo de quatro a oito semanas) em < ou = 13 anos		
Influenza (gripe)	6 a 35 meses	Duas doses (0,25 ml) no primeiro ano de aplicação com quatro a seis semanas de intervalo. *nos anos seguintes, uma dose (0,25 ml)	Todos os anos	Intramuscular
	3 a 8 meses	Duas doses (idem acima, mas com dose de 0,5 ml) *nos anos seguintes, uma dose (0,25 ml)		
	> ou = 9 anos e adultos	Uma dose (0,5 ml)		

Continua

Continuação

Vacina	Início da aplicação	Dose/esquema básico	Reforço	Via de aplicação
Pneumocócica conjugada 7 valente (Pnc7) e polissacarídica 23 valente (pn23)	A partir de 2 meses de idade até 59 meses.	Início entre dois e seis meses: três doses com intervalos de 60 dias (mínimo 30 dias) Início 7 a 11 meses: duas doses com intervalo de 60 dias (mínimo 30 dias)	Uma dose Pn7 entre 12 a 15 meses. Após 24 meses: 1º Reforço com Pn23 2º Reforço com Pn23	Intramuscular
		Início 12 a 59 meses: duas doses com intervalo de 60 dias (mínimo 30 dias)	Após 24 meses: 1º Reforço com Pn23 2º Reforço com Pn23	
	A partir de 5 anos	Uma dose	Uma dose após 3 a 5 anos	

Fonte: http://bvsms.saude.gov.br/bvs/publicacoes/manual_completo_centros_ref.pdf

A seguir, serão abordados alguns aspectos patológicos que podem acometer as pessoas com síndrome de Down. É importante ressaltar, mais uma vez, que as patologias aqui apresentadas podem estar presente na pessoa com síndrome de Down; no entanto, cada uma apresenta algumas ou alguma dessas patologias. A necessidade de conhecer todas elas está no diagnóstico precoce para uma intervenção eficaz.

Cardiovascular

O coração é um órgão muscular oco que bombeia o sangue de forma que este circule no corpo. Em uma pessoa adulta, o coração tem o tamanho aproximado de um punho fechado e pesa cerca de 400 gramas. Uma barreira física ventricular impossibilita a mistura de sangue venoso (o sangue pobre em oxigênio) com o arterial (o sangue rico em oxigênio), dividindo o coração em duas cavidades, direita e esquerda, cada qual com outras duas cavidades, átrio e ventrículo, separadas por valvas, sendo tricúspide do lado direito e bicúspide, ou mitral, do lado esquerdo. A função das válvulas cardíacas é garantir que o sangue siga uma única direção. As câmaras cardíacas contraem-se e dilatam-se alternadamente setenta vezes por minuto, em média. O processo de contração de cada câmara do miocárdio (músculo cardíaco) denomina-se sístole. O relaxamento, que acontece entre uma sístole e outra, é a diástole.

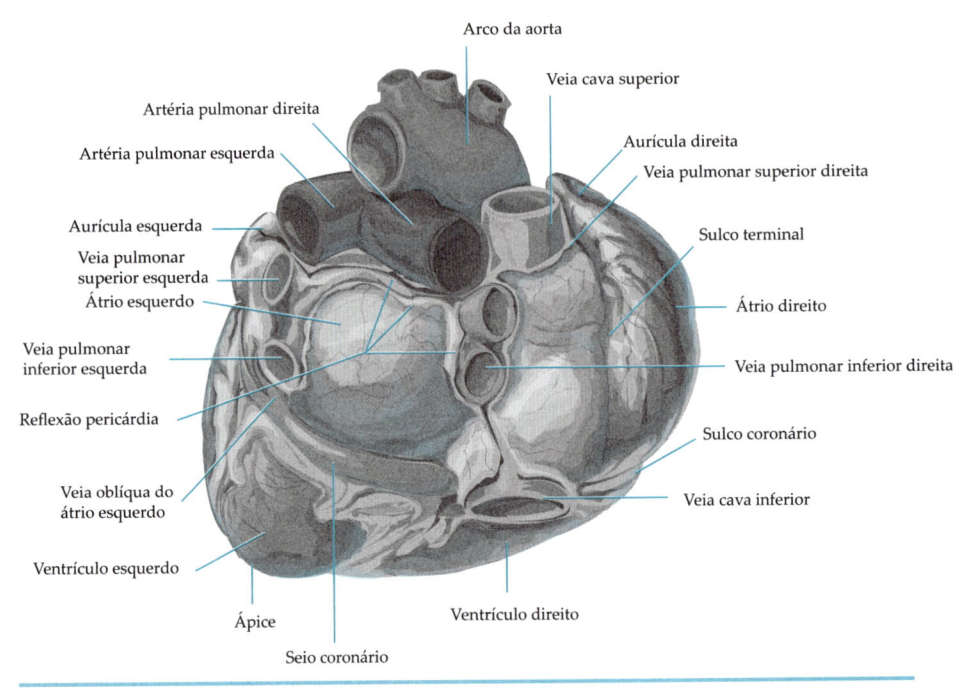

FIGURA 8 – Coração (vista posterior).

Os sintomas clássicos de cardiopatia são extremidades (mãos, pés, dedos) frias e azuladas, respiração ofegante e cansaço persistente. Mesmo que o bebê não apresente esses sintomas, deverá, por segurança, fazer os seguintes exames: eletrocardiograma, raio-x de tórax e ecocardiograma. Crianças que apresentam defeitos cardíacos congênitos tornam-se muito mais suscetíveis a infecções.

No caso de doença cardíaca, deve-se ter cautela com os fatores que aumentam a frequência cardíaca, como exercício, dor, queda de pressão arterial, febre, hipóxia entre outros.

A maioria das malformações pode ser corrigida cirurgicamente, o que previne, sobremaneira, a morbimortalidade e a qualidade de vida dos bebês com síndrome de Down. Algumas malformações necessitam apenas de acompanhamento clínico e exames frequentes, tendo em vista que tais acometimentos são pequenos e não afetam o desenvolvimento da criança. Se tratados corretamente, podem ter tal acometimento totalmente sanado com o crescimento.

Gastrointestinais

O sistema digestório humano é formado por um longo tubo musculoso, ao qual estão associados órgãos e glândulas que participam da digestão. Apresenta as seguintes regiões: boca, faringe, esôfago, estômago, intestino delgado, intestino grosso e ânus.

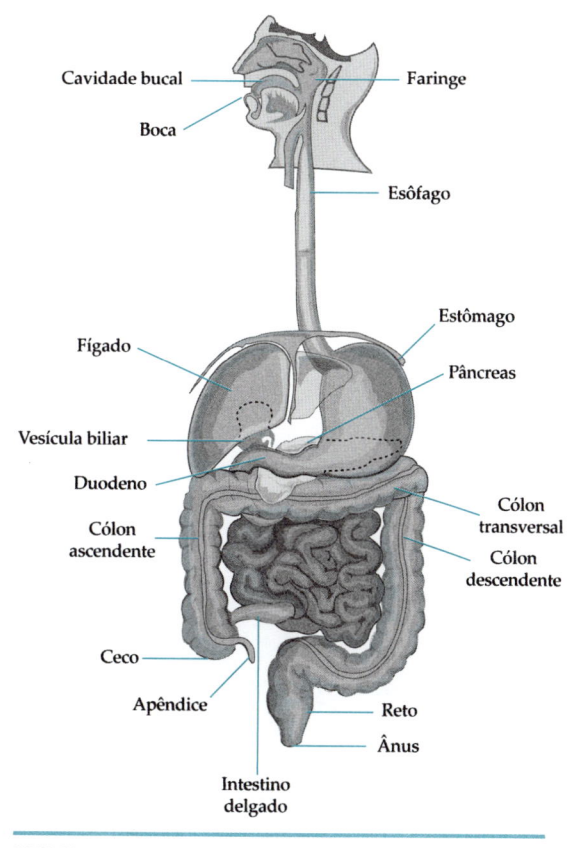

FIGURA 9 – Sistema digestório.

Aproximadamente 12% das crianças com síndrome de Down apresentam anomalias gastrointestinais, sendo as mais comuns:

- Atresia de duodeno;
- Pâncreas anular;
- Doença de Hirschsprung;
- Atresia anal;
- Fístula traqueno-esofágica;
- Estenose pilórica.

Dessas anomalias, a atresia duodenal, que é o estreitamento ou o bloqueio do intestino delgado, é encontrada com maior frequência. A fístula traqueoesofágica, quando presente, é uma alteração grave e exige cirurgia imediata.

Os problemas gastrointestinais são detectados, geralmente, logo após o nascimento e os sintomas mais frequentes incluem vômito, abdômen endurecido (intumescido), ausência de evacuação e pneumonia. A má alimentação contribui para o agravamento desse quadro.

Respiratório

O sistema respiratório humano é constituído por um par de pulmões e vários órgãos que conduzem o ar para dentro e para fora das cavidades pulmonares. Esses órgãos são as fossas nasais, a boca, a faringe, a laringe, a traqueia, os brônquios, os bronquíolos e os alvéolos (os três últimos localizados nos pulmões).

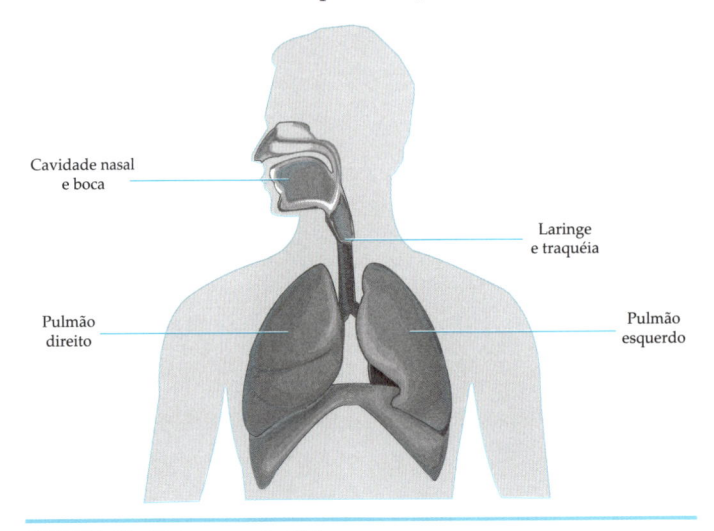

FIGURA 10 – Sistema respiratório.

Problemas respiratórios são bastante frequentes em crianças com síndrome de Down e várias razões contribuem para este fato, como dificuldade de tossir, de engolir secreções orais e expelir secreções nasais, baixo tônus muscular e predisposição imunológica. A regurgitação da comida do estômago para o esôfago (refluxo gastroesofágico) também é uma das causas. Uma infecção respiratória geralmente é viral ou bacteriana e afeta vias nasais (sinusite), garganta, brônquios e pulmões.

Os problemas respiratórios relacionados à obstrução das vias aéreas superiores se dão em virtude de as amídalas e as adenoides serem de um tamanho superior ao normal. A atresia de coanas é outro fator que causa obstrução.

O tratamento dos problemas respiratórios pode ser medicamentoso, com o uso de antibióticos nos casos de infecções, ou cirúrgico, nos casos de obstruções. Como as infecções do trato respiratório são, de certa forma, um problema crônico, torna-se desaconselhável o uso repetido de antibióticos. O ideal é trabalhar na prevenção das doenças respiratórias por meio de exercícios específicos de sopro, prática de atividade física, natação, higiene nasal com soro fisiológico e uso de manobras específicas, como tapotagem, vibração e drenagem postural para evitar acúmulo de secreções, e a orientação e a intervenção de um fisioterapeuta e de um educador físico são bastante aconselháveis.

Sistema nervoso central

Entre os problemas relacionados ao sistema nervoso central, a doença de Alzheimer (doença degenerativa, progressiva que compromete o cérebro, causando diminuição da memória, dificuldade no raciocínio e pensamento e alterações comportamentais) responde por 30% dos adultos que têm síndrome de Down entre 20 a 39 anos de idade. Outras doenças relacionadas são a caleificação do gânglio basal (que apresenta sintomas como crises convulsivas com degeneração) e eplepsia entre 5% a 10%.

A anatomia do cérebro é diferente, observando-se, também, redução do volume de 3% a 4% se comparado à população de referência. O número de neurônios é diminuído (células do sistema nervoso central), e esses são imaturos em relação à população em geral. Essas diferenças anatômicas e, consequentemente, funcionais estão diretamente ligadas ao comprometimento intelectual.

O sistema imunológico da criança com síndrome de Down deve ser reforçado por um calendário vacinal mais abrangente, o que ajudará a diminuir a predisposição a infecções.

Ecocardiograma, eletrocardiograma, raio-x de tórax, exames de sangue para hormônios da tireoide, ultrassonografia do abdômen e do sistema nervoso central, fundo de olho, BERA, avaliação com especialistas e início de estimulação devem ser solicitados pelo pediatra assim que possível (ainda no berçário, de preferência).

Durante o primeiro ano de vida, deve-se colher cariótipo, investigar órgãos sensoriais, oftalmológicos e otorrinolaringológicos, urina tipo I, hemograma com plaquetas, exames laboratoriais para cálcio, fósforo e fosfatase alcalina e iniciar imunização complementar.

Nota-se que, na maioria das anomalias, a hipotonia muscular é a facilitadora ou a coadjuvante dessas. Por conta disso, é de suma importância que se iniciem as estimulações junto a fisioterapeutas, terapeutas ocupacionais e educadores físicos o mais cedo possível, para que, assim, consigamos dar a essas pessoas maior qualidade de vida, e, quanto menos complicações nesses quadros clínicos acima citados, mais chances de sucesso a criança terá em todas as áreas da sua vida.

Referências

AMARAL, R. P. **Síndrome de Down, e agora Dr.?** Rio de Janeiro: WVA, 1996.

ANTUNES, M. T. A. III Congresso Brasileiro sobre síndrome de Down, 2000. **Anais...** Curitiba, Paraná: 2000

BRESSAN, F. G. **A vida por trás dos olhos amendoados**: um livro-reportagem sobre o portadores da síndrome de Down. Londrina: Editora UEL, 2002.

Lefèvre, B. H. **Mongolismo**: orientação para famílias. São Paulo: ALMED, 1981.

Mantoan, M. T. E.; Ferreira, A. I. F.; Rodrigues, J. L. **Essas crianças tão especiais**: manual para solicitação do desenvolvimento de crianças portadoras da Síndrome de Down. Brasília: CORDE, 1992.

Moreno, G. **Síndrome de Down, um problema maravilhoso**. Brasília: CORDE, 1996.

Proença, I. F. **Posso ajudar você?** Minha experiência com meu filho excepcional. São Paulo: EDICON, 1982.

_____. **Meu irmão é uma pessoa diferente**. São Paulo: Paulinas, 1984.

Pueschel, S. **Síndrome de Down**: guia para pais e educadores. Campinas, Papirus, 1993.

Silva, M. T. M. **Parece que foi ontem...** A trajetória de uma criança portadora da síndrome de Down. São Paulo: Mandarim, 2001.

Stray-Gundersen, K. **Crianças com síndrome de Down**: guia para pais e educadores. Porto Alegre: Artmed, 2007.

Tunes, E. **Cadê a síndrome de Down que estava aqui? O gato comeu...**: o programa da Lurdinha. Campinas: Editores Associados, 2003.

Werneck, C. **Muito prazer, eu existo**: um livro sobre as pessoas com síndrome de Down. Rio de Janeiro: WVA, 1993.

Visão

Os olhos são quase esféricos. É uma estrutura oca e macia, que mantém sua forma arredondada graças a um material gelatinoso que, em um adulto, tem aproximadamente 2,5 cm de diâmetro.

Eles estão protegidos em órbitas ósseas, na parte da frente do crânio, e podem mover-se livremente, mantidos em suas órbitas por meio de um complicado conjunto de músculos, mas essas estruturas tão frágeis podem apresentar algumas doenças e/ou problemas durante a vida. Estima-se que 70% das crianças com síndrome de Down tenham miopia (dificuldade em enxergar objetos mais distantes) e 50%, estrabismo (perda do paralelismo entre os olhos). A catarata (processo de envelhecimento do cristalino, lente natural do olho, normalmente incolor, fina e transparente, que dificulta a passagem da luz através do olho), a hipermetropia (dificuldade em enxergar para perto), o astigmatismo (dificuldade em captar detalhes de um objeto) e a obstrução dos dutos (canais) lacrimonasais são outros problemas associados. A catarata é cirurgicamente tratada; alguns casos de obstrução do canal lacrimonasal e estrabismo podem necessitar de tratamento cirúrgico quando o clínico não surtir resultados satisfatórios. As demais alterações são corrigidas por meio de lentes (óculos).

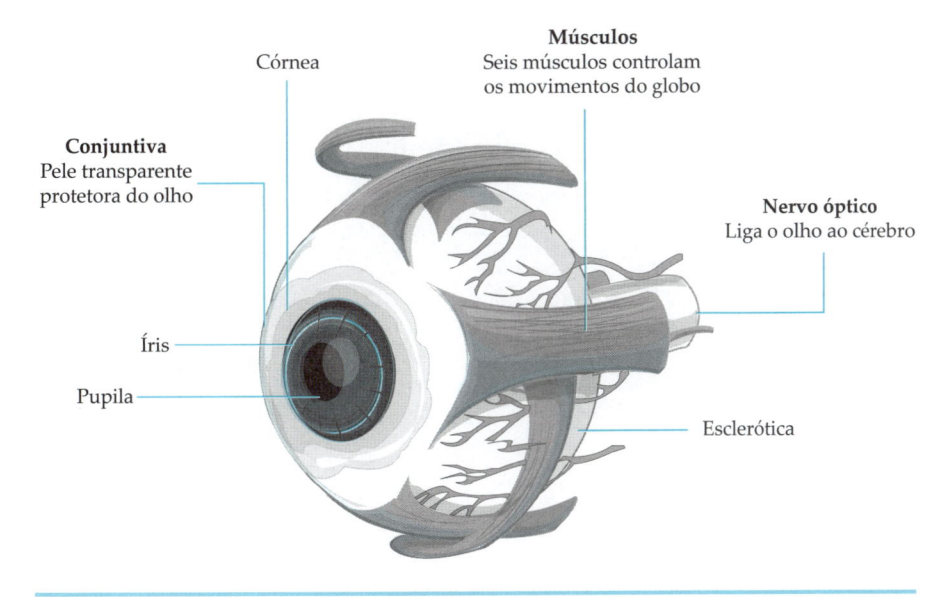

FIGURA 11 – Olho.

É aconselhável que a criança seja examinada por um oftalmologista anualmente. A correção do problema visual é muito importante, uma vez que não enxergar bem pode gerar atraso no desenvolvimento global.

Audição

O ouvido é um órgão sensível que capta as ondas sonoras para que nosso organismo inicie o processo de percepção e interpretação do som. Cerca de 60% a 80% das crianças com síndrome de Down apresentam rebaixamento auditivo uni ou bilateral. Os primeiros testes auditivos deverão ser feitos logo que possível e, após essa primeira avaliação, realizada por um otorrinolaringologista, deverá ser analisada anualmente, como acompanhamento do desenvolvimento normal ou possíveis intervenções corretivas para o tratamento adequado.

Os *deficits* auditivos, na maioria dos casos, são leves a moderados e podem ter como causas: aumento da concentração da cera no canal do ouvido, acúmulo de secreção no ouvido médio, frequentes infecções de ouvido e formato anormal dos ossículos no ouvido médio.

A presença de otite média crônica é comum, e, muitas vezes, a criança não apresenta quadro clínico, por isso há necessidade de um exame mais detalhado e aprofundado. Em alguns casos, pode ser que se faça necessário o uso de aparelho auditivo. O ouvido médio e a garganta são ligados pela tuba auditiva ou trompa de Eustáquio, por isso o motivo da infecção no ouvido médio.

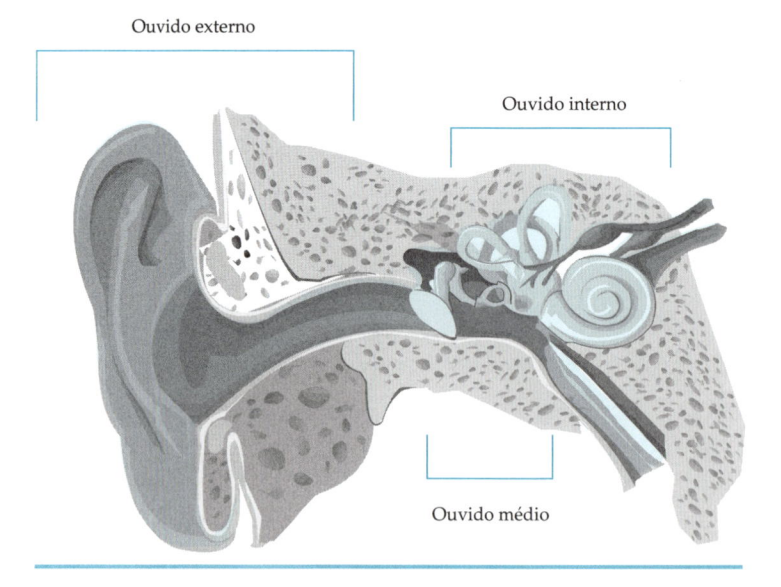

FIGURA 12 – Ouvido.

Em bebês, do nascimento até os seis meses, é recomendado que seja realizado o exame da resposta auditiva do tronco encefálico, ou BERA, que mede eletronicamente a recepção dos sons no encéfalo, ou seja, se o som está chegando ao cérebro para a sua devida interpretação ou não.

A detecção e o tratamento dos problemas auriculares são importantes, pois a deficiência auditiva pode prejudicar o desenvolvimento global da criança, como a fala.

Tireoide

A tireoide é uma importante glândula do nosso organismo e produz hormônios que têm como uma das suas principais funções regular o metabolismo. Quando não funciona adequadamente, pode levar a repercussões em todo o corpo, em graus variáveis de severidade, desde sintomas que, muitas vezes, podem passar despercebidos até formas extremamente graves que podem trazer risco de vida. O hipotireoidismo (deficiência ou diminuição da secreção dos hormônios da tireoide) é a disfunção mais comum da tireoide em pessoas com síndrome de Down. Ocorre em aproximadamente 10% das crianças e em 13% a 50% dos adultos. Os sintomas do hipotireoidismo são desenvolvimento físico e mental mais lento (nas crianças), espessamento da pele, constipação e sonolência. O hipotireoidismo pode ser, também, uma das causas da obesidade. Em alguns casos, o hipertireoidismo também pode estar presente.

É de suma importância que a criança seja submetida a exames periódicos para dosagem dos hormônios de tireoide (T3, T4 e TSH), para que os possíveis problemas possam ser tratados precocemente, não comprometendo o desenvolvimento geral.

Ortopédico

Entre os problemas que acometem crianças com síndrome de Down, podem-se citar a instabilidade atlantoaxial e a instabilidade coxofemoral; a primeira ocorre em 20% dos casos, embora somente em 10% comprime e comprometa a medula. Essa instabilidade ocorre em virtude do aumento da distância entre as duas primeiras vértebras da coluna cervical, que, acima de 5 mm, faz que as vértebras percam sua função de proteção da medula. Essa alteração se deve, entre outras coisas, à frouxidão ligamentar e à hipotonia muscular. O diagnóstico é feito por meio de radiografia da coluna cervical, que deve ser solicitada por volta dos 2 anos de idade (quando, normalmente, a criança começa a andar). Quando a instabilidade for comprovada, deve-se evitar ou, até mesmo, impedir a realização de algumas atividades físicas, como rolamentos (cambalhotas), natação (estilo borboleta), equitação etc. Outros exames poderão ser necessários, como tomografia e/ou ressonância. Em casos mais graves, dependendo do grau de comprometimento, a criança deverá ser encaminhada à cirurgia, na qual as vértebras serão fixadas e, consequentemente, estabilizadas (atrodese de coluna).

A instabilidade coxofemoral aparece em cerca de 45% dos casos e está relacionada à frouxidão dos ligamentos do quadril com os fêmures. O profissional de Educação Física e/ou o fisioterapeuta poderão elaborar exercícios específicos de prevenção, reforçando o sistema muscular dessa região, a fim de obter maior estabilidade.

A luxação coxofemoral, diferentemente da instabilidade, é diagnosticada ainda no berçário e exige tratamento ortopédico.

Ortodontia

Pode ser anomalia da oclusão dentária, alterações mandibulares (queixo para frente ou para trás – prognata ou retrognata, respectivamente), palato em ogiva, ou seja, céu da boca mais alto que o convencional, e ausência de alguns dentes.

É preciso ter atenção com o índice de cáries e doenças da gengiva, pois, se não tratadas, podem causar perda de dentes. A higiene oral é muito importante, bem como evitar a ingestão de açúcares e fazer visitas regulares ao dentista.

Hematológico

Entre os mais variados problemas, a leucemia (doença maligna dos glóbulos brancos) atinge cerca de 10% das pessoas com síndrome de Down, embora, algumas vezes, seja uma doença grave. Quando detectada precocemente e, consequentemente, tratada, muitos pacientes são curados.

Obesidade

Cerca de 30% das crianças com síndrome de Down apresentam tendência à obesidade, o que pode se tornar um grande problema, uma vez que o excesso de peso sobrecarrega coração, pulmões, articulações e músculos.

Uma boa dieta é essencial; deve-se dar preferência a alimentos de fácil digestão, como frutas, fibras, cereais e vegetais de um modo geral. Também é importante oferecer proteínas de pouca caloria, como carne de peixe e frango, sempre evitando o excesso de gorduras. Em termos de carboidratos, evitar os tubérculos, ou seja, alimentos que nascem embaixo da terra (batata, mandioca etc). Oferecer líquidos em abundância (água e sucos naturais, preferencialmente) é de grande importância. Além da dieta, proporcionar e/ou incentivar muita atividade física, lembrando que se deve procurar um nutricionista antes de iniciar uma dieta.

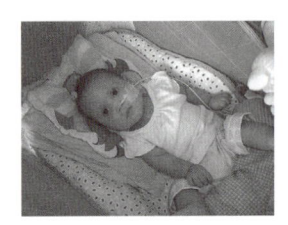

O papel da família no desenvolvimento da criança com síndrome de Down

Lenamar Fiorese Vieira
José Luiz Lopes Vieira

Procuraremos discorrer aqui sobre o comprometimento que a família deve ter com o desenvolvimento de uma criança portadora de síndrome de Down, entendendo que a família é o contexto imediato e primordial e o que exerce maior influência sobre seu desenvolvimento e que irmãos e pais são, diariamente, os agentes propulsores que estimulam as aprendizagens cognitivas, afetivas e motoras, ampliando o potencial de desenvolvimento futuro. Essa aprendizagem diária das crianças dos comportamentos da sua cultura representa os cuidados e os vínculos construídos entre filhos e pais, irmãos, avós e outras pessoas extremamente significativas para sua inserção social. É, também, objetivo relatar nosso curso de vida com uma filha portadora de síndrome de Down.

O nascimento e o papel dos pais

Talvez o único momento em que uma família vai feliz a um hospital seja o do nascimento de um filho, em torno do qual se cria grande expectativa, tornando-se esse evento um acontecimento de grande importância. Para nós, esse momento foi extremamente significativo, pois tínhamos um menino com 9 anos de idade e, então, iria nascer uma menina. Era tudo o que queríamos. Foi uma gravidez planejada, o pré-natal foi normal, a gravidez durou 38 semanas, os resultados dos exames de ultrassonografia foram normais, nenhum problema genético na família. Tudo indicava que teríamos um dia para comemorar e confraternizar.

Eu estava na sala de parto; nossa filha nasceu, chorou, mas ninguém a mostrou para mim (mãe). Achei que tivesse nascido com algum problema e a tivessem levado para socorrê-la, mas ninguém comentou nada. Fui para o quarto e perguntei se estava acontecendo alguma coisa com o bebê, mas ninguém me falava nada; o pediatra não aparecia, nem o bebê.

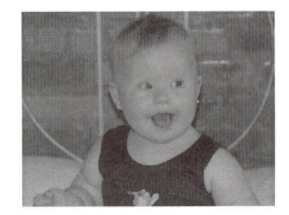

Mais tarde, trouxeram a minha filha e ela era linda! Não notei nada no bebê, mas percebi que meu marido estava diferente. Então perguntei se estava acontecendo algo, e ele me falou que eu teria que ser forte, pois nossa filha estava com diagnóstico de síndrome de Down.

Eu (mãe) não entendia o que tinha acontecido, e os médicos (pediatra/obstetra) também não tinham o preparo suficiente para dar essa notícia à família. Nós não tínhamos certeza, pois havia conflito entre os médicos quanto ao diagnóstico, e esperamos, então, o exame do cariótipo para contar à família. O exame demorou 120 dias, e essa espera foi muito sofrida. Em alguns momentos, olhávamos e víamos a síndrome, em outros, não víamos nada.

Aquele momento foi de profunda reclusão familiar. Nós dormimos e acordamos pensando que estamos sonhando, que aquilo não aconteceu, e, quando percebemos, estamos chorando e não sabemos por quê, mas, ao mesmo tempo, olhamos para o bebê extremamente dependente e carente, precisando dos pais, e começamos a buscar forças.

Eu chorava, mas cuidava dela e buscava recursos e informações para auxiliar em seu desenvolvimento. Entretanto, quando buscávamos informações na literatura, essas não eram animadoras e diziam, de uma forma geral: "As crianças portadoras desta síndrome têm maior probabilidade que as outras de sofrer problemas no coração, nos ouvidos e nos olhos e são mais suscetíveis à leucemia e às infecções respiratórias; em razão disso, têm maior probabilidade de morrerem cedo". Essas colocações reais, naquele momento, não ajudavam em nada.

Então, paramos de buscar esse tipo de informação e partimos para *sites* de apoio a familiares que possuem crianças com síndrome de Down. Nesses, o suporte era mais animador e entendemos que, efetivamente, a síndrome influenciaria no desenvolvimento de nossa filha; no entanto, essa influência dependeria não apenas da severidade da doença, mas, também, do ambiente em que ela fosse criada. Nesse momento, o pai tem um papel importante, dando à mãe apoio e suporte nos momentos difíceis. A importância está na atuação paternal com sensibilidade e responsividade. Na realidade, o que influencia o envolvimento do pai com o bebê ou com a mãe é o grau em que o pai cuida do bebê e brinca com ele, e isso depende do seu *background* cultural, de seu casamento e das atitudes da sociedade (Papalia e Olds, 1998).

Os pais (mãe e pai) são, particularmente, importantes na forma física como brincam, oferecendo excitação e desafios para a superação de obstáculos. Eles têm, também, uma influência especial quanto à competência para resolver problemas. Algumas pesquisas sugerem que os pais podem influenciar o desenvolvimento cognitivo de seus filhos mais que as mães, evidenciando que, quanto maior atenção um pai dá ao seu filho, mais alerta, inquisitivo e feliz o bebê tem probabilidade de ser (Pedersen, Rubenstein e Yarrow, 1973, apud Papalia e Olds, 1998). O pai, juntamente com a mãe, parece desempenhar um papel importante em ajudar as crianças a se tornarem mais independentes. Dessa forma, a família nuclear (pai, mãe e irmãos) é extremamente importante para o desenvolvimento da criança portadora de síndrome de Down.

Segundo Casarin (1999), as famílias diferem em sua reação diante do nascimento da criança com síndrome de Down. Existe um processo de luto adjacente quando do nascimento de uma criança disfuncional, envolvendo quatro fases.

Na *primeira fase de luto*, ocorre um entorpecimento com o choque e a descrença. Realmente, isso aconteceu conosco. Ficamos chocados, baseados, talvez, no significado atribuído à deficiência vindo do contexto social. Entretanto, os familiares precisam entender que esse é um período crítico para se formar o vínculo entre mãe e filho, sendo um processo recíproco de ligação afetiva entre o bebê e as pessoas importantes em sua vida. A ligação afetiva é um relacionamento afetuoso recíproco entre duas pessoas, em círculos não científicos, que nós chamamos de *amor*. É preciso entender que o amor não é automático; é construído e necessário para garantir o carinho e uma segura ligação afetiva entre mãe e filho. Nesse contexto, vários fatores interferem na forma como uma mãe age em relação ao bebê, entre os quais se incluem suas razões para ter um filho, sua vida, seu relacionamento com o pai do bebê, seu interesse pela realização profissional e outras atividades externas, suas circunstâncias de vida e a presença de outros parentes na casa.

Na *segunda fase de luto*, aparece a ansiedade, com a manifestação de emoções fortes (depressão) e o desejo de recuperar a pessoa perdida. Essa segunda fase esteve bastante presente em virtude da demora do resultado do cariótipo. Tentávamos, em alguns momentos, acreditar em um possível erro de diagnóstico, associando traços da síndrome a traços familiares. Nesse momento, a presença dos familiares foi importante e significativa.

A *terceira fase de luto* se caracterizou pela desesperança ante o reconhecimento da imutabilidade da perda. Acredito que essa fase ocorreu com a confirmação do diagnóstico, gerando sentimentos diversos, talvez muita insegurança por não saber bem o que teríamos que enfrentar, pelo desconhecido e pela impotência diante de uma situação nova. Nessa fase, ocorreu um momento muito significativo, que foi o de contar ao nosso filho de 9 anos que a irmã tinha nascido com um problema. Talvez tenha sido um dos momentos mais emocionantes, mas, quando lhe contamos, ele questionou por que estávamos falando aquilo. Explicamos-lhe o significado de ter uma criança com síndrome de Down, e então ele respondeu: *Mãe, não tem problema, porque eu vou amá-la do mesmo jeito*. A partir daí, sentimos que éramos uma família e que teríamos que lutar por aquela criança, que teria dificuldades, mas que, com certeza, fazia parte de nós.

Finalmente, a *quarta fase de luto* traz uma recuperação, com gradativa aceitação da mudança, redução da ansiedade e da insegurança, entendendo que, quanto mais rápido partirmos para luta, melhor para o bebê e para nós como família. O bebê também reagia normalmente, não era tão diferente quanto pensávamos no início. O vínculo afetivo foi sendo construído e se tornando mais intenso. Partimos, então, para o planejamento familiar. Para tanto, buscamos várias respostas a algumas dúvidas sobre o desenvolvimento de uma criança com síndrome de Down e explicamos aos nossos parentes que, quanto mais normalmente tratassem nossa filha, melhor seria para ela e para nós.

As pessoas não entendiam muito bem as dificuldades pelas quais passamos, porque a criança requer cuidados e exige muita disponibilidade da pessoa que cuida, geralmente a mãe. A dedicação a um único elemento modifica o relacionamento com os outros membros (filho e marido), levando a um desequilíbrio nas relações (Casarin, 1999).

Embora o choque seja inevitável, a família supera a crise e atinge o equilíbrio. A busca da ajuda e a mediação de profissionais (fisioterapeuta, fonoaudiólogo e escolas especializadas – em nosso caso, a APAE) foram de grande importância para muitos encaminhamentos, minimizando o impacto e mostrando as possibilidades, e não somente os aspectos negativos, o que ajuda os pais a adquirir uma visão mais ampla da situação.

Alguns autores relatam que essas crianças representam a perda de sonhos e esperanças, mas, para nós, foi uma nova forma de pensar, de ver a vida e o mundo. Éramos (os pais) muito perfeccionistas com tudo e passamos, então, a entender que nada é perfeito; sempre temos muito que aprender com as pessoas e com a vida.

A criança com síndrome de Down na família

A relação no contexto familiar (pais e filhos) enfatiza que esse ambiente compreende o nível imediato do desenvolvimento da criança em sua realidade do dia-a-dia. A família é o ambiente no qual os indivíduos podem interagir, vivenciando padrões distintos de papéis, atividades e inter-relações, que são extremamente significativos para o desenvolvimento das áreas cognitiva, linguística e socioemocional da criança com síndrome de Down.

A família, como contexto imediato de desenvolvimento, constituindo um ambiente com características físicas particulares, deve abrigar pessoas com características distintas de temperamento, personalidade e sistema de crenças, que ampliam as forças desenvolvimentais em termos de papéis sociais e relacionamentos. Esses elementos acentuam as influências sobre o crescimento psicológico e as características da personalidade exercidas pelos indivíduos significativos na vida da criança portadora de síndrome de Down.

Nesse sentido, a família desempenha um papel fundamental, visto que constitui o primeiro universo de relações sociais da criança, podendo proporcionar-lhe um ambiente de crescimento e desenvolvimento saudável e funcional ou, ao contrário, um ambiente que venha a dificultar um desenvolvimento mais adequado.

É preciso, antes de tudo, entender que a criança com necessidades especiais cria no contexto familiar uma situação nova, nunca enfrentada anteriormente, caracterizando uma crise inicial. A desfuncionalidade familiar é expressa por clima restritivo, comunicação confusa, dificuldade de abertura para expressar sentimentos e pouco espaço para expressão da afeição física.

Com o passar do tempo, os familiares aprendem a lidar com a criança com síndrome de Down, mas é preciso muita paciência e compreensão de ambos – pais e familiares. Os pais devem ser incansáveis, explicando o comportamento que os demais familiares devem ter com a criança. Esse comportamento, na maioria das vezes, deve ser igual, mas, em alguns momentos, os pais devem dar dicas aos familiares de como lidar melhor com as situações.

Esses comportamentos são mais claramente relacionados ao desenvolvimento nos primeiros anos de vida. Dessa forma, a criança com síndrome de Down necessita explorar o ambiente, e essa exploração deve fazer parte da construção do seu mundo, devendo os familiares fornecer-lhe oportunidade, instrução e encorajamento, buscando aumentar o seu referencial na relação com os outros e com o mundo.

O primeiro ano de vida parece ser mais crítico, pois a criança necessita, então, de cuidados de alta qualidade. Entendemos essa colocação no sentido de o ambiente familiar minimizar a possibilidade de riscos à criança, de modo que esta tenha mais chances de se desenvolver em um ambiente estimulador de relações sociais e motoras.

Ainda é necessário ressaltar que a criança com síndrome de Down utiliza comportamentos repetitivos e estereotipados, necessitando da referência do outro, pois o comportamento exploratório é impulsivo e desorganizado, dificultando um conhecimento consistente do ambiente.

As crianças com síndrome de Down tendem a se envolver menos na atividade e dar menos respostas e tomam menos iniciativa nos anos iniciais, necessitando, destarte, de muito tempo e disponibilidade dos familiares.

Casarin (2001) afirma que, se o bebê com síndrome de Down é menos responsivo, a mãe não tem os referenciais necessários para compreendê-lo e tenta, então, preencher essas lacunas com suas próprias atividades e, com isso, pode deixar de perceber as reações naturais do bebê. Diante desse comportamento e das dificuldades da criança, a mãe tem a tendência de se mostrar mais diretiva, de fazer menos perguntas, talvez esperando menos respostas, e mantém o mesmo padrão de comunicação em diferentes idades. O resultado pode evidenciar baixa expectativa da mãe quanto à possibilidade de desenvolvimento da criança, apesar dos esforços realizados na estimulação. Nesses casos, é preciso ficar atento. Crianças com síndrome de Down precisam de estimulação diária e de intenso investimento dos familiares, principalmente dos pais, que são os membros afetivos mais próximos, devendo investir sem saber quando a resposta virá, mas sabendo que virá.

Segundo Casarin (1999), observa-se uma ambiguidade: os pais estimulam, mas não acreditam no desenvolvimento e mantêm a pessoa com síndrome de Down como uma eterna criança. Isso compromete a possibilidade de exploração e ampliação das representações que a criança pode fazer do ambiente.

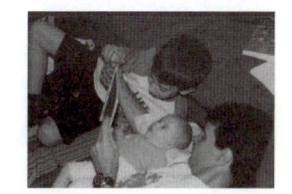

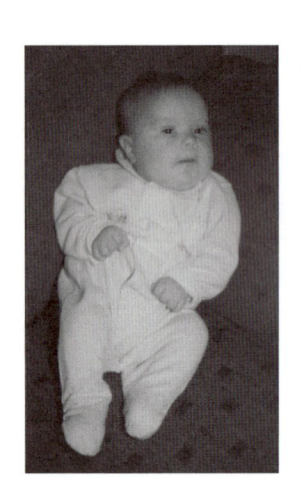

Essa situação deve ser esclarecida aos familiares, que tratam a criança com síndrome de Down como um bebê, que não possui autonomia, que é dependente; fazem por ela, falam com ela no diminutivo, e isso lhe dificulta a aprendizagem da linguagem. Na síndrome de Down, a função da linguagem é a fraqueza relativa, enquanto a sociabilidade e as aptidões sociais – como cooperação interpessoal e adequação a convenções sociais – são relativamente fortes.

As atividades da vida cotidiana na família dão à criança oportunidades para aprender e se desenvolver por meio do modelo, da participação conjunta, da realização assistida e de tantas outras formas de mediar a aprendizagem. Essas atividades podem ou não propiciar motivações educativas.

O desenvolvimento cognitivo das crianças com síndrome de Down à luz das relações familiares faz que os pais sejam mais seletivos para proporcionar atividades. Suas rotinas são mais complexas, pois têm de ser mais diversificadas para atender à necessidade da criança.

A criança com síndrome de Down, desde o início, apresenta reações mais lentas que as outras crianças, e isso provavelmente altera sua ligação com o ambiente. O desenvolvimento cognitivo não somente é mais lento como se processa de forma diferente. À medida que a criança cresce, as diferenças mostram-se maiores, já que as dificuldades da aprendizagem alteram o curso do desenvolvimento (Voivodic e Storer, 2002).

As conquistas realizadas nos dois primeiros anos são a base da aprendizagem posterior e dão uma matriz de aprendizagem que será utilizada em idades mais avançadas. Mães e pais que conseguem manter com a criança uma ligação afetiva estreita e positiva favorecem a aprendizagem, proporcionando condições de desenvolvimento e segurança para sua independência e autonomia.

Estratégias adotadas na dinâmica familiar

Para essa reflexão, baseamo-nos em algumas colocações teóricas sobre os objetivos dos pais e as rotinas familiares estabelecidas em função da criança com síndrome de Down, no sentido de propiciar não somente o seu desenvolvimento motor, afetivo e social, mas, também, seu desenvolvimento cognitivo.

Vine (1988, apud Cole e Cole, 2003) propôs que os pais do mundo todo compartilhem três objetivos principais: primeiro, o da *sobrevivência*, para garantir que seus filhos sobrevivam, e, para isso, tomem as providências necessárias para que tenham saúde e segurança; segundo, o *econômico*, para garantir que seus filhos adquiram as habilidades e outros recursos necessários para serem adultos economicamente produtivos; e, terceiro, o *cultural*, para garantir que seus filhos adquiram os valores culturais básicos do grupo.

No Quadro 2, percebe-se claramente que os objetivos formam uma hierarquia, e o mais urgente é o da sobrevivência física da criança (primeiro ano de vida). Somente quando a segurança e a saúde parecem garantidas (aos 2 anos de idade), passamos a nos concentrar nos outros dois objetivos, transmitindo as habilidades economicamente importantes e os valores culturais de que a criança necessitará quando adulta.

Para adquirir esses dois objetivos, a família estabelece rotinas diárias. As rotinas são previsíveis e asseguram um ajuste adequado entre os recursos da família e as condições locais. De acordo com Cole e Cole (2003), os pais influenciam o desenvolvimento de seus filhos de duas maneiras: em primeiro lugar, moldam as habilidades cognitivas e a personalidade de seus filhos pelas tarefas que lhes oferecem a desempenhar, pelas maneiras como reagem a seus comportamentos particulares, pelos valores que promovem, tanto explícita quanto implicitamente, e pelos padrões de comportamento que modelam; em segundo lugar, influenciam o desenvolvimento de seus filhos selecionando muitos outros contextos aos quais os filhos estão expostos, incluindo os locais que eles visitam, os meios pelos quais eles se entretêm e as outras crianças com quem eles brincam.

Quadro 2 – Objetivos e rotinas adotados pelos pais de uma criança com síndrome de Down

Primeiro ano	Segundo ano	Terceiro ano	Quarto ano	Quinto ano
Amamentação;	Rotinas médicas;	Rotinas médicas;	Rotinas médicas;	Rotinas médicas;
Rotinas médicas (visão, audição, ortopedia, cardiologia);	Explicar para as pessoas o que é a síndrome de Down;	Buscar inserir no ensino regular;	Inserir no ensino regular;	Inclusão no ensino regular;
Buscar informações sobre síndrome de Down;	Ter paciência com a curiosidade do contexto social;	Oportunizar atividades motoras;	Estimular movimentos;	Fazer festa de aniversário;
Levar a todas as festas;	Trocar experiências com outras famílias;	Oportunizar atividades de interação social;	Insistir em atividades de autonomia;	Insistir em tarefas de autonomia e independência;
Fazer festa de aniversário;	Dar à criança oportunidades de interagir no contexto social;	Fazer festa de aniversário;	Auxiliar a criança na linguagem;	Oportunizar a prática de atividades motoras;
Levar aos passeios;	Fazer festa de aniversário;	Estimular a criança à autonomia;	Buscar apoio psicopedagógico;	Buscar auxílio psicopedagógico;
Levar à praia;	Levar ao clube;	Explicar às pessoas o que é síndrome de Down;	Estimular o raciocínio da criança;	Estimular raciocínio lógico/classificação;
Trocar experiências com outras famílias;	Colocar em atividades interativas sociais;	Auxiliar na verbalização da criança;	Fazer festa de aniversário;	Inserir no contexto das atividades escolares;
Buscar ajuda de profissionais especializados;	Controlar a alimentação;	Controlar a alimentação.	Controlar a alimentação.	Controlar a alimentação.
Controlar a alimentação.	Buscar auxílio em instituições especializadas.			

Em face do exposto no Quadro 2, gostaríamos de ressaltar que algumas estratégias parecem básicas. Entretanto, um aspecto muito importante para a criança Down são as rotinas médicas (objetivo de sobrevivência), das quais não se pode descuidar. A família deve ficar extremamente atenta aos sinais e aos sintomas que a criança apresenta e, quanto mais rapidamente buscar auxílio, melhor. Nesse aspecto clínico, a mãe tem um papel muito importante na observação do bebê. Em nosso ponto de vista, ninguém conhece mais o bebê que a mãe; ela tem uma percepção clara sobre o estado de saúde da criança.

É preciso buscar ajuda de profissionais como fonoaudiólogo, fisioterapeuta, cardiologista, pediatra, otorrinolaringologista e ortopedista, que são especialistas imprescindíveis para auxiliar na saúde do portador de síndrome de Down, com consultas a cada seis meses nas fases iniciais de desenvolvimento.

Alguns aspectos do desenvolvimento merecem atenção especial nesse período: a sucção e a deglutição da criança devem ser trabalhadas por um fonoaudiólogo, objetivando melhores condições para a alimentação e uma melhor postura dos órgãos fonoarticulatórios. A movimentação ativa, a coordenação visomotora e o equilíbrio para o controle de cabeça e tronco devem ser estimulados por um fisioterapeuta.

Várias técnicas podem ser utilizadas. Massagens com o vibrador ou com as mãos ajudam a dar maior tonicidade à musculatura orofacial (a amamentação é fundamental para melhorar a tonicidade da musculatura). A *Shantala* é uma técnica de massagem muito importante para o desenvolvimento do vínculo afetivo com o bebê. O *mamanhês* é a forma como a mãe conversa com o bebê e é extremamente significativo para o emocional da criança.

Brinquedos coloridos e sonoros estimulam a visão, a audição e a coordenação de movimentos no bebê. Exercícios específicos de equilíbrio, como o uso da bola *Bobath* e da prancha de equilíbrio, são igualmente importantes. As manobras realizadas para mudanças de posição, o estímulo da propriocepção ou, ainda, os exercícios respiratórios constituem elementos básicos das terapias individuais.

Apesar de tudo, o tempo que a criança passa com os terapeutas é muito pequeno se comparado ao que ela passa com a família; isso justifica a preocupação que os profissionais devem ter em relação ao papel que desempenham para auxiliar no equilíbrio emocional familiar e no relacionamento entre toda a família e a criança. Antes de qualquer técnica específica de estimulação, a convivência saudável entre os familiares e a criança com síndrome de Down é de extrema importância.

Controlar a alimentação é outro aspecto importante, pela predisposição genética desta criança em ganhar peso. Torna-se imprescindível fazer as alimentações nos horários corretos e comer de forma balanceada, e, caso se tenha dificuldade, deve-se procurar o auxílio de um nutricionista. No primeiro ano de vida, a amamentação é fundamental, mas o que temos observado é a introdução de mamadeira nas crianças Down. Justamente em virtude do maior risco de enfermidades, hipotonia oral, atraso no desenvolvimento, maior dificuldade no estabelecimento do vínculo entre mãe e filho, a alimentação no seio precisa ser mais promovida e apoiada.

Alguns recém-nascidos com síndrome de Down podem ter problemas cardíacos e respiratórios (como foi o nosso caso), necessitando de cuidados especiais. Eles podem precisar ficar em unidades de terapia intensiva ou berçários por algum período. Mesmo assim, a mãe deve lhe prover *colostro* (o precursor do leite materno, riquíssimo em anticorpos e leucócitos) e, depois da *apojadura* (primeira descida do leite, que ocorre entre dois e cinco dias após o parto), ofertar-lhe seu leite. Para isso, ela precisa ser apoiada para a coleta manual (como foi o nosso caso) ou com bombas eficazes e assegurar que seu recém-nascido receba esse leite por conta-gotas, seringas ou copinhos, e nunca por chuquinhas ou mamadeiras; isso é importante para o bebê não perder o reflexo de sucção ao seio, o que lhe exige maior esforço.

Outro aspecto é o social (objetivo cultural). Nesse ponto, é importante levar a criança a todas as festas que a família frequenta. Observamos que não é costume das pessoas que têm filhos com necessidades especiais levá-los a festas e ao *shopping center*.

Fazer festas de aniversário para essa criança é tão importante quanto para qualquer outra. Para analisar melhor essa situação, é bom pensar quantas vezes se foi a uma festa de aniversário de uma criança com síndrome de Down, e assim se poderá entender melhor o que estamos querendo colocar. Entretanto, para isso ocorrer, é necessário ter sido estabelecido o vínculo afetivo entre a criança e os familiares.

Levar a passeios, ao clube ou à praia, para trocar experiências com outras famílias e outras pessoas, também são passos importantes, pois se compreendem ligações com outros ambientes que contêm as pessoas em desenvolvimento, fortalecendo a inclusão social da criança.

Nos dois primeiros anos de vida da criança, ocorrem as conquistas motoras ou de linguagem mais marcantes: o sentar, o engatinhar, o andar, os primeiros dentes, as primeiras palavras. A expectativa criada em torno desses acontecimentos gera certa ansiedade nos pais da criança com síndrome de Down. É a fase em que os avós, os parentes e os amigos começam a fazer perguntas e comparar o desenvolvimento da criança com síndrome de Down com outras crianças. É um momento em que os pais devem ser incansáveis e explicar aos familiares como é o desenvolvimento da criança com síndrome de Down. É importante que os profissionais possam esclarecer e tranquilizar a família no sentido de respeitar o ritmo de desenvolvimento individual. Crianças com síndrome de Down podem andar, falar e realizar inúmeras atividades, bastando que tenham oportunidades, instrução e encorajamento para isso.

A matrícula em uma escola regular (objetivo econômico e cultural) torna-se significativa para a criança com síndrome de Down, não somente pela oportunidade de estar em um contexto social "normal", mas também porque, nesse contexto, a criança adquirirá padrões de referência de comportamento extremamente importantes para a convivência diária, além de ser muito ajudada na aquisição da linguagem. Portanto, escolher uma escola que queira realmente receber essa criança, com uma inclusão responsável, é um exercício que os pais devem fazer.

Com a nossa filha, passamos por várias escolas, até que encontramos aquela que queria receber nossa Julia e acreditava que ela poderia realmente ser incluída, e, quanto mais cedo, melhor. Em nosso caso, a Julia foi para o ensino regular com 3 anos de idade. Nos primeiros anos, ela frequentou a APAE, e foi muito importante para nós esse ambiente especializado, pois aprendemos a lidar com a nossa filha, tanto nos cuidados médicos quanto nas estimulações em diferentes etapas do desenvolvimento.

Dar oportunidade para a criança participar nas atividades extraescolares também é essencial, pois ela começa a ganhar autonomia e independência. Ela precisa dos familiares, mas também precisa ter autonomia, pois tem condições para isso.

Considerações finais

Finalizando, gostaria de ressaltar que o papel da família de uma criança com síndrome de Down é o mesmo da de qualquer outra criança, somente com atenção mais intensa e cuidados redobrados. Para nossa família, ter uma criança com síndrome de Down nos ajudou a compreender melhor o mundo e as pessoas, sendo mais tolerante e menos perfeccionistas, entendendo que a felicidade está nas pequenas coisas e nas pequenas conquistas de cada dia.

Referências

CASARIN, S. Aspectos psicológicos da Síndrome de Down. In: SCHWARTZMAN, J. S. (Ed.). **Síndrome de Down**. São Paulo: Memnon, s. d.

CASARIN, S. **Os vínculos familiares e a identidade da pessoa com** síndrome de Down. Dissertação (mestrado). São Paulo: Universidade Católica de São Paulo, 2001.

COLE, M; COLE, S. R. **O desenvolvimento da criança e do adolescente**. 4. ed. Porto Alegre: Artmed, 2003.

PAPALIA, D. E.; OLDS, S. W. **O mundo da criança**. 2. ed. São Paulo: Makron Books, 1998.

VOIVODIC, M. A; STORER, M. R. S. O desenvolvimento cognitivo das crianças com síndrome de Down à luz das relações familiares. **Revista psicologia: teoria e prática**, v. 4, n. 2, p. 31-40, 2002.

Shantala: toque de amor para o bebê Down

Venicia Elaine Santana

Shantala é uma técnica de massagem muito antiga na Índia, passada de geração a geração e trazida ao ocidente na década de 1970, pelo médico francês Dr. Fréderick Leboyer (1995).

Em uma de suas viagens, Leboyer ficou encantado ao avistar uma moça, de nome Shantala, com seu filho sobre as pernas, realizando movimentos intensos e cadenciados, em uma cena de total troca e harmonia entre ambos.

Estudos posteriores comprovaram as inúmeras contribuições que essa massagem pode proporcionar ao desenvolvimento da criança. Algumas delas são ganho de peso, desenvolvimento psicomotor, aumento da imunidade e melhora de cólicas, prisão de ventre e problemas respiratórios. Sendo assim, será de grande utilidade para a criança com síndrome de Down, já que esta, muitas vezes, apresenta características contrárias a esses benefícios. Além disso, essa arte de transmitir amor pelo toque das mãos ajuda a aprofundar o elo de afeto com o bebê. A Shantala é uma forma de tornar mais próximos mãe e bebê. No caso de uma criança com síndrome de Down, essa troca de carinho pode ser uma porta para a aproximação e para formar esse vínculo tão importante para a formação de uma pessoa feliz.

A técnica é apresentada à mãe e ao seu bebê, mas nada impede que o pai ou outras pessoas próximas a realize, assim como pode ser feita em crianças de qualquer idade.

Local

O local deve ser aquecido para o bebê não ficar com frio, pois, sem roupa, ele perde muito calor. Pode-se colocar uma música suave, pois, além de ajudar na concentração, o bebê associará a música a esse momento de prazer.

Deixe um brinquedo por perto, caso o bebê estranhe a Shantala. De preferência, deve ser um local onde estejam apenas os dois, pois essa massagem envolve, além do toque, a voz, o olhar, o cheiro e a atenção da mãe.

Horário

A Shantala deve ser aplicada no intervalo entre as mamadas. O bebê não pode estar com fome, porque ficará irritado, nem recém-mamado, para não correr o risco de regurgitar.

Algumas mães preferem fazer a massagem antes do banho e colocá-lo para dormir, mas alguns bebês acabam despertando com a massagem, então, deve-se encontrar um horário junto com o bebê.

Posicionamento

A mãe senta-se no chão ou na cama com a criança diante dela, sobre uma almofada ou manta.

A posição deverá ser a que a mãe se adequar melhor:

- De pernas cruzadas;

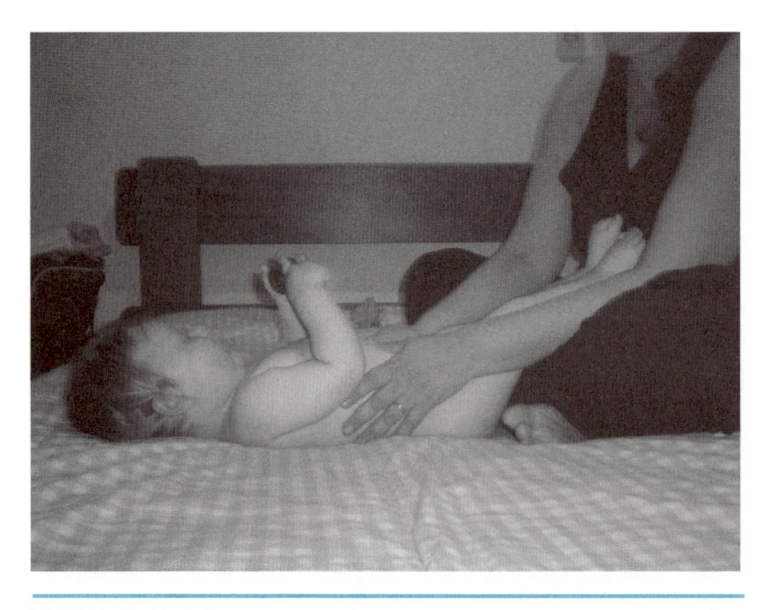

FIGURA 13 – Posição pernas cruzadas.

- Pose de berço;

FIGURA 14 – Posição de berço.

- Pernas abertas;

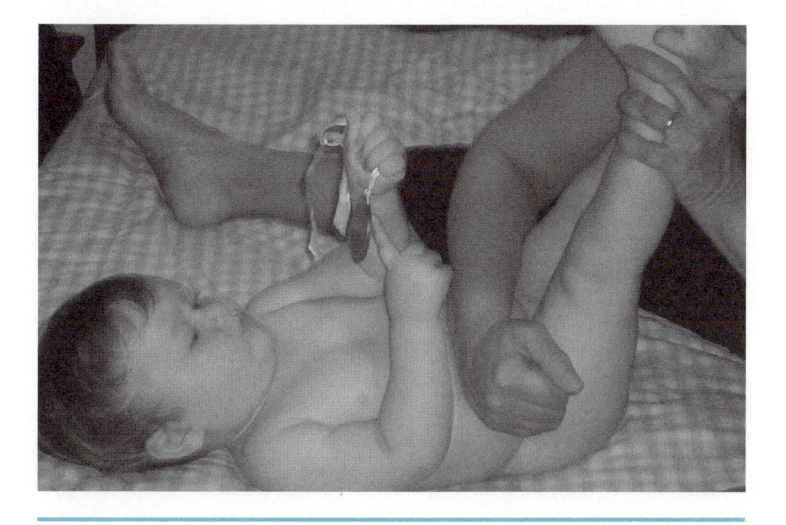

FIGURA 15 – Posição pernas abertas.

- Tradicional da Shantala, com as pernas fechadas, mantendo maior contato com o bebê.

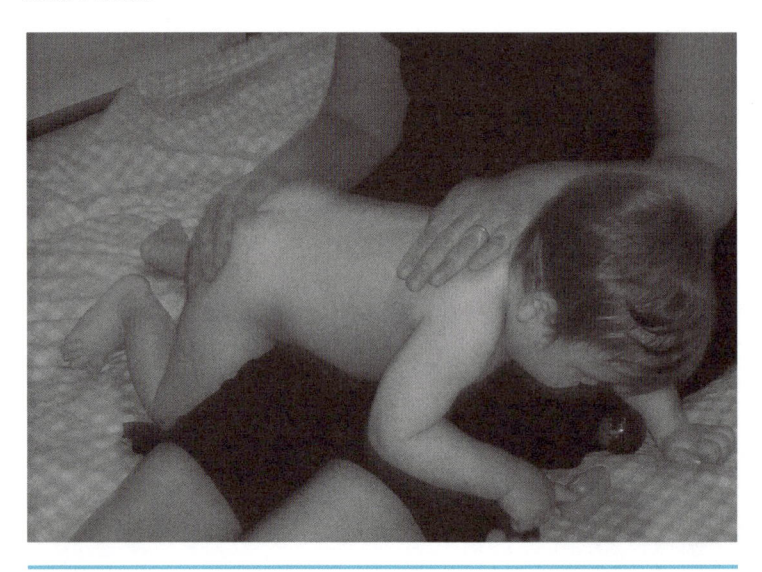

FIGURA 16 – Posição tradicional da Shantala.

Óleo de massagem

Na Índia, por tradição, é utilizado óleo de mostarda no inverno e de coco no verão. Aqui, no Brasil, utiliza-se óleo de amêndoas puro para evitar qualquer irritação ou alergia no bebê, mas pode-se, também, utilizar óleo de camomila para aliviar cólicas.

Técnica de massagem

Essa massagem é uma forma de comunicação delicada e amorosa; não há gestos vigorosos. Gestos delicados bastam para estimular a circulação e tonificar as funções internas. Os movimentos devem ser longos, lentos e ritmados.

Mamãe

A mamãe deve retirar as joias, relaxar e liberar as tensões do pescoço e dos ombros com alguns movimentos e alongamentos antes de massagear o bebê, respirar fundo algumas vezes, despejar um pouco de óleo nas mãos (de preferência aquecido em banho-maria), esfregar as mãos para aquecê-las e, então, iniciar. Podem ser feitas três repetições de cada movimento, podendo chegar até dez repetições.

Início

1ª fase (peito, braços, mãos, barriga, pernas e pés)

Peito (colocar o bebê de frente para você)

Aplainar o peito (facilita a ampliação da respiração e ajuda a tonificar os pulmões e o coração)

Coloque as duas mãos sobre o centro do peito do bebê, deslize-as do centro para fora, uma para cada lateral. As mãos movimentam-se simultaneamente, mas em direções opostas, com se estivesse alisando as páginas de um livro.

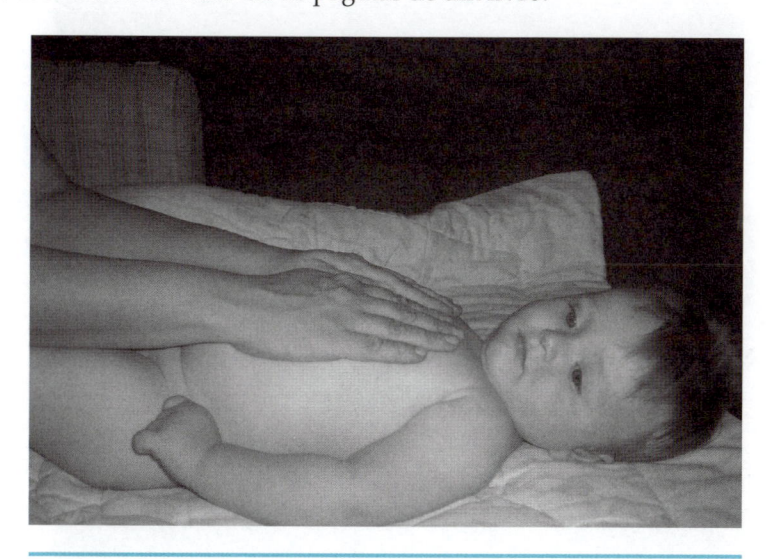

FIGURA 17 – Aplainar o peito.

Cruzar o peito (traz equilíbrio e harmonia)

Coloque a sua mão direita sobre o lado esquerdo do quadril do bebê e vá deslizando até o ombro direito, terminando com um toque do seu mindinho no pescoço dele.
Faça do mesmo modo com a mão esquerda, do quadril direito até o ombro esquerdo. As mãos movimentam-se uma por vez e vão se alternando em cruz lentamente, mantendo o ritmo e a intensidade do movimento como se fossem ondas.

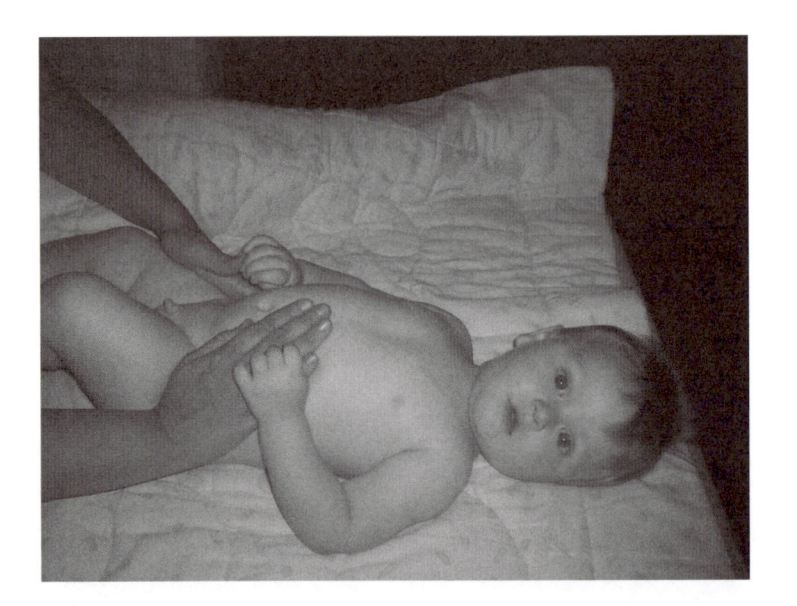

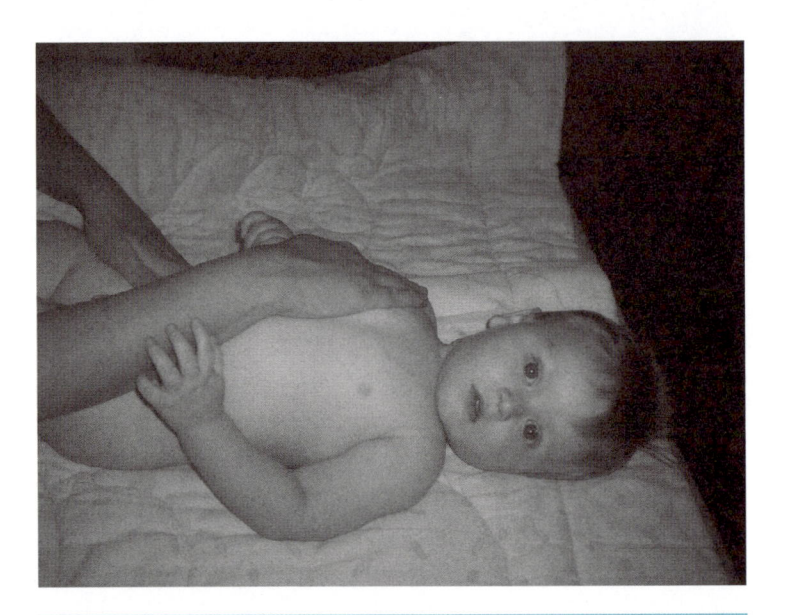

FIGURAS 18 e 19 – Cruzar o peito.

Braços (virar o bebê de lado)

A massagem nos braços e nas mãos, assim como nas pernas e nos pés, fortalece os músculos e as articulações, ativa a circulação e estimula o sistema nervoso, preparando o bebê para andar.

Deslizar do ombro ao pulso

Segure com uma das mãos o ombro do bebê, como um bracelete, e com a outra segure o pulso. Vá deslizando a mão do ombro para o pulso. Quando elas se encontram, trocam de posição: a mão que segurava o pulso passa a segurar o ombro, recomeçando o movimento. As mãos vão deslizando e se alternando sempre do ombro para o pulso.

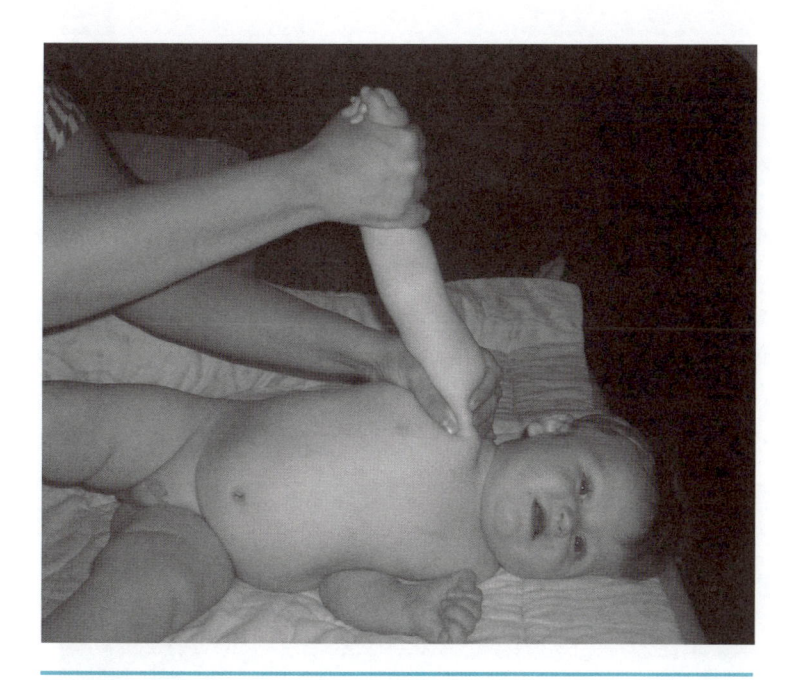

FIGURA 20 – Deslizar do ombro ao pulso.

Tornear o bracinho com movimentos de rosca

Unte as mãos com mais óleo para não machucar o bebê. Com as duas mãos juntas, segure o bracinho próximo ao ombro, como se você o torcesse. As mãos devem se movimentar ao mesmo tempo, mas em sentidos inversos. Chegando ao punho, reinicie o movimento pelos ombros. Antes do outro braço, massageie a mãozinha.

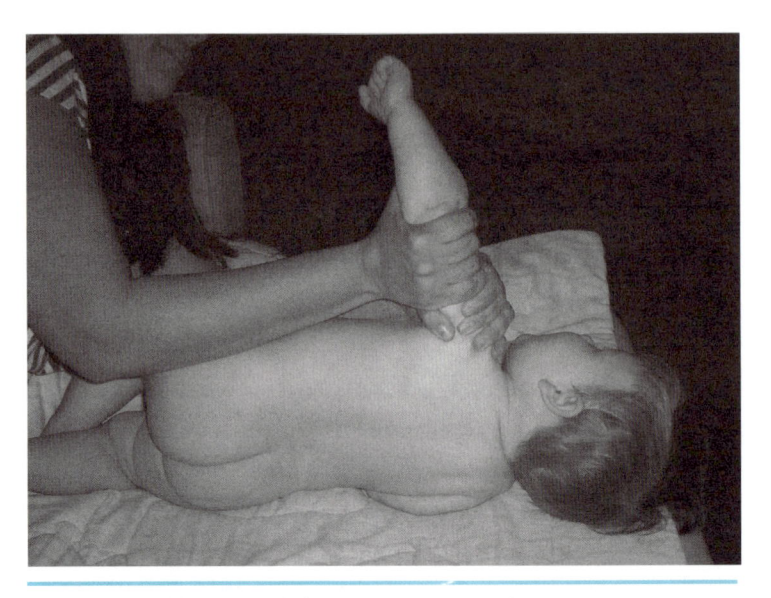

FIGURA 21 – Torneamento do braço em movimento de rosca.

Mãos

Com seu dedo polegar, massageie do centro da palma da mãozinha em direção a cada dedinho. Em seguida, passe a palma da sua mão na palma da mãozinha do bebê. Depois, prenda os dedinhos e faça-os simplesmente dobrarem-se, como se você quisesse fazer que o sangue fluísse da palma para as extremidades. Se o bebê ficar com as mãozinhas fechadas e oferecer resistência para abri-las, não force. Agora, vire o bebê para massagear o outro bracinho e a mãozinha.

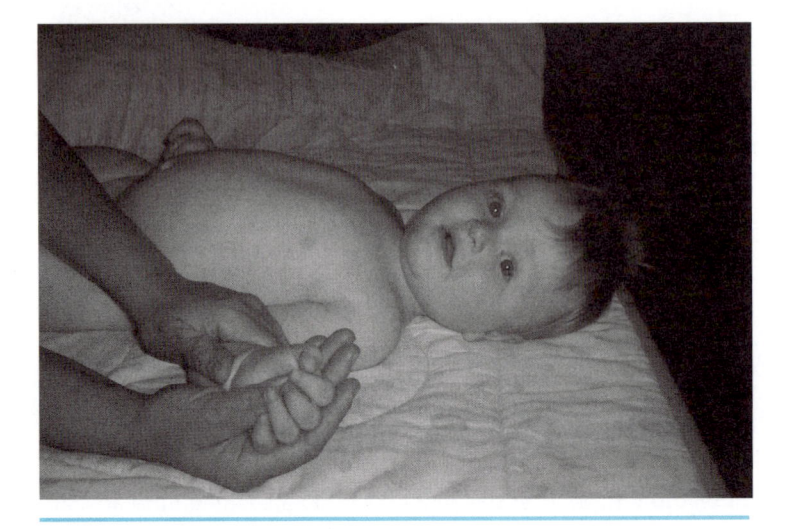

FIGURA 22 – Massagem na mão..

Barriga (coloque o bebê de frente novamente)

Esses dois movimentos facilitam o funcionamento dos intestinos e a eliminação dos gases, trazendo o alívio das cólicas, além de tonificar os músculos abdominais.

Pressão em ondas com as mãos

Coloque uma das mãos na base do peito, onde se iniciam as costelas, perpendicular ao corpo do bebê e deslize-a em direção ao ventre, tocando levemente os genitais. As mãos são trazidas uma após a outra de volta para você, sucedendo-se como ondas, parecendo esvaziar a barriga do bebê.

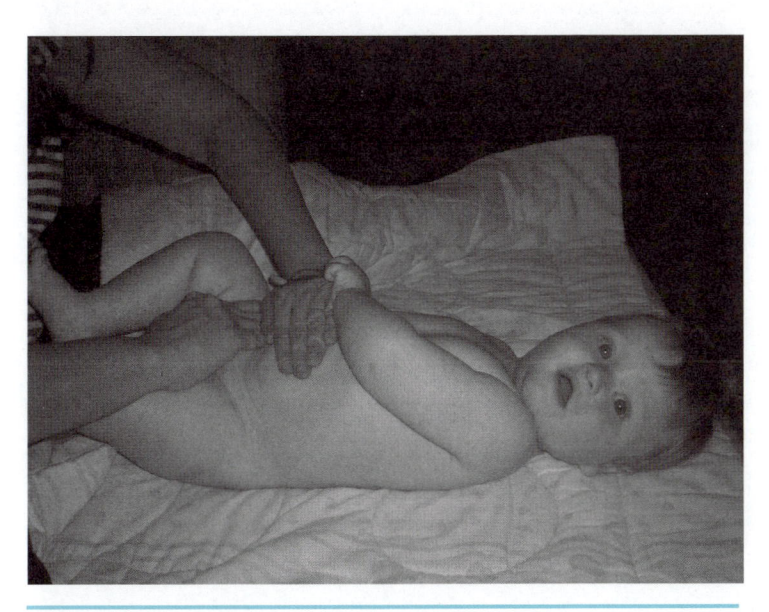

FIGURA 23 – Pressão em ondas com as mãos.

Pressão em ondas com o antebraço

Segure os pés do bebê com a mão esquerda, mantendo as perninhas verticalmente esticadas. Com o antebraço direito, vá deslizando do peito até o ventre. Quando terminar, retorne ao peito e recomece o movimento.

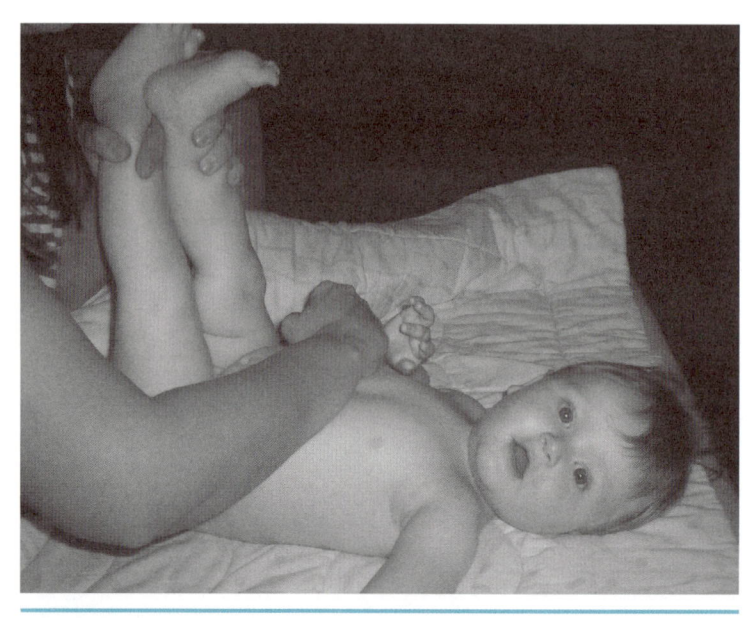

FIGURA 24 – Pressão em ondas com o antebraço.

Pernas

Deslizar da coxa aos tornozelos

Faça como foi feito com os bracinhos, deslizando suas mãos da coxa em direção aos tornozelos, terminando nos pezinhos.

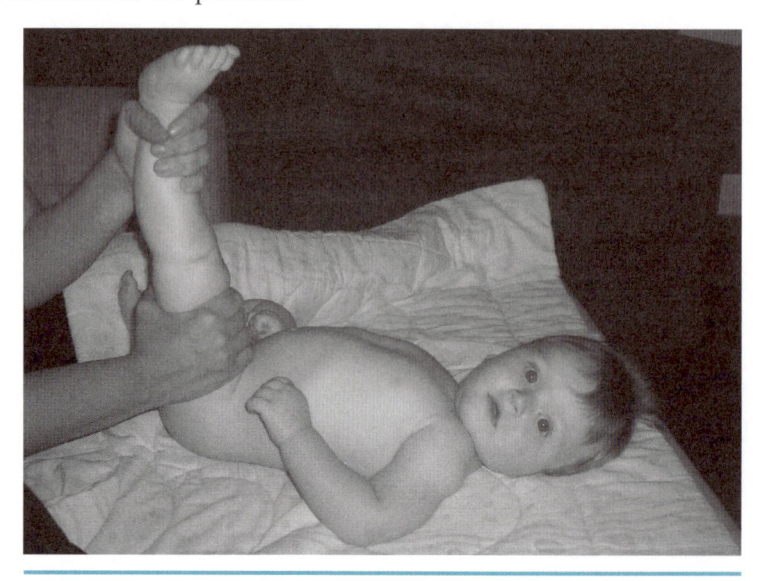

FIGURA 25 – Deslizar da coxa aos tornozelos.

Tornear a perninha com movimentos de rosca

Deslizar em movimentos de rosca, ou seja, como se quisesse torcer a perninha, sempre da coxa para os tornozelos. É bom persistir ao nível do tornozelo. Não se esqueça que o calcanhar é fundamental. Antes da outra perna, massagear o pezinho.

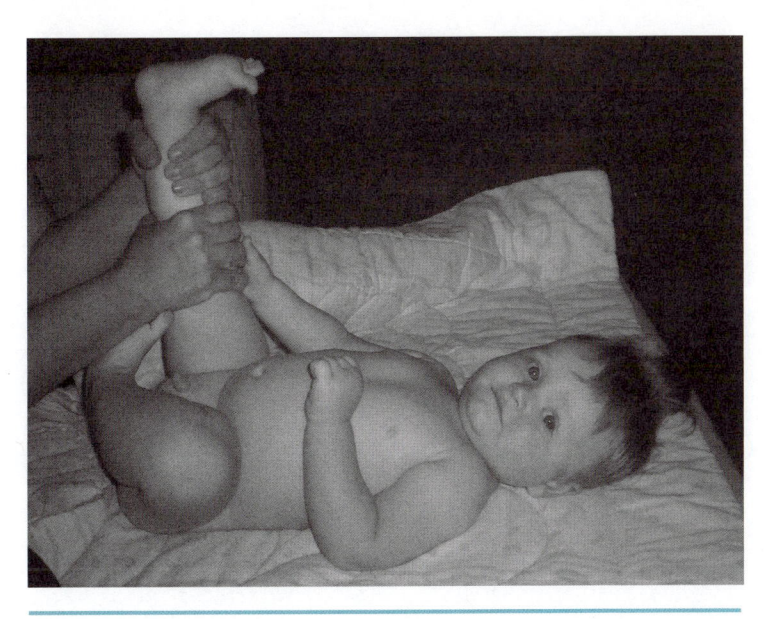

FIGURA 26 – Torneamento da perna com movimentos de rosca.

Pés

Massagem na planta dos pés

Massageie com suavidade, pois os pezinhos do bebê são muito sensíveis. Primeiro, seu polegar parte do calcanhar em direção a cada dedinho, em seguida, passe a palma da mão na sola do pezinho do bebê. Agora massageie a outra perninha e o pezinho.

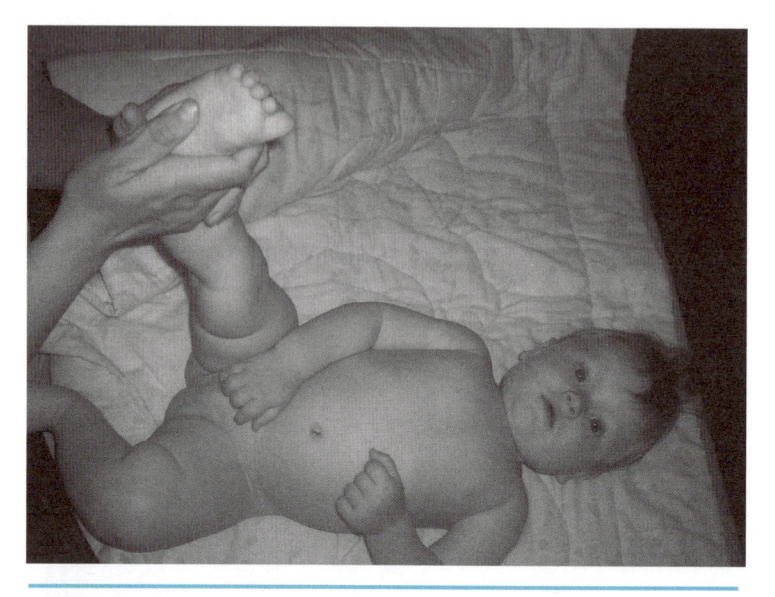

FIGURA 27 – Massagem na planta dos pés.

2ª fase (costas, rosto, exercícios finais e banho)

Costas (coloque o bebê de bruços, com a cabeça virada para sua esquerda)

A massagem nas costas é um momento fundamental, pois alivia a tensão acumulada nas vértebras, causada pelo fato de o bebê ficar muito tempo deitado. Além disso, traz equilíbrio, eixo e harmonia.

Duas mãos subindo e descendo

Coloque as duas mãos juntas e paralelas na altura dos ombros. Alterne as mãos para frente e para trás, deslizando dos ombros em direção às nádegas e das nádegas em direção aos ombros. As mãos vão e vêm, descendo e subindo, mantendo o ritmo lentamente, trabalhando principalmente quando se movem para frente.

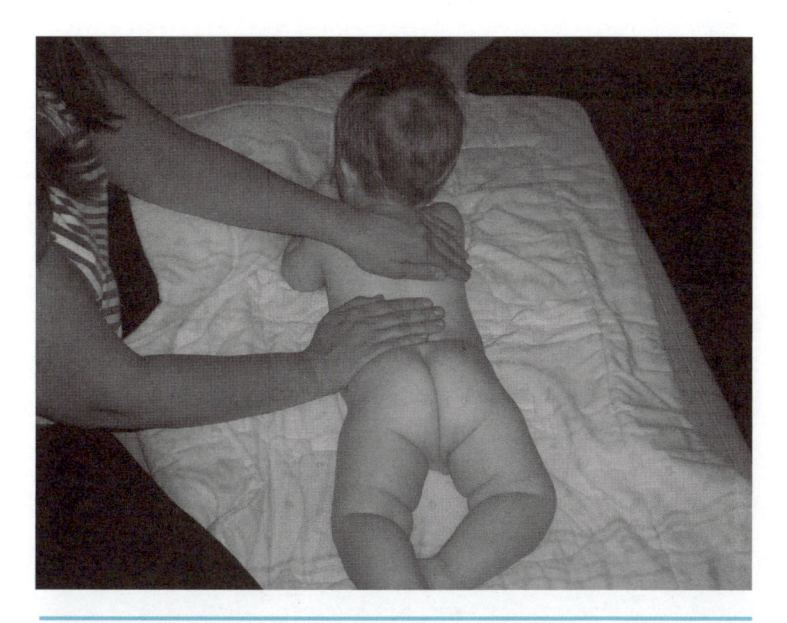

FIGURA 28 – Duas mãos subindo e descendo.

Uma mão descendo até as nádegas

Sustente as nádegas do bebê com a mão direita. A mão esquerda parte da nuca e desliza em direção à mão direita, que permanece estática. Recomece o movimento pela nuca. Bem espalmada, a mão esquerda vai percorrendo as costas do bebê, algumas vezes, como uma onda.

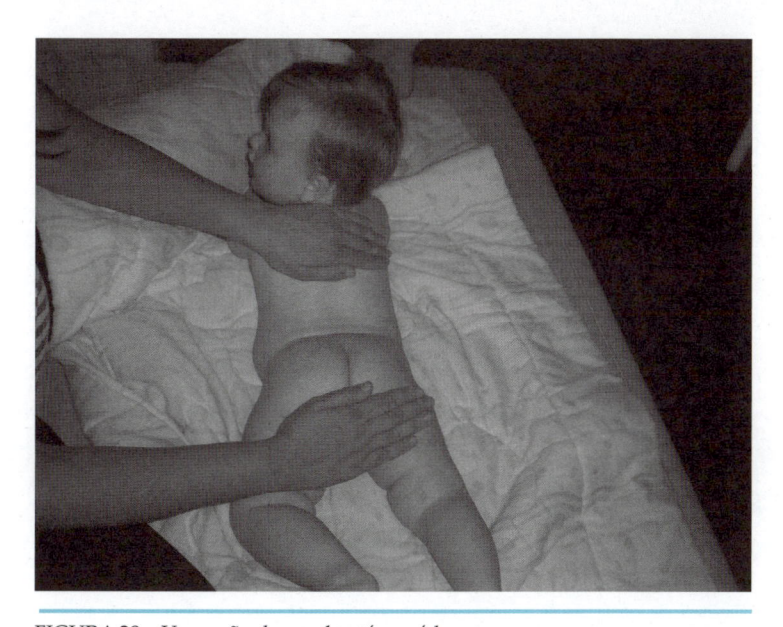

FIGURA 29 – Uma mão descendo até as nádegas.

Uma mão descendo até os calcanhares

Segure os pezinhos com delicadeza com a mão direita, mantendo as perninhas esticadas e ligeiramente elevadas. A mão esquerda parte da nuca, massageando as costas, continuando até os calcanhares. Recomece o movimento sempre pela nuca.

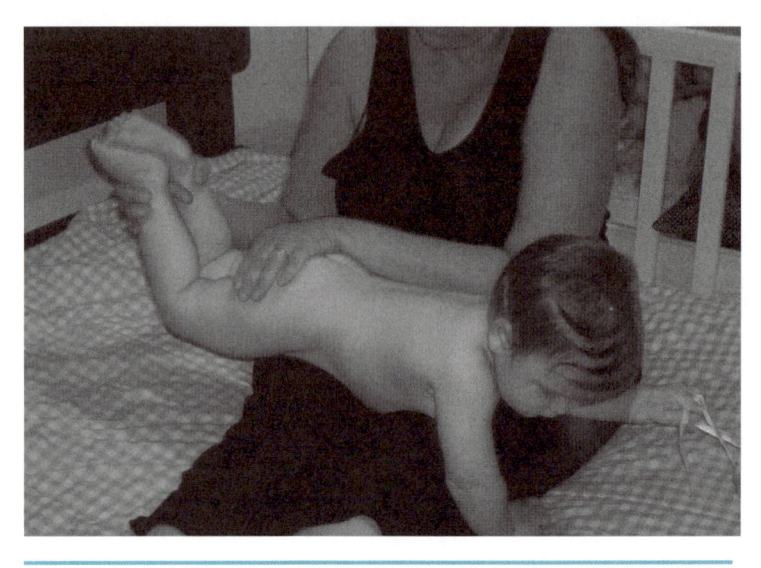

FIGURA 30 – Uma mão descendo até os calcanhares.

Rosto (não use óleo)

Estimula a musculatura, preparando o bebê para que expresse melhor os sentimentos (riso, choro, raiva, prazer etc.).

Contorno dos olhos

A partir do centro da testa, deslize as pontas dos dedos para os lados, ao longo das sobrancelhas, e, a seguir, retorne ao meio para começar novamente. A cada movimento, seus dedos afastam-se um pouco mais e acabam contornando os olhos ao longo das bochechas.

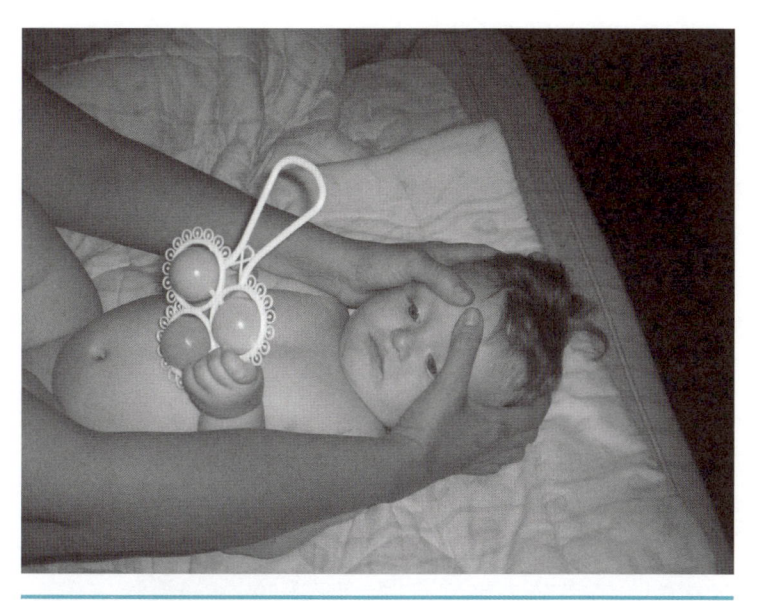

FIGURA 31 – Contorno dos olhos.

Nos lados do nariz (ajuda a desobstruir as narinas)

Coloque os dois polegares entre os olhos, no alto do narizinho, deslize-os pelas laterais até o final das narinas e suba novamente com mais intensidade. Repetir o movimento várias vezes.

No rosto todo

Com os polegares, feche delicadamente os olhinhos do bebê. Parta das sobrancelhas, passando suavemente pelos olhos, pela lateral das narinas, contornando a boca, e se detenha embaixo das bochechas.

Exercícios finais

Braços (libera no bebê toda a tensão que poderia ser mantida nas costas, assim, desobstruindo a caixa torácica e a respiração pulmonar)

Segure as mãozinhas do bebê e cruze os bracinhos sobre o peito, fechando e abrindo. Alterne a posição dos bracinhos e faça quantas vezes achar necessário.

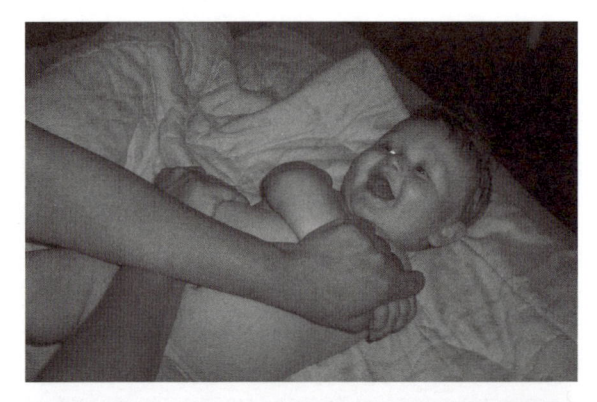

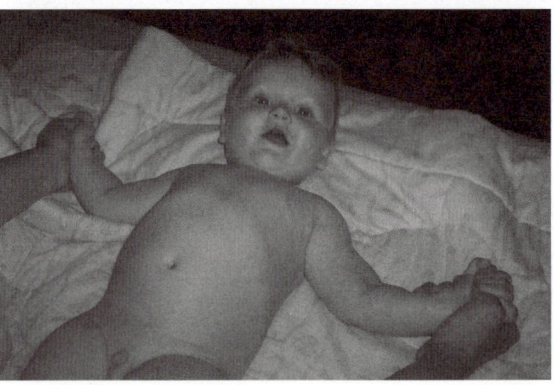

FIGURAS 32 e 33 – Cruzamento dos braços.

Pernas e braços (libera as tensões das vértebras, em especial as lombares)

Segure um dos pés do bebê e a mão do lado contrário, cruzando braço e perna, de forma que o pé se aproxime do ombro e a mão da coxa oposta. Faça o mesmo movimento com a outra perna e o braço.

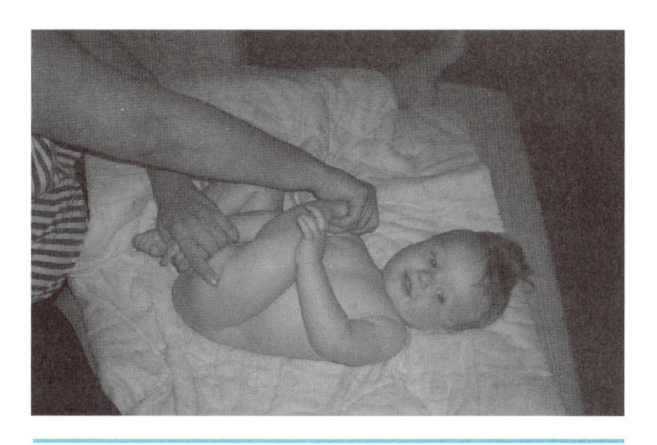

FIGURA 34 – Cruzamento de braços e pernas.

Pernas em *lótus* (relaxa as articulações da pélvis e dos ligamentos com a base da coluna)

Segure os dois pezinhos e cruze as perninhas de modo a trazê-las para a barriga, posição de *lótus* ou indiozinho. Abra as perninhas, estenda-as e cruze-as novamente, invertendo a posição.

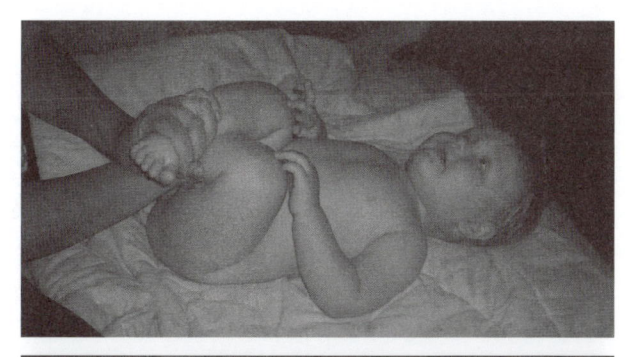

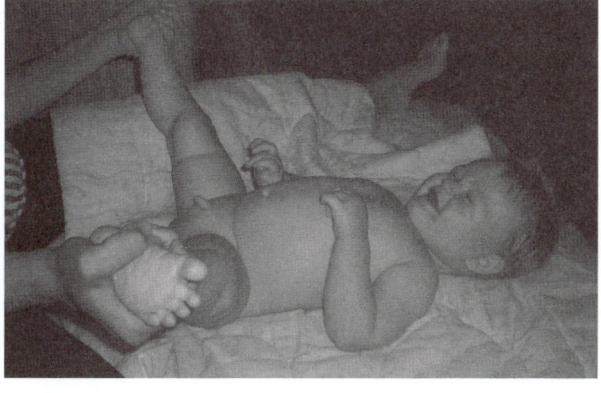

FIGURAS 35 e 36 – Pernas em *lótus*.

Os exercícios estão terminados. Agora é hora do banho, que, além da função de limpar o bebê do excesso de óleo, complementará a massagem. Por isso, deixe o bebê relaxar um pouco na água antes de iniciar sua higiene completa. A água morna é reconfortante e relaxante, pois envolve as regiões que as mãos não puderam tocar. Para o bebê, o banho traz de volta as doces sensações de sua vida intrauterina.

Banho

Coloque o bebê na banheira cheia de água morna (mais ou menos 37°C). Não coloque pouca água para que o bebê não fique com frio, contraído e tenso. Ao colocá-lo na água, mantenha sua mão esquerda aberta, relaxada, apoiando os dedos na axila do bebê para ele não escorregar. Se sentir que é necessário, sustente as nádegas do bebê com a mão direita.

É interessante que apenas o rostinho do bebê fique fora da água, para ele não sentir frio e relaxar. Deixe-o flutuar, apoiando a nuca com seu punho esquerdo. O bebê deve ficar na água enquanto sentir prazer e ser retirado antes que a água esfrie.

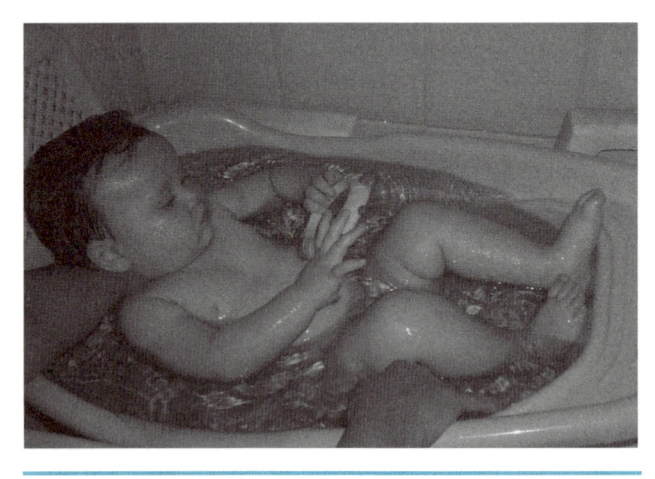

FIGURA 37 – Banho.

Referências

Leboyer, F. **Shantala**: massagem para bebês – uma arte tradicional. 7. ed. São Paulo: Ground, 1995.

McClure, V. S. **Massagem infantil**: um guia para pais carinhosos. 2. ed. Rio de Janeiro: Record, 1997.

Tisi, L. **Estimulação precoce para bebês**. Rio de Janeiro: Sprint, 2004.

Inclusão da pessoa com síndrome de Down no ensino regular

Vanielen Erica Santana

O direito da pessoa com deficiência vem sendo colocado em pauta desde 1994 com a Declaração de Salamanca (1994) (*Regras e padrões sobre a equalização de oportunidades para pessoas com deficiência*), servindo de estopim para a construção da educação inclusiva no Brasil, entre outros países.

O Estatuto da Criança e do Adolescente, em seu artigo 53, garante que todos e quaisquer criança e adolescente devem ter igualdade de condições para o acesso e a permanência na escola, direito de ser respeitado por seus educadores e de contestar critérios avaliativos, direito de organização e participação em atividades estudantis e acesso à escola pública e gratuita próxima de sua residência. Sendo assim, para o bom andamento do processo inclusivo, o ambiente, os profissionais da escola, os alunos e a própria pessoa com deficiência devem ser preparados.

A educação inclusiva, especificamente de pessoas com síndrome de Down, deve ser enfatizada em virtude de haver grande vácuo em relação a informações reais sobre essa síndrome perante os educadores do ensino regular. É necessário que aumente cada vez mais educadores preocupados com essa questão, que toda a sociedade e os educadores se conscientizem da importância da inclusão e que todos os seres humanos saibam respeitar e conviver com as diferenças. Para que aconteça a verdadeira educação inclusiva, faz-se necessário a conscientização da importância do rompimento de barreiras que impedem esse processo. Podemos citar duas: as arquitetônicas e as atitudinais.

As *barreiras arquitetônicas* são aspectos relacionados à acessibilidade dificultada aos espaços; no entanto, não serão discutidas neste trabalho por não serem pertinentes ao público-alvo aqui estudado. A pessoa com síndrome de Down na fase escolar, na maioria dos casos, tem toda condição psicomotora para se deslocar até a sala de aula, mesmo que na escola tenha grandes escadas e outras barreiras arquitetônicas.

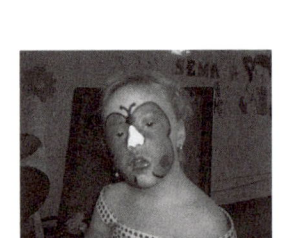

As *barreiras atitudinais* são manifestadas nas relações interpessoais carregadas de preconceitos; estas sim estão demasiadamente presentes na inclusão da pessoa com síndrome de Down, não só na escola, mas em todos os ambientes. As barreiras atitudinais são impostas, na maioria das vezes, pelo desconhecimento, por ideias equivocadas e informações inexatas acerca das deficiências. De acordo com Sassaki (1999), termos são considerados corretos em virtude de certos valores e conceitos vigentes em cada sociedade e em cada época. Assim, referir-se às pessoas com deficiência ou a assuntos ligados a elas, utilizando-se termos inadequados, implica o risco de reforçarmos e perpetuarmos a ideia de falsos conceitos, o que justifica a importância da utilização de uma terminologia adequada, não carregada de preconceitos, estigmas e estereótipos.

No período de 1986 a 1996, tornou-se bastante popular no Brasil o uso da expressão *portador de deficiência* ou *pessoa portadora de deficiência*, que, posteriormente, começa a ser questionada pelo próprio grupo de pessoas com deficiência com a argumentação de que elas não portam a deficiência, que significa o mesmo que levar ou carregar consigo, como se ora portassem, ora não portassem. Ainda na metade da década de 1990, entrou em uso no país a expressão *pessoas com deficiência*, que permanece sendo mais adequadamente utilizada até os dias de hoje. Já o termo *pessoas com necessidades especiais* foi adotado em 2001 e é, ainda, muito empregado; no entanto, além de não caracterizar os grupos de pessoas com deficiência, sendo extremamente abrangente, fazem parte os idosos, as gestantes, os diabéticos e todas as pessoas que possuem alguma necessidade que requer uma atenção especial. Outras expressões que inadequadamente são empregados para se referir a assuntos ligados às questões das deficiências são *pessoa normal*, *criança* ou *adolescente normal*, quando sabemos que os conceitos e os padrões de normalidade aplicados às pessoas são questionáveis e ultrapassados. Considera-se mais adequado usar a expressão *pessoa ou criança sem deficiência*, quando necessário.

Quando se trata da pessoa com deficiência mental, da qual faz parte a pessoa com síndrome de Down, é comum o uso de termos inadequados, como retardado, sem inteligência, doente mental, mongoloide, excepcional e outros muitos termos que podem interferir negativamente nas relações sociais dessas pessoas.

A utilização de termos corretos é condição fundamental para que o preconceito seja minimizado e a inclusão aconteça. Outra condição básica para a inclusão é que os profissionais envolvidos com pessoas com deficiência conheçam suas limitações e, principalmente, suas capacidades e eficiências. Muitas pessoas ficam confusas e não sabem como agir quando encontram ou precisam se relacionar com pessoas com deficiência, e o principal fato que leva a este quadro é a falta de informação. Para diminuir a barreira do preconceito, que ainda existe em toda a sociedade brasileira, algumas informações essenciais devem ser discutidas com mais frequência.

Integração x inclusão

Conforme Sassaki (1997), a sociedade atravessou diversas fases no que se refere às práticas sociais. Começou-se praticando a exclusão social de pessoas que não lhe pareciam pertencer à maioria da população. Em seguida, desenvolveu-se o atendimento segregado dentro de instituições, passou-se para a prática da integração social e, recentemente, adotou-se a filosofia da inclusão social para modificar os sistemas sociais gerais.

Sassaki (1997) relata que a exclusão e a segregação ainda são praticados em vários lugares, porém também é possível ver a tradicional integração, dando lugar, gradativamente, à inclusão.

O movimento de inclusão tem por objetivo a construção de uma sociedade realmente para todas as pessoas, com a utilização de alguns princípios, que são celebração das diferenças, direito de pertencer à sociedade, valorização da diversidade humana, solidariedade humanitária, igual importância das minorias e cidadania com qualidade de vida.

Sassaki (1997) diz que a integração social tem consistido no esforço de inserir na sociedade pessoas com deficiência que alcançaram um nível de competência compatível aos padrões sociais vigentes. A integração procura inserir a pessoa com deficiência na sociedade desde que ela esteja capacitada a superar as barreiras físicas, programáticas e atitudinais existentes. Portanto, a integração pouco ou nada exige da sociedade em termos de modificação de atitudes, espaços físicos, objetos e práticas sociais.

Já na inclusão social, a sociedade se adapta para poder incluir, em seus sistemas sociais gerais, pessoas com deficiências, que, simultaneamente, se preparam para assumir seus papéis na sociedade. A inclusão constitui, então, um processo bilateral, no qual as pessoas ainda excluídas e a sociedade buscam, em parceria, efetivar a igualdade de oportunidades para todos.

Sassaki (1997) relata que, muitas vezes, as pessoas usam o termo *integração* quando, na realidade, estão querendo dizer *inclusão*.

Inclusão de pessoas com síndrome de Down no ensino regular

Existem algumas vantagens e desvantagens de as crianças frequentarem uma escola especializada ou uma de ensino regular. Werneck (1995) diz que a vantagem da escola regular é que ela facilita a integração com outros alunos sem deficiência. No caso particular da síndrome de Down, os benefícios são ainda maiores, porque, na maioria das vezes, eles, como excelentes imitadores, absorvem rapidamente bons hábitos e atitudes. Entretanto, essas escolas não conseguem trabalhar adequadamente a estimulação de funções básicas necessárias ao progresso psicopedagógico da criança. Para acompanhar os coleguinhas, o aluno com síndrome de Down necessitará de estímulos mais intensos e específicos, por isso é possível que algumas crianças se desenvolvam melhor em uma estrutura na qual todas as suas potencialidades sejam devidamente trabalhadas.

Lamentavelmente, muitas escolas brasileiras não estão preparadas para dar atendimento adequado a essas pessoas, pelo fato de as turmas serem enormes. Com essa situação, o professor dificilmente consegue proporcionar atendimento adequado aos seus alunos sem deficiência e, consequentemente, tem muita dificuldade para lidar com o aluno com alguma necessidade especial.

Existe uma lei, que está em pleno vigor, que é a Lei 7.853 de 24.10.1989 (Brasil, 1989), que "dispõe sobre o apoio às pessoas portadoras de deficiência, sua integração social e as ações sociais necessárias ao seu cumprimento, afastando discriminação, garantindo-lhes o direito à educação, à saúde, ao trabalho, ao lazer, à previdência social", e prevê a criminalização da discriminação, inclusive estabelecendo pena de um a quatro anos de reclusão.

No artigo 59 da Lei de Diretrizes e Bases da Educação Nacional, n. 9.394/96, capítulo V, é dito que os sistemas de ensino assegurarão aos educandos com necessidades especiais currículo, métodos, recursos educativos e organizações específicas para atender às suas necessidades.

De acordo com Sassaki (1997), a sociedade cria problemas às pessoas com necessidades especiais por meio de seus ambientes restritivos, seus discutíveis padrões de normalidade, seus objetivos e outros bens inacessíveis do ponto de vista físico, sua quase total desinformação sobre direitos das pessoas que têm necessidades especiais e suas práticas discriminatórias em muitos setores da atividade humana.

Para ocorrer realmente a inclusão no ensino regular, é preciso haver preparo na sala de aula, em setores operacionais da escola e na comunidade. Deve haver uma ação conjunta do diretor e dos educadores da escola, das autoridades educacionais e dos profissionais de educação especial.

De acordo com Sassaki (1997), a prática da inclusão tem princípios como aceitação das diferenças individuais, valorização de cada pessoa, convivência dentro da diversidade humana e aprendizagem da cooperação.

Diversas modificações precisam ocorrer para que a inclusão seja praticada por todos. Nesse processo, cabe aos educadores realizar atividades de conscientização da comunidade sobre a importância da aceitação das pessoas com deficiência no seu dia-a-dia, com eles realizando qualquer tipo de atividade, mas não basta somente ensinar como fazer isso; é necessário que os educadores pratiquem a inclusão para servir de exemplo. Incluir as crianças com necessidades especiais é uma tarefa difícil, pois, para isso, a escola deve estar aberta para buscar novos caminhos com seus alunos especiais e estar disposta a trabalhar as diferenças com os alunos ditos *normais*. É importante lembrar que o afeto é necessário na aprendizagem.

Essas crianças devem ser tratadas com direitos iguais; a única diferença é que uma precisa de mais cuidado e atenção especial que a outra, e os educadores devem estar sempre atentos a novas parcerias para melhorar a qualidade de ensino de todos os alunos.

Já segundo Stainback (2000), a família é de extrema importância no processo de inclusão de crianças e jovens com síndrome de Down, pois esses indivíduos com necessidades especiais precisam ser estimulados desde o primeiro dia de vida. É sabido que a criança com síndrome de Down pode aprender o mesmo que uma criança sem esta síndrome, porém esse processo em uma criança com a síndrome é mais lento; dependerá do empenho contínuo de quem convive diariamente com essa criança, e, nesse momento, entra a importância da dedicação dos pais.

Existem professores que não estão preparados para educar uma criança com deficiência; no entanto, cabe a eles pesquisar como realizar essa educação inclusiva. Preconceitos antigos, valores e velhas verdades, infelizmente, ainda estão muito presentes em nossa sociedade e nosso sistema escolar.

Acreditamos que educar os alunos em sala de aula regular significa que todos eles devem receber educação com qualidade e frequentar as aulas juntos, independentemente de suas deficiências e diferenças. Todos os alunos necessitam receber oportunidades educacionais adequadas e desafiadoras, dentro de suas limitações individuais. A educação inclusiva é um movimento que deve ser aceito por todos da comunidade. A educação é uma questão de direitos humanos.

Segundo Stainback (2000), a educação na escola é um direito de todos os seres humanos, portanto, as pessoas com deficiência também têm direito à educação. Cabe ao professor e à direção da escola procurar recursos e promover atividades que respeitem todos os alunos, e os profissionais envolvidos na educação, desde a limpeza até a direção, todos devem estar dispostos às transformações significativas no seu meio. O desafio principal é facilitar e ajudar a aprendizagem no ajustamento de todos os alunos, os cidadãos do futuro de nossas escolas.

Como diz Stainback (2000), a escola e os professores devem facilitar e criar novos caminhos dentro de cada limite de crianças e jovens com deficiência. As mudanças significativas devem começar pelo currículo, seguido do espaço físico e do pensamento de todos os envolvidos na escola. Não é segregando os alunos em uma sala de aula dita *especial* que ocorrerá uma verdadeira socialização entre os educandos. A arte de facilitar a adesão à inclusão envolve o trabalho criativo do professor.

Segundo Moura (2001), o ideal é que as mudanças comecem a ocorrer pelos professores, e a direção da escola deve procurar caminhos para levantar a autoestima desses, fazendo que acreditem que podem transformar várias vidas e, com sua capacidade e amor à profissão, aceitar a inclusão.

A adaptação é uma fase importante para a criança com deficiência; depende muito da individualidade e do apoio da família, porém esta também necessita de cuidados especiais por sofrer preconceitos da sociedade desinformada.

Duarte e Santos (2003) acreditam que a inclusão está em fase de adaptações sociais e as pessoas precisam ter consciência de que, apesar de ter uma deficiência, o aluno é um cidadão com direitos e deveres a serem cumpridos, por isso o tema inclusão é amplo e complexo. Para eles, todos os seres humanos têm o direito de serem respeitados. Muitos professores ainda não acreditam que possa acontecer a inclusão significativa, por falta de informação, pois, infelizmente, muitos confundem a síndrome de Down com uma doença grave.

A criança com síndrome de Down é saudável como qualquer outra, que necessita de cuidados especiais e muito carinho, alimentação e medidas de prevenção de doenças. As famílias precisam ter a consciência de que a estimulação precoce é essencial na vida da criança, mas tomar cuidado para que os exageros de cuidados não atrapalhem sua rotina na escola e na comunidade.

Como já dissemos, com a Declaração de Salamanca (1994), as escolas comuns com orientação inclusiva são o meio eficaz de combater atitudes discriminatórias, criando comunidades acolhedoras, construindo uma sociedade inclusiva e conseguindo educação para todos, além de oferecerem uma educação eficaz para a maioria das crianças e melhorarem a eficiência do sistema educacional. Uma sociedade que aprende a conviver na diversidade humana aceita e valoriza as diferenças individuais por meio da compreensão e da cooperação (Cidade e Freitas, 1997).

Com a educação inclusiva, todos os estudantes terão vantagens. A pessoa com deficiência demonstra crescente responsabilidade e melhor aprendizagem pelo ensino entre os alunos, recebendo apoio acadêmico da área de educação especial. Já o estudante sem deficiência desenvolve o conforto, a confiança e a compreensão da diversidade individual, estando mais preparado para a vida adulta em uma sociedade justa e que respeita o outro, além de se beneficiar da aprendizagem sob condições instrucionais diversificadas.

Referências

BRASIL. **Lei n. 7.853**, 24 out. 1989.

_____. **Estatuto da Criança e do Adolescente**, Lei n. 8.069, 13 jul. 1990

_____. **Lei de Diretrizes e Bases da Educação Nacional**, n. 9.394/96.

_____. Ministério da Saúde. **Série orientação sobre a síndrome de Down** – Cuidados com a saúde. Brasília: [s.d. a] (Folheto).

BRASIL. Ministério da Saúde. **Série orientação sobre a síndrome de Down** – O que é síndrome de Down? Brasília: [s.d. b] (Folheto).

CAMARGO, E. A.; ENRIQUEZ, N. B.; MONTEIRO, M. I. B. Atendimento inicial para bebês com síndrome de Down. **Temas sobre desenvolvimento**, v. 4, n. 21, p. 26-30, 1994.

CIDADE, R. E. A.; FREITAS, P. S. **Noções sobre Educação Física e Desporto para Portadores de Deficiências**: uma abordagem para professores de 1º e 2º graus. Uberlândia: Indesp, 1997.

DANIELSKI, V. **A síndrome de Down**: uma contribuição à habilitação da criança Down. 2. ed. São Paulo: Ave Maria, 2001.

DUARTE, E.; SANTOS, T. P. Adaptação e inclusão. In: DUARTE, E.; LIMA, S. M. T. **Atividade física para pessoas com necessidades especiais**: experiências e intervenções pedagógicas. Rio de Janeiro: Guanabara Koogan, 2003. p. 93-9.

MOURA, S. M. T. M. **Parece que foi ontem**. São Paulo: Mandorin, 2001.

PUPO FILHO, R. A. **Síndrome de Down, e agora, doutor?** 1. ed. Rio de Janeiro: WVA, 1996.

SASSAKI, R. K. **Inclusão**: construindo uma sociedade para todos. Rio de Janeiro: WVA, 1997.

_____. _____. 3. ed. Rio de Janeiro: WVA, 1999.

_____. Terminologia sobre deficiência na era da inclusão. **Revista Nacional de Reabilitação**, São Paulo, mar. 2002.

SCHWARTZMAN, J. S. **Síndrome de Down**. São Paulo: Memmon, 1999.

STAINBACK, S.; STAINBACK, W. **Inclusão:** um guia para educadores. Porto Alegre: Artmed, 2000.

STEGFREID, M. P. **Síndrome de Down**: guia para educadores. 8. ed. Campinas: Papirus, 1993 (Educação especial).

TUNES, E. **Cadê a síndrome de Down que estava aqui? O gato comeu...** Campinas: Autores Associados, 2001.

UNESCO – Ministério da Educação e Ciência da Espanha. Declaração de Salamanca e linha de ação. Brasília: CORDE, 1997.

WERNECK, C. **Muito prazer, eu existo**: um livro sobre as pessoas com síndrome de Down. Rio de Janeiro: WVA, 1995.

Inclusão da pessoa com deficiência mental no trabalho

Rosana Ap. Salvador Rossit

Geralmente, na adolescência e na vida adulta, a maioria dos indivíduos tem a experiência de vivenciar atividades profissionais. A pessoa com deficiência mental, em geral, apresenta as habilidades socioadaptativas que possibilitam a participação na comunidade. A condição politicamente correta é que essas pessoas pudessem gozar das mesmas oportunidades de trabalho que as pessoas "comuns", mas, infelizmente, ainda há muito preconceito em relação às potencialidades, às responsabilidades e ao desempenho dessas pessoas, dificultando sua inserção e integração no mercado de trabalho competitivo.

No Brasil, vê-se que a preparação para o trabalho do deficiente mental tem ficado sob a responsabilidade de instituições especializadas. A maioria dessas instituições trabalha com oficinas abrigadas ou protegidas, que têm uma preocupação em introduzir hábitos sociais normais de trabalho: com horários de entrada e saída fixos; convivência com normas, regras, disciplina, rotinas, responsabilidades, dedicação e eficiência. Essas oficinas mantêm um sistema de orientação técnica constante de um educador ou monitor para o aprendiz. Entretanto, seu problema mais sério é que a habilidade profissional a ser ensinada é pouco adaptada às necessidades do mercado. Essas oficinas, em geral, não formam para o trabalho, uma vez que as atividades ali desenvolvidas são do tipo artesanal, papéis, sucatas, madeira, produzindo-se artefatos pouco úteis à maioria das pessoas da comunidade. Portanto, a frequência de deficientes mentais em oficinas dessa natureza pouco vem a contribuir para a efetiva preparação para o trabalho, impedindo que se insiram no mercado competitivo e possam desenvolver uma atividade lucrativa em seu próprio domicílio, pois o que é ensinado nessas oficinas, geralmente, tem pouca funcionalidade.

Outro agravante é que a preparação para o trabalho realizada nessas oficinas é descontextualizada. Mesmo que o treinamento tenha sido desenvolvido sob condições muito semelhantes às encontradas na comunidade, certamente o indivíduo enfrentará dificuldades e necessitará de orientação e retreinamento na situação real de trabalho. Nesse sentido, para que duplicar o esforço do profissional e o desgaste da pessoa com deficiência, se outras formas mais adequadas de treinamento são viáveis? Por que não se optar por treiná-lo diretamente no mercado de trabalho, no local pretendido para o emprego? Uma forma de preparar para o trabalho que tem surtindo bons resultados em países como Estados Unidos e Peru é o *emprego apoiado*.

LeBlanc (1994) define o emprego apoiado como um trabalho competitivo, realizado em situação real de trabalho e que deve levar o indivíduo a ser independente e produtivo. Para que isso ocorra, é necessário encontrar os melhores lugares de trabalho; é preciso que haja um serviço de apoio continuado e que o treinamento do deficiente seja acompanhado por um supervisor no próprio local de trabalho. O objetivo desse tipo de emprego é o treinamento em serviço e proporcionar a independência para o trabalho.

Em casos como esse, o papel do supervisor pode ser de apoio intensivo no início do treinamento, sendo gradativamente diminuído, podendo permanecer no estabelecimento para qualquer emergência, porém sendo acionado somente se algum problema ocorrer. É necessário manter o apoio, mesmo que a distância, para observar o desempenho do aprendiz e intervir quando necessário.

Segundo LeBlanc (1994), é indicado que o supervisor não seja um profissional (podendo ser pais, irmãos, conhecidos, o próprio funcionário do estabelecimento ou outra pessoa que se dispuser a colaborar), o que reduziria o custo do emprego apoiado. Em trabalhos dessa natureza, o profissional é importante para gerenciar e fazer o "sistema" funcionar. Aos profissionais, cabe a visitação aos estabelecimentos à procura de serviços, aprender a função, fazer a análise de tarefa, instruir os supervisores, para que estes aprendam a tarefa a ser ensinada ao aprendiz, e técnicas de controle de comportamentos, para que possam atuar da melhor maneira possível no ambiente de treinamento.

Como pode ser observado, essa modalidade de educação para o trabalho parece ser a que realmente integra a pessoa com deficiência e oferece a oportunidade para que ela se torne produtiva e independente. Com esse tipo de intervenção, há o respeito aos direitos e aos deveres de todos os cidadãos; as pessoas com deficiência passam a ser vistas pela comunidade "com outros olhos", tornam-se mais valorizadas como pessoas e passam a ter a oportunidade de mostrar aos outros e a si mesmos que possuem potencialidades a serem desenvolvidas e que é possível ocupar um posto de trabalho na comunidade.

Na realidade brasileira, essa modalidade de trabalho ainda é pouco difundida e há muitas barreiras na tentativa de preparar a pessoa com deficiência mental para o trabalho.

Conquistas por meio do desenvolvimento histórico e das transformações sociais

Desde os primórdios da civilização até a atualidade, transformações ocorreram acerca da interpretação do homem quanto à deficiência. Antes, muitos povos optavam pela morte, pelo abandono, pela segregação, pois se julgava que a deficiência impedia a pessoa com limitações físicas, cognitivas e sensoriais e/ou com transtornos comportamentais de possuir uma vida "normal", conviver com seus familiares e conquistar o seu espaço na sociedade.

De acordo com Rossit e Zuliani (2006), foi somente no século XX que as pessoas com deficiência passaram a ser vistas como cidadãs, com direitos e deveres de participação na sociedade, mas, ainda, sob uma ótica predominantemente assistencialista e caritativa. A primeira diretriz política relacionada a essa nova visão apareceu em 1948, com a Declaração Universal dos Direitos Humanos (1948), que estabeleceu que "todo ser humano tem direito à educação".

A vinda de Helena Antipoff ao Brasil, em 1929, contribuiu para a implantação de uma escola de aperfeiçoamento pedagógico e para o desenvolvimento de uma política de educação e assistência às pessoas com deficiência; ela fundou a primeira Sociedade Pestalozzi do Brasil, em Belo Horizonte, Minas Gerais. Nas instituições Pestalozzi, os alunos com alterações no comportamento e/ou na aprendizagem completavam suas atividades escolares e de educação psicomotora com atividades oferecidas em oficinas, hortas e serviços domésticos. A década de 1960 foi marcada por movimentos em prol da educação das pessoas com deficiência mental. Os pais, os parentes e os amigos de pessoas com deficiência organizaram-se no sentido de criar instituições especializadas, oferecer tratamento diferenciado e educação aos seus dependentes. Na década de 1970, foi fundada, no Rio de Janeiro, a Federação Nacional das Sociedades Pestalozzi (Fenasp), com o objetivo de promover a expansão das instituições, dando apoio técnico e se preocupando com uma política de educação justa para pessoas com deficiência. Atualmente, conta-se com cerca de cem instituições espalhadas por todo país.

Ainda havia, nas décadas de 1960 e 1970, o predomínio da fase assistencialista, principalmente em instituições como as Sociedades Pestalozzi e a Associação de Pais e Amigos dos Excepcionais (APAE) e outras que seguiam um modelo de atuação semelhante. A pessoa com deficiência mental era vista como aquela que precisava de ajuda, e havia os que se dedicavam a esse atendimento caritativo. Os profissionais especializados eram vistos como beneméritos, e os voluntários e dirigentes, exaltados pelo seu espírito humanitário.

Na década de 1970, em muitos países, começou a proliferar o reconhecimento da importância do tratamento, da capacitação, do ensino e de outras intervenções com objetivos educacionais, terapêuticos, de habilitação e reabilitação de pessoas com necessidades especiais (Rossit e Zuliani, 2006).

Nas décadas de 1980 e 1990, declarações e tratados (mundiais e nacionais) passaram a defender a inclusão em larga escala. No Brasil, o interesse pelo assunto foi provocado pelo debate antes e depois da Assembleia Constituinte, que garantiu atendimento educacional especializado às pessoas com deficiência (Brasil, 1988).

Com a Constituição da República Federativa do Brasil, em 1988, ao Estado foi atribuída a missão de assegurar a educação aos alunos com necessidades especiais, preferencialmente na rede regular de ensino, somente podendo o Estado se escusar dessa função quando comprovadamente não houver possibilidade factível de a inclusão dar certo, em razão do grau acentuado da deficiência. Sendo assim, a oferta de condições necessárias para a inclusão escolar passou a ser um direito e um dever constitucional.

No seu artigo 205 está previsto que:

> A educação, direito de todos e dever do Estado e da família, será promovida e incentivada com a colaboração da sociedade, visando ao pleno desenvolvimento da pessoa, seu preparo para o exercício da cidadania e sua qualificação para o trabalho.

No artigo 206, fica determinado que:

> na escola, todos deverão ter igualdade de condições para o acesso e para a manutenção na escola; liberdade de aprender, ensinar e exteriorizar o pensamento; pluralismo de ideias e concepções pedagógicas; coexistência de instituições públicas e privadas; gratuidade do ensino público e gestão democrática do ensino público.

No artigo 208, fica especificado que o dever do Estado com a educação será efetivado mediante a garantia de:

> atendimento educacional especializado aos portadores de deficiência, preferencialmente na rede regular de ensino; (...) acesso aos níveis mais elevados do ensino, da pesquisa e da criação artística, segundo a capacidade de cada um; (...) o acesso ao ensino obrigatório e gratuito é direito público e subjetivo.

O artigo 227 prevê as iniciativas que favorecem a inclusão:

> criação de programas de prevenção e atendimento especializado para os portadores de deficiência física, sensorial ou mental, bem como de integração social do adolescente portador de deficiência, mediante treinamento para o trabalho e a convivência, e a facilitação do acesso aos bens e serviços coletivos, com a eliminação de preconceitos e obstáculos arquitetônicos (...) a lei disporá sobre normas de construção dos logradouros e dos edifícios de uso público e de fabricação de veículos de transporte coletivo, a fim de garantir acesso adequado às pessoas portadoras de deficiência.

O Estatuto da Criança e do Adolescente (ECA), em 1990, reiterou os direitos promulgados na Constituição.

Em 1991, a Lei n. 8.213 dispôs sobre os Planos de Benefícios da Previdência, dando outras providências. Esta lei foi regulamentada no mesmo ano pelo Decreto n. 357, que passou a disciplinar o direito do deficiente ao trabalho no setor privado, regulamentando o direito aos benefícios previdenciários, especialmente no que diz respeito à aposentadoria por invalidez. Em seu artigo 93, passou a determinar a reserva obrigatória de cargos públicos para as pessoas com deficiência. Este artigo determina que empresas com cem ou mais empregados devem reservar de 2% a 5% dos seus cargos a beneficiários reabilitados ou pessoas com deficiência, fixando os seguintes percentuais: empresas com até 200 empregados devem cumprir uma cota de 2%; de 201 a 500 empregados, a cota é de 3%; até 1.000 empregados, a cota é de 4%; e acima de 1.000, a cota é de 5%.

A Declaração de Salamanca (Unesco, 1994) constituiu-se em um importante documento de compromisso de garantia de direitos educacionais. Essa Declaração proclamou as escolas regulares inclusivas como sendo o meio mais eficaz de combate à discriminação. O documento reforçou o ideal democrático da Escola para Todos, afirmando que as escolas devessem acolher todas as crianças, independentemente de suas condições físicas, intelectuais, sociais, emocionais, linguísticas etc., ou seja, acolher crianças com deficiência e crianças bem dotadas, que vivem nas ruas e que trabalham, de populações distantes e nômades, de minorias linguísticas, étnicas ou culturais, e de outros grupos ou zonas desfavorecidos ou marginalizados.

A LDB 9.394/1996 (Brasil, 1996b) ajustou-se à Constituição e mostrou que a educação das pessoas com necessidades especiais deveria ocorrer preferencialmente na rede regular de ensino. Esta foi a primeira diretriz que abordou aspectos educacionais específicos à Educação Especial. Em 1999, a Portaria n. 1.679 do MEC e os Parâmetros Curriculares Nacionais (Brasil, 2000) detalharam e especificaram maneiras de educar as pessoas com necessidades educacionais.

Em 1999, o Decreto n. 3.298 (Brasil, 1999b), na tentativa de regulamentar a Lei n. 7.853/99, assegurou o direito à educação especial profissional a ser ministrado tanto em escolas públicas quanto particulares, conceituando e classificando as necessidades especiais.

Segundo esse Decreto, considera-se:

> pessoa portadora de deficiência aquela que apresenta, em caráter permanente, perdas ou anomalias de sua estrutura ou função psicológica, fisiológica ou anatômica, que gerem incapacidade para o desempenho de atividade, dentro do padrão considerado normal para o ser humano.
> (...)
> pessoa portadora de necessidades especiais que se enquadra nas seguintes categorias: a) deficiência física: alteração completa ou parcial de um ou mais segmentos do corpo humano, acarretando o comprometimento da função física, apresentando-se sob a forma de paraplegia, monoplegia, monoparesia, tetraplegia, tetraparesia, triplegia, triparesia, hemiplegia, hemiparesia, amputação ou ausência de membro, paralisia cerebral, membros com deformidade congênita ou adquirida, exceto as deformidades estéticas e as que não produzam dificuldades para o desempenho de funções;
> b) deficiência auditiva: perda parcial ou total das possibilidades auditivas sonoras, variando de graus e níveis na forma seguinte: surdez leve (de 25 a 40 db), surdez moderada (de 41 a 55 db), surdez acentuada (de 56 a 70 db) surdez severa (de 71 a 90 db), surdez profunda (acima de 91 db) e anacusia;
> c) deficiência visual: acuidade visual igual ou menor que 20/200 no melhor olho, após a melhor correção, ou campo visual inferior a 20° (tabela de Snellen), ou ocorrência simultânea de ambas as situações;
> d) deficiência mental: funcionamento intelectual significativamente inferior à média, com manifestação antes dos dezoito anos e limitações associadas a duas ou mais áreas de habilidades adaptativas, tais como: comunicação, cuidado pessoal, habilidades sociais, utilização da comunidade, saúde e segurança, habilidades acadêmicas, lazer, trabalho;
> e) deficiência múltipla: associação de duas ou mais deficiências.

Em 2001, instituiram-se as Diretrizes Nacionais para a Educação Especial na Educação Básica (Brasil, 1998b).

Em 2001, o Decreto n. 3.956 promulga a *Convenção Interamericana para a Eliminação de todas as Formas de Discriminação contra as Pessoas Portadoras de Deficiência*, reafirmando que pessoas portadoras de deficiência têm os mesmos direitos e liberdades fundamentais que as demais pessoas, inclusive o direito de não serem submetidas à discriminação com base na deficiência e de ser garantido o direito à dignidade e à igualdade, inerentes a todo ser humano.

Com a proposta da inclusão de pessoas com necessidades especiais na sociedade (família, escola e comunidade) e na busca de acompanhar as novas tendências mundiais, diversos movimentos tiveram início no Brasil, no sentido de sensibilizar a sociedade sobre a necessidade do respeito aos direitos e aos deveres dessas pessoas e de "superar" preconceitos para construir uma sociedade mais justa e democrática.

Iniciaram-se transformações no âmbito da educação, pois a base sustentadora da inclusão está na educação das crianças, para que, desde os primeiros anos de vida, elas tenham oportunidade de conviver em ambientes comuns, na companhia de outras crianças, que recebam estimulação para a aquisição de diferentes habilidades. A inclusão escolar é a porta de entrada da pessoa com necessidades especiais na sociedade. A partir do momento que a criança avança no seu desenvolvimento, a oportunidade de galgar outros níveis de escolarização se faz presente, o que deverá culminar com a preparação para o trabalho, a colocação no mercado de trabalho e o acompanhamento para a manutenção do emprego.

Assim, acredita-se que garantir o direito à educação é muito mais amplo que pensar na inclusão escolar da Educação Infantil ou do Ensino Fundamental. A educação inclusiva abarca, também, a Educação de Jovens e Adultos (EJA), o Ensino Médio regular ou técnico, chegando ao Ensino Superior. À pessoa com necessidades especiais, deve ser garantido o direito de participar do desenvolvimento e da vida econômica do país por meio da inclusão no mercado de trabalho. Sem o trabalho, o homem não conquista sua cidadania, não se completa, não se realiza como pessoa.

Na realidade, o que se constata é que a maioria das pessoas com necessidades especiais, principalmente aquelas com deficiência mental, ainda está excluída do mercado de trabalho, em situação de exclusão social, sendo desrespeitados leis e princípios éticos. As causas dessa exclusão são diversas, como preconceito, falta de informação da família, negligência do governo (federal, estadual e municipal), que não se preocupa em colocar em prática as próprias exigências que estabeleceu para facilitar a inclusão, escassez de instituições que qualificam as pessoas com necessidades especiais para que possam ser colocadas no mercado de trabalho, desinteresse ou desconhecimento das empresas quanto aos direitos dos trabalhadores com deficiência e das exigências legais que garantem uma porcentagem das vagas das empresas a essas pessoas etc.

Inclusão social e mercado de trabalho

A inclusão social é tema gerador de muitos debates em diversos setores da sociedade. Ela já começou a ser construída a partir de algumas experiências de inserção social de pessoas com necessidades especiais, ainda na década de 1980. Em várias partes do mundo, inclusive no Brasil, pequenas e grandes modificações vêm sendo implementadas em diversos setores como escolas, empresas, áreas de lazer, edifícios e espaços urbanos, para possibilitar a participação plena de pessoas deficientes, com igualdade de oportunidades junto à população geral.

Sua ideologia principal é a formação de uma sociedade desprovida de preconceitos, onde todos sejam respeitados e cada qual tenha a oportunidade de se desenvolver plenamente como ser humano, ocupando seu espaço e participando da vida social de sua comunidade, de sua cidade, de seu país. Por isso, representa um paradigma que tem por meta principal a construção de uma sociedade mais justa e mais democrática, livre das práticas discriminatórias e segregacionistas.

A diversidade é o principal aspecto que caracteriza uma sociedade inclusiva, e nesta deve estar garantido o espaço à pessoa com necessidades especiais. Para isso, a sociedade deve estar preparada para receber a todos igualmente, tendo, então, de se adaptar para incluir todos.

Sassaki (1997; 1998, p. 8) explica a inclusão social como sendo:

> um processo bilateral, no qual as pessoas com deficiências, juntamente com a sociedade, buscam equacionar problemas, decidir sobre soluções e efetivar a equiparação de oportunidades. A sociedade se adapta para poder incluir pessoas com deficiência e esses cidadãos se preparam para assumir seus papéis na sociedade.

De acordo com Mrech (2001, p. 152):

> Uma sociedade inclusiva tem compromisso com as minorias e não apenas com as pessoas deficientes. Tem compromisso com ela mesma porque se autoexige transformações intrínsecas (...). Como filosofia, incluir é a crença de que todos têm direito de participar ativamente da sociedade, contribuindo de alguma forma para o seu desenvolvimento.

Diversas são as determinações legais que garantem o direito à inclusão social; no entanto, é imprescindível o papel da família para apoiar, acreditar, encorajar e oferecer a segurança necessária para a participação ativa e efetiva de seus filhos, para oportunizar o crescimento pessoal e profissional, assim como a independência nas diversas atividades que eles venham a desempenhar em casa, na escola, no trabalho e na comunidade.

A preparação para o trabalho, o treinamento para uma ocupação específica, a possibilidade de qualificar a mão-de-obra e ingressar no mercado competitivo despertam diferentes expectativas para as pessoas com necessidades especiais e, consequentemente, para seus familiares. Assim, a atenção do profissional envolvido com essa questão deverá estar alicerçada na relação entre a empresa, o possível posto de trabalho, a preparação da pessoa com necessidades especiais para exercer uma determinada função e o suporte à família. Dessa forma, determinando um panorama multirrelacional com divisão e execução de papéis e responsabilidades, que requerem parcerias e compromissos em busca da concretização de ideais reivindicados há séculos e oficializados por meio dos documentos legais para a garantia dos direitos à inclusão social, ao ingresso e à permanência no mercado de trabalho.

De acordo com os dados obtidos por meio do Censo 2000, realizado pelo Instituto Brasileiro de Geografia e Estatísticas (IBGE) no país há cerca de 24,5 milhões de pessoas com algum tipo de deficiência, atingindo uma média percentual que se aproxima de 14,5% da população brasileira que gira em torno de 175 milhões. Desse total são: 8,3% com deficiência mental, 4,1% com deficiência física, 22,9% com deficiência motora, 48,1% com deficiência visual e, 16,7% com deficiência auditiva. Através destes dados, observa-se que a cada 100 brasileiros, pelo menos 14 possuem alguma limitação. Contudo, quando analisada a participação dessas pessoas no mercado de trabalho, apenas 2% dos postos de trabalho estão ocupados por eles; as demais ou estão excluídas, ou exercem atividades informais.

Preparação para o trabalho de pessoas com deficiência mental

O caminhar da história fez que o trabalho da pessoa com deficiência fosse visto sob diversos ângulos. Nas sociedades agrário-rurais, a participação das pessoas com deficiência mental era possível, uma vez que as técnicas primitivas de plantio e colheita não exigiam conhecimentos sofisticados, o que ampliava o rol de pessoas aptas a desempenhar as funções exigidas. Quando a sociedade começou a se configurar como uma sociedade letrada, cujo valor social estava fixado nas questões intelectuais de leitura e escrita, o grupo de pessoas com deficiência, principalmente a mental, passou a fazer parte do que hoje se denomina excluídos, vivendo à margem da sociedade (Neves e Rossit, 2006).

Na transformação da sociedade agrário-rural em uma sociedade urbano-industrial, o grupo de pessoas com deficiência mental não qualificado para desempenhar funções mais sofisticadas caiu no assistencialismo e na segregação, passando a desempenhar funções marginais de valorização e reconhecimento precários.

No século XX, as duas guerras mundiais deixaram um saldo muito grande de pessoas com deficiência física, mutiladas pelas batalhas. Entretanto, a necessidade econômica e de produção fez que fosse intensificado o aproveitamento de mulheres e deficientes nas indústrias. Essa necessidade iniciou um movimento de construção de serviços de reabilitação em diversos países.

A Educação Especial é vista como um processo que visa promover o desenvolvimento das potencialidades de pessoas com deficiências, condutas típicas ou altas habilidades, e que abrange os diferentes níveis e graus do sistema de ensino. Este processo deve ser integral, fluindo desde a estimulação essencial até os graus superiores de ensino. Entretanto, a questão da preparação da pessoa com deficiência mental para o trabalho, é uma área ainda pouco investigada no Brasil.

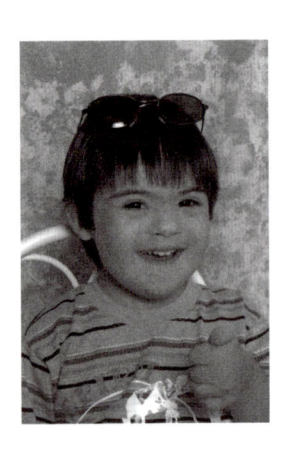

Alguns autores (Goyos, 1995; Anache, 1996; Marins, 1996; Rossit e Elias, 2006) têm enfatizado a importância da preparação para o trabalho para os indivíduos com deficiência mental, e mencionam que esta é uma alternativa de atendimento a estas pessoas na fase adulta da vida, mas alguns problemas têm sido encontrados no sentido da viabilidade desta proposta.

No Brasil, ainda são poucas as instituições que se propõe a oferecer serviços de educação a jovens e adultos em preparação para o trabalho, e quando há essa disponibilidade e infra-estrutura para fazê-lo, geralmente esses serviços são destinados a clientelas específicas de deficientes físicos ou sensoriais. Em menor número, têm-se as instituições que se destinam a preparar o deficiente mental para o trabalho.

Goyos (1995) menciona que o grande problema evidenciado pelos serviços de preparação para o trabalho destas entidades, é que na maioria delas, as habilidades ensinadas às pessoas com deficiência mental são pouco adequadas às necessidades do mercado. O que se produz nas oficinas, são itens de pouco ou nenhum valor comercial, que acabam por permanecer estocados na entidade de origem ou submetidos a vendas filantrópicas através de bazares beneficentes.

Neste sentido, Anache (1996) refere que as instituições, de um modo geral, não qualificam para o mercado de trabalho, sendo que uma minoria delas se preocupa em oferecer treinamentos específicos para o desempenho de uma determinada função. Ou seja, os serviços de preparação oferecidos pelas instituições, não atendem às reais necessidades do deficiente mental adulto e, muito menos, as exigências do mercado competitivo.

Se, por um lado, é importante que o deficiente mental seja incluído na comunidade por meio de programas de preparação para o trabalho, colocação e manutenção do emprego, por outro lado, Bueno analisa a questão da competência pessoal e sinaliza para as exigências do mercado competitivo. O mercado atual prioriza a mão-de-obra cada vez mais especializada, que valoriza o poder de informação, a polivalência do trabalhador, a posse da escolaridade básica, a capacidade de adaptação às novas situações, a compreensão global de um conjunto de tarefas e de funções complexas.

Como outro agravante, com o crescimento populacional dos centros urbanos alguns problemas sociais como desemprego, baixos salários, distribuição de empregos e aumento da competitividade, têm dificultado a vida das pessoas.

É neste contexto que se pretende colocar o deficiente mental, porém, com um agravante a mais, a sua condição de ter uma deficiência. Tal diferença poderá servir de critério de discriminação, e mesmo que eles estejam preparados para ocupar um espaço no mercado de trabalho, estas pessoas provavelmente encontrarão mais dificuldades para obter e permanecer num emprego do que as pessoas "normais" ou com outros tipos de deficiência, como a física, visual ou auditiva (Amaral, 1994).

As instituições, através da proposta de oficinas protegidas, não estão conseguindo atingir suas metas, enfrentando dificuldades de ordem econômica, humana e na descrença da possibilidade de capacitar as pessoas com deficiência mental para o trabalho. É preciso buscar e/ou criar oportunidades reais de trabalho para depois realizar a preparação direcionada aos objetivos de ensino, sequências da tarefa e metas de desempenho.

De acordo com Neves (2004), houve um impulso no sentido de expandir o movimento de ofertar serviços de reabilitação, em busca de formas de inclusão social mais amplas. Entre as conquistas, podem ser citados os avanços na medicina e na psicologia, a busca de formas eficientes de habilitar e reabilitar, a ampliação da participação e envolvimento de organizações internacionais, profissionais, familiares e da própria pessoa com deficiência na luta por melhores condições de vida, tratamento e participação social.

Apesar dos avanços, o paradigma predominante nas condições de vida das pessoas com deficiência mental continuava a ser o da segregação, no qual se preconizava locais de trabalho abrigados nos quais eram confeccionados produtos de pouca ou nenhuma importância social e econômica, numa evidente desvalorização das potencialidades produtivas da população atendida (Beyer, 2000).

Somente a partir da década de 1990, foi garantido que as pessoas com deficiência devam ter um papel central no planejamento de programas de apoio à sua reabilitação e que as organizações destinadas a essas pessoas devem ser *empowered* ("empoderadas") com os recursos necessários para compartilhar a responsabilidade no planejamento voltado à reabilitação e à vida independente (Silva, 1998).

Apesar do termo *empowerment*[1] poder ser abordado e interpretado sob diversas perspectivas, ele não trata apenas de um processo de emancipação individual, mas da aquisição de uma consciência coletiva da dependência social e da dominação política.

Empowerment significa o processo pelo qual uma pessoa ou um grupo de pessoas usa o seu poder pessoal, inerente à sua condição, para fazer escolhas e tomar decisões, assumindo assim o controle de sua(s) vida(s). Neste sentido, independência e *empowerment* são conceitos interdependentes. Não se outorga este poder às pessoas: o poder pessoal está em cada ser humano desde o seu nascimento (Sassaki, 1999).

O conceito de *empowerment* vai além das noções de democracia, direitos humanos e participação para incluir a possibilidade de compreensão a respeito da realidade do seu meio (social, político, econômico, ecológico e cultural), refletindo sobre os fatores que dão

---

[1] O termo *empowerment* (Biglan, 1995), na língua inglesa, significa "garantir o poder, assegurar, a alguém, o poder de escolha e administração sobre sua própria vida".

forma ao seu meio ambiente bem como à tomada de iniciativas no sentido de melhorar sua própria situação.

Nesse sentido, é importante notar que o conceito de *empowerment* vai além da participação muitas vezes medida pela simples presença em reuniões ou encontros. Trata-se de um conceito sistêmico, o qual reconhece que, se há um maior poder na tomada de decisões e controle por parte daqueles que, antes, não detinham qualquer poder, há uma necessária transformação ao longo do sistema. O *empowerment* pressupõe uma participação crítica e ativa que não pode, de forma alguma, ser confundida com a simples "presença" ao longo do processo de decisão (Neves e Rossit, 2006).

O momento atual do processo social caracteriza-se por um período de transição da fase de segregação nas instituições com a educação para o trabalho oferecida em oficinas protegidas, passando pela oportunidade de estar em escolas regulares, conviver e aprender junto com todas as outras crianças (educação inclusiva), pela necessidade da inclusão na sociedade e no mercado de trabalho e pelo *empowerment*, que pressupõe um novo paradigma, um novo modelo de sociedade, que deve ser encarado como uma meta a ser conquistada.

Uma opção para a preparação da pessoa com deficiência para o trabalho, colocação e manutenção no emprego, é o "emprego apoiado" (Rusch, 1990). Esta proposta surgiu diante das insatisfações existentes em relação ao sistema de serviço disponível para o deficiente mental em outros países. O termo *emprego apoiado* significa emprego real, emprego pago, com direito a todos os direitos e deveres de um cidadão. Essa proposta é vista como uma possibilidade viável e favorável, que propicia a oportunidade de treinamento para a aquisição das habilidades necessárias para se exercer uma função específica, em situação real e natural de trabalho, ou seja, no local onde existe a vaga a ser preenchida. Com o caráter de situação concreta de aprendizado e não de situações simuladas ou descontextualizada, as expectativas de sucesso tornam-se promissoras.

Rusch (1990) descreve quatro alternativas de emprego apoiado:

- *Modelo de emprego apoiado*: este modelo é apresentado como sendo o caminho mais direto para oferecer emprego apoiado, onde os adultos são colocados individualmente em empregos regulares na comunidade, acompanhados de um treinador que acompanha todo o processo de aquisição e manutenção das habilidades, para que a função seja executada corretamente. O apoio oferecido varia conforme a necessidade do aprendiz.
- *Modelo de grupo inserido (enclave)*: um enclave é um grupo de indivíduos com deficiência que são treinados e supervisionados no meio de trabalhadores não deficientes da indústria ou do comércio. Podem ser colocados em uma única seção ou mesclados com os demais funcionários da empresa. A primeira opção mantém

um caráter segregacionista, não sendo, portanto, a mais indicada. A segunda opção atende às necessidades pessoais e às exigências da inclusão social;

- *Equipe de tripulação móvel*: essa alternativa caracteriza-se por um grupo móvel, contando com um transporte próprio para carregar os equipamentos necessários e as pessoas que executarão o serviço, por exemplo, os serviços de jardinagem, limpeza e arrumação de residências e hotéis. O treinador acompanha e coordena as atividades do grupo durante o percurso: ida ao local de trabalho, execução da tarefa e retorno ao local de origem (em geral a instituição);
- *Cooperativa ou pequena empresa*: cooperativa é uma associação de pessoas que se unem, voluntariamente, para satisfazer aspirações e necessidades econômicas, sociais e culturais comuns, através de uma empresa de propriedade comum e democraticamente gerida. É como uma empresa rentável e está designada a contratar trabalhadores com deficiência ou sem deficiência, cujo objetivo é a lucratividade.

Goyos (1995) aponta que a capacitação para o trabalho é muito mais do que um direito, é uma necessidade, pois o trabalho representa uma conquista tão importante para o adulto quanto a educação para uma criança.

No contexto histórico e contemporâneo sobre o trabalho na vida das pessoas com deficiência, surge a questão: quais as oportunidades de emprego para a pessoa com deficiência mental?

Tendo ciência das necessidades de adolescentes e adultos com relação à aquisição de repertórios específicos para assumir uma condição de trabalhador e da escassez de programas com este enfoque na realidade brasileira, desenvolveu-se um estudo com o objetivo de *identificar as oportunidades de trabalho para pessoas com deficiência mental em uma universidade pública*.

Oportunidades de trabalho para pessoas com deficiência mental: relato de pesquisa

Participaram do estudo o responsável administrativo do setor de recursos humanos, quatro chefes de departamentos (educação física, terapia ocupacional, fisioterapia e enfermagem) e seus respectivos secretários, locados em uma universidade pública do interior do estado de São Paulo.

Um roteiro de entrevista foi elaborado e aplicado com os participantes em seus respectivos setores de trabalho, com o objetivo de levantar as áreas de serviços mais deficitárias, a disponibilidades e o interesse dos referidos setores em receber uma pessoa com deficiência mental para auxiliar em algumas tarefas.

O procedimento de coleta de dados constou do contato inicial com o responsável pelo setor de recursos humanos, para levantar as áreas de serviço deficitárias na universidade. Esse levantamento foi realizado mediante uma planilha, fornecida pelo setor, que continha tais informações. Em seguida, contato pessoal foi mantido com os chefes e os secretários de cada um dos departamentos para agendar as entrevistas, as quais foram gravadas e transcritas para posterior análise.

A planilha, fornecida pelo setor de recursos humanos, foi analisada para a identificação das áreas deficitárias e dos respectivos cargos exercidos na secretaria dos departamentos. Os dados das entrevistas foram lidos e (re)lidos em busca de informações sobre:

- Áreas deficitárias de serviços, os motivos que justificassem o *deficit* na área de trabalho;
- Disponibilidade em receber uma pessoa com deficiência mental no ambiente de trabalho;
- Opinião pessoal sobre a possibilidade de preparar pessoas com deficiência mental para executar os serviços;
- Sugestões para o possível treinamento.

Os resultados revelaram que as áreas de serviços mais deficitárias encontram-se dentro das secretarias dos departamentos e foram identificadas como: contínuo, recepcionista e auxiliar administrativo.

Ao analisar os cargos, foram identificadas algumas tarefas que poderiam ser executadas por pessoas com deficiência mental, como por exemplo: comunicar docentes para atender à chamada telefônica, receber e separar correspondências, colocar correspondências no escaninho, atender telefone, anotar recados, operar máquina copiadora, carregar equipamentos (retroprojetor, *slides*) para a sala de aula. O Quadro 3 apresenta o detalhamento dos cargos de acordo com as informações coletadas no setor de Recursos Humanos da Universidade.

Quadro 3 – Cargos deficitários mencionados pela Secretaria de Recursos Humanos

Cargo	Descrição do cargo	Tarefas selecionadas
Contínuo	Executar trabalho de coleta e entrega de documentos e outros.	Coletar e entregar documentos, mensagens, encomendas, volumes; Coletar assinatura em documentos; Auxiliar nos serviços de apoio: atender telefone, operar máquina copiadora, anotar recados.

Continua

Continua

Cargo	Descrição do cargo	Tarefas selecionadas
Recepcionista	Recepcionar membros da comunidade procurando identificá-los, averiguar suas pretensões para prestar-lhes informações e/ou encaminhá-los a pessoas ou setores procurados.	Atender telefone; Anotar recados; Prestar informações; Registrar visitas e telefonemas recebidos; Auxiliar em pequenas tarefas de apoio.

As funções apontadas pela secretaria de Recursos Humanos foram as mesmas ressaltadas pelos chefes e pelas secretárias dos departamentos, o que demonstra o *deficit* na execução de tais funções e a falta de pessoal para o cumprimento das tarefas. É evidente, portanto, que a demanda de serviços é maior do que a oferta de servidores, o que torna promissora uma proposta de treinamento de pessoas com deficiência mental para exercer as funções identificadas. A Tabela 3 apresenta os dados obtidos das entrevistas com os chefes de departamento.

Tabela 3 – Dados obtidos das entrevistas com os chefes dos quatro departamentos

Categorias	Descrição	N.	%
Áreas deficitárias de serviços	Secretaria: organizar materiais, coletar assinaturas, atender telefone, levar e buscar documentos, levar recados e encomendas.	4	100
	Serviços de limpeza interna no departamento.	1	25
	Auxiliar de laboratório.	1	25
Motivos	Falta de pessoal.	4	100
Disponibilidade	Desde que haja uma pessoa treinando e acompanhando continuamente o aprendizado.	4	100
Opinião sobre preparação do deficiente mental	Viável.	4	100
	Medo de estressar o deficiente.	1	25
	Somente com treinamento contínuo e presença do treinador.	3	75

Continua

Continuação

Categorias	Descrição	N.	%
Sugestões para treinamento	Avaliar: a deficiência, a capacidade de aprendizagem, o tipo de tarefa, escolher mecanismos de treinamento, preparar o grupo de pessoas "normais" para aceitar o D M, elaborar o programa de treinamento.	1	25
	Ter tarefas bem definidas, conhecer as pessoas que circulam pelo departamento, os diferentes setores da universidade e o tipo de trabalho a ser realizado.	1	25
	Ser acompanhado por uma equipe de treinamento.	1	25
	Não saberia dizer, talvez outra pessoa mais especializada.	1	25

Na opinião dos chefes de departamento, ficou evidente a necessidade de pessoal para executar tais tarefas, e todos relataram acreditar na possibilidade de preparar pessoas com deficiência mental, mas percebe-se que as falas estão impregnadas de desconhecimento, insegurança, "medo" de provocar estresse, receio de cansá-lo e da possibilidade de ele vir a apresentar outros comportamentos, sem ser aqueles referentes à tarefa. Percebe-se uma posição defensiva, condicionando a possibilidade de preparação com a presença constante e contínua do treinador. Parece haver um "medo" de não saber como lidar, de não saber conviver com as diferenças.

Quanto às sugestões para a implantação de um possível programa de treinamento, os chefes de departamento elencaram aspectos importantes, como o cuidado na avaliação das habilidades presentes e daqueles a serem ensinadas, a seleção da tarefa, a escolha de metodologias eficientes para o treinamento, a preparação do grupo de docentes, funcionários e alunos para "aceitar" a pessoa com deficiência mental, a elaboração do programa de treinamento que deve incluir a tarefa a ser ensinada, o (re)conhecimento dos diferentes setores da universidade e das pessoas que circulam pelo departamento e a necessidade de acompanhamento permanente, do especialista e responsável pelo treinamento, no setor de trabalho.

Nota-se que, para a implantação de um programa, as exigências são grandes, o que poderia ser uma barreira para a sua concretização.

As secretárias descrever com clareza as tarefas que necessitam de pessoas para ajudá-las. Vê-se que, embora haja disponibilidade de 50% das secretárias para receber a pessoa com deficiência mental, elas também colocam condições especiais para isso. A Tabela 4 apresenta os dados obtidos das entrevistas com as secretárias.

Tabela 4 – Dados obtidos das entrevistas com as secretárias dos departamentos

Categorias	Descrição	N.	%
Tarefas que necessitam da ajuda de outras pessoas	Atender telefone	4	100
	Levar/buscar documentos, materiais	3	75
	Coletar assinatura em documentos, levar recados, colocar documentos nos escaninhos, anotar recados, chamar a pessoa solicitada	2	50
	Atender público no balcão, carimbar documentos, digitação, dar informações	1	25
Crença na profissionalização de deficientes	Sim, dependendo do grau da deficiência	2	50
	Sim, com treinamento contínuo e acompanhamento permanente	1	25
	Não, "tenho dó", olhar paternalista	1	25
Disponibilidade	Indefinida, "não sabe"	2	50
	Sim, mas não neste momento	1	25
	Sim, dependendo do grau da deficiência	1	25

A partir da análise da disponibilidade e interesse dos chefes de departamento e das secretárias, em ter como colaboradora uma pessoa com deficiência mental, selecionou-se uma tarefa a qual foi analisada e separada nos passos a que a compõe. Um exemplo da análise da tarefa "receber malote" será apresentado a seguir.

Passos da tarefa:

- Sentada à mesa de trabalho, esperando a chegada do malote;
- Ver o patrulheiro chegar com o malote e pendurá-lo no corredor do departamento;
- Levantar;
- Caminhar até o malote;
- Pegar o malote;

- Voltar à mesa de trabalho;
- Colocar o malote sobre a mesa;
- Sentar-se na cadeira;
- Abrir o malote;
- Tirar as correspondências de dentro e colocá-las sobre a mesa;
- Pegar o malote vazio e pendurá-lo ao seu lado (na parede);
- Pegar as correspondências e separá-las em duas pilhas – correspondências para o departamento e para os docentes;
- Dirigir-se até os escaninhos e distribuir as correspondências dos docentes (o nome de cada docente está impresso em um compartimento e a tarefa é *olhar o nome impresso* na correspondência, *emparelhar* com o do compartimento e *inserir* a correspondência).

Para o treinamento de uma tarefa como essa, é importante que o treinador tenha em mãos um protocolo com os passos da tarefa e com colunas que permitam o registro do desempenho do aprendiz tanto na avaliação inicial, como nas avaliações ao longo do processo de treinamento. Nas colunas, devem ser registrados se:

- O passo foi realizado (sim ou não);
- Que nível de ajuda foi requerido (verbal, visual, modelo ou física);
- A intensidade da ajuda (total, média ou mínima).

Conclui-se que as tarefas devem ser bem definidas, descritas e detalhadas quanto aos passos de sua execução. Este aspecto deverá estar claro tanto para a pessoa com deficiência mental, como para o grupo de pessoas que frequentam o espaço de treinamento. Deverá ficar claro para as demais pessoas que o deficiente mental não estará sendo capacitado para assumir uma função com toda a sua complexidade e diversidades de tarefas, mas que ele está sendo preparado para realizar uma ou mais tarefas específicas.

Quanto à disponibilidade em aceitar o deficiente mental para trabalhar nos departamentos, é considerado como viável, embora as crenças, os medos, a insegurança e os preconceitos permeiem a fala dos participantes. Relataram que "aceitam", desde que haja pessoas treinando e acompanhando permanentemente o deficiente mental na situação de execução da tarefa.

É preciso dar condições apropriadas para a colocação do deficiente mental no ambiente de trabalho. Esta condição foi definida pelos participantes como a preparação das outras pessoas que trabalham e/ou frequentam os departamentos com relação à condição de treinamento do deficiente mental, a preparação dos "treinadores" para instruir o deficiente mental quanto às pessoas que circulam pelo departamento e preparar o ambiente para que o deficiente mental possa se sentir seguro.

É evidente a necessidade de planejamento apropriado das etapas e das sequências do treinamento, mas percebe-se que as condições que realmente dificultam iniciativas deste porte não são as de infraestrutura, mas as atitudes preconceituosas e estigmatizantes, as concepções e (des)crenças impregnadas nas pessoas que poderão vir a dividir o mesmo ambiente com esses "seres" desconhecidos, imprevisíveis, diferentes. A maioria dos relatos deixou transparecer preocupações como estas, embora não se tenham dado conta que diversas outras pessoas (consideradas "normais") são dotadas dessas mesmas características e, entretanto, não provocam "medo" ou insegurança.

A partir da identificação das funções deficitárias no campus universitário e da análise e da constatação de uma pré-disposição dos chefes e das secretárias dos departamentos em dar a oportunidade de trabalho à pessoa com deficiência mental, respeitando-se as condições impostas, pode-se concluir que a proposta de emprego apoiado, tal como é definida pela literatura, não poderia ser aplicada nesse momento, pois é praticamente inviável o cumprimento dos requisitos de:

- Contratação pela universidade;
- Pagamento pelos serviços prestados com salários justos;
- Vínculo empregatício.

Vê-se que, nesse momento, o espaço da universidade poderia ser utilizado como um local de treinamento das pessoas com deficiência mental para uma tarefa específica, mas não como um local de trabalho propriamente dito.

Considerações finais

A oportunidade de preparar pessoas com deficiência mental para o trabalho mostra-se como um espaço de aquisição de novas habilidades e a possibilidade de implementar propostas de inclusão social.

Ainda há muito a ser feito no sentido de:

- Desenvolver uma cultura, entre pais, empresários e instituições regulares ou especiais, que acredite nas potencialidades individuais e nas características que envolvem o processo de preparação para o trabalho, a valorização do deficiente mental enquanto cidadão, a atribuição de poderes para realizar escolhas e tomar decisões;

- Melhor estruturar as oficinas de trabalho e/ou a educação de pessoas com deficiência, no sentido de instruí-las com conteúdos que sejam funcionais e que tenham utilidade na sua vida cotidiana e ocupacional, pois a preparação para o trabalho inicia-se desde os primeiros momentos de aquisição de habilidades e desenvolvimento. A preparação para o trabalho não pode ser pensada somente quando a pessoa com deficiência encontra-se na adolescência ou na idade adulta;
- Buscar constantemente alternativas de geração de trabalho e renda, de procedimentos de ensino ou modelos de intervenção que possam viabilizar a proposta de empregabilidade de pessoas com deficiência mental, mas, além disso, o valor de cada indivíduo em meio a um trabalho que possibilite sua participação, sua valorização e seu desenvolvimento enquanto pessoa e não apenas como mero executor de um trabalho, com possibilidades de novas relações pessoais e profissionais.

Finalizando, acredita-se que a preparação para o trabalho, o treinamento para uma ocupação específica, a possibilidade de qualificar a mão-de-obra e ingressar no mercado competitivo despertam diferentes expectativas para as pessoas com deficiência e, consequentemente, para seus familiares. Assim, a atenção do profissional envolvido com essa questão deverá estar alicerçada na relação entre a empresa, o possível posto de trabalho, a preparação da pessoa com deficiência para exercer uma determinada função e o suporte à família. Dessa forma, determina-se um panorama multirrelacional com divisão e execução de papéis e responsabilidades, que requerem parcerias e compromissos em busca da concretização dos ideais para a garantia dos direitos à inclusão social, à preparação, ao ingresso e à permanência no mercado de trabalho.

Referências

AMARAL, L. A. **Pensar a Diferença/Deficiência**. Brasília: CORDE, 1994.

ANACHE, A. A. O deficiente e o mercado de trabalho: concessão ou conquista? **Revista Brasileira de Educação Especial**, Piracicaba, v. 2, n. 4, p. 119-26, 1996.

ARAÚJO, L. A. D. **A proteção constitucional das pessoas portadoras de deficiência**. Brasília: CORDE, 1994.

BEYER, H. O. Paradigmas em educação (especial) e a prática da avaliação de alunos com necessidades educacionais especiais. In: Marquezine, M. C. et al. (Orgs.). **Perspectivas Multidisciplinares em Educação Especial III**. Londrina: Editora UEL, 2000. p. 205-11.

BIGLAN, A. **Changing cultural pratices**: a contextualist framework for intervention research. Reno: Context Press, 1995.

BRASIL. **Constituição da República Federativa do Brasil**. São Paulo: Saraiva, 1988.

_____. **Estatuto da Criança e do Adolescente**. Lei n. 8.069, de 13 de julho de 1990.

_____. **Política Nacional de Educação Especial**. Brasília: MEC/SEESP, 1994.

_____. Ministério da Justiça. **Lei nº 7853/89 e Decreto nº 914/93**. Os direitos das pessoas portadoras de deficiência. Brasília, 1996a.

_____. **Lei de Diretrizes e Bases da Educação Nacional – Lei n. 9.394 de 20 de dezembro de 1996**. São Paulo: Editora do Brasil, 1996b.

_____. Ministério do Trabalho. **Plano Nacional de Qualificação do Trabalhador**: educação e trabalho – um projeto para jovens e adultos de baixa escolaridade. Brasília: SEFOR, 1998a (Série Cadernos Temáticos 1).

_____. _____. Brasília: SEFOR, 1998b. (Série Cadernos Temáticos 2).

_____. **Portaria n. 1.679, de 2 de dezembro de 1999**. Brasília: MEC, 1999a.

_____. **Decreto n. 3.298**. Brasília, 1999b.

_____. **Parâmetros Curriculares Nacionais**. Brasília: MEC/SEB, 2000.

_____. **Diretrizes Nacionais da Educação Especial na Educação Básica**. Brasília: MEC/SEESP, 2001a.

_____. **Decreto 3.956**. Convenção Interamericana para a Eliminação de Todas as Formas de Discriminação contra as Pessoas Portadoras de Deficiência. Brasília, 2001b.

BUENO, J. G. S. O incompetente no Reino da Competência. In: GOYOS, C.; ALMEIDA, M.; SOUZA, D. G. (Org.). **Temas em Educação Especial**. São Carlos: EDUFScar, 1996. p. 147-59.

DECLARAÇÃO DE SALAMANCA. **Linha de Ação sobre Necessidades Educativas Especiais**. Brasília, CORDE/Unesco, 1994.

FEDERAÇÃO DAS APAEs. **XXI Congresso Nacional das APAEs e II Fórum de Autodefensores**. Bento Gonçalves: Parque de Eventos, 1 a 5 de julho de 2003.

FONSECA, R. T. M. O trabalho protegido do portador de deficiência. In: FIGUEIREDO, G. J. P. (Org.). **Direitos da pessoa portadora de deficiência**. São Paulo: Max Limonad, 1997. p. 135-9.

GOYOS, C. **A profissionalização de deficientes mentais**: estudo de verbalizações de professores acerca dessa questão. São Carlos: EDUFScar, 1995.

IBGE. **Censo 2000**. Disponível em: <http://ibge.gov.br>. Acesso em: 13 de março de 2006.

Jannuzzi, G. M. **A educação do deficiente no Brasil**: dos primórdios ao início do século XXI. Campinas: Autores Associados, 2004.

LeBlanc, J. M. **Functional/Natural curriculum for life definition and historical development**. Centro Ann Sullivan of Peru and Schiefelbusch. Institute for Research in Life Span Studies. Universidade do Kansas: EUA, 1994.

Mantoan, M. T. E. **Educação de qualidade para todos**: formando professores para a inclusão escolar. v. 7, n. 40, 1998.

Marins, S. F. **As possibilidades profissionais dos portadores de deficiência mental, de acordo com o enfoque dos pais**. Dissertação (mestrado) (UFSCar). São Carlos, 1996.

Mrech, L. M. **O mercado de saber, o real da educação e dos educadores e a escola como possibilidade**. Tese (Livre docência) – Faculdade de Educação da Universidade de São Paulo, 2001.

Neves, T. R. L. **Movimentos sociais, auto-advocacia e educação para a cidadania de pessoas com deficiência mental**. Dissertação (Mestrado em Educação Especial) – Programa de Pós-graduação em Educação Especial, UFScar, 2000.

_____. **Educação especial e os aspectos legais para a formação de professores**. São Carlos, 2004. (Apostila de pós-graduação *Lato Sensu* – Especialização em Educação Especial – UNICEP).

Neves, T. R. L.; Rossit, R. A. S. Aspectos sociais e legais relativos à deficiência mental In: Goyos, C.; Araújo, E. (Orgs). **Inclusão Social**: formação do deficiente mental para o trabalho. v. 1. São Carlos: RIMA, 2006. p. 89-108.

OMS. **Classificação internacional das deficiências, incapacidades e desvantagens** (*handicaps*): um manual de classificação das consequências das doenças. Lisboa: Secretariado Nacional de Reabilitação, 1989.

ONU. Assembleia Geral da Organização das Nações Unidas. **Declaração Universal dos Direitos Humanos**. 10 dez. 1948.

_____. _____. **Programa de ação mundial para as pessoas com deficiência**. 3 de dezembro de 1982.

_____. **Normas sobre a equiparação de oportunidades para pessoas com deficiência**. São Paulo: Publicação da Associação de Pais e Amigos de Portadores de Deficiência da Eletropaulo e CVI-NA. Centro de Vida Independente Araci Nallin, 1996.

OPS/OMS. **Declaração de Montreal**. 6 de outubro de 2004. Montreal

Pastore, J. **Oportunidades de trabalho para portadores de deficiência**. São Paulo: LTr, 2000.

Pereira, O. **Educação especial**: atuais desafios. Rio de Janeiro: Interamericana, 1980.

Perosa, G. B. **Colocação de deficientes mentais no mercado de trabalho**: análise desta opção e treinamento de deficientes treináveis na função de empacotador de supermercado. 1979. Dissertação (Mestrado) – PUC-SP, São Paulo, 1979.

Pessotti, I. P. **Deficiência Mental**: da superstição à ciência. São Paulo: TA Queiroz Editor Ltda. EDUSP, 1984.

Rossit, R. A. S.; Zuliani, G. Introdução ao estudo da deficiência mental. In: Goyos, C.; Araújo, E. (Org.). **Inclusão social**: formação do deficiente mental para o trabalho. v. 1. São Carlos: Rima, 2006. p. 1-22.

Rossit, R. A. S.; Elias, N. C. Planejamento de ensino para a pessoa com deficiência mental. In: Goyos, C.; Araújo, E. (Org.). **Inclusão social**: formação do deficiente mental para o trabalho. v. 1. São Carlos: RIMA, 2006. p. 61-87.

Rusch, F. R. **Supported Employment**. Models Methods and Issues. Sycamore: Sycamore Publishing Company, 1990.

Sassaki, R. K. **Inclusão**: construindo uma sociedade para todos. Rio de Janeiro: WVA, 1997.

_____. Preparando a grande invasão. **Revista Up Down Informativo**, Santos, jan./fev. 1998.

_____. **Inclusão**: construindo uma sociedade para todos. 3. ed. Rio de Janeiro: WVA, 1999.

Senac. **Sem limite** – inclusão de portadores de deficiência no mercado de trabalho. Rio de Janeiro: Ed. SENAC, 2002.

Silva, J. A. **Curso de Direito Constitucional Positivo**. 11. ed. São Paulo: Malheiros, 1996.

Silva, M. D. M. **Empowerment**: possível estratégia da prática profissional em direção à cidadania activa. Dissertação (Mestrado em Serviço Social Autárquico e Cidadania: a experiência da região centro). Lisboa: ILSSL, 1998.

Silva, L. D. Deficiência física e mercado de trabalho: inserção e aceitação social na grande João Pessoa. **Revista de Pós-Graduandos de Sociologia da UFPB**, João Pessoa, dez. 2000. Disponível em: <http://chip.cchla.ufpb.br/paraiwa/00-dantasdasilva.html>. Acesso em: 1 nov. 2001.

UFRJ. Disponível em: <www.eicos.psycho.ufrj.br>. Acesso em: 10 de junho de 2006.

Unesco. **Declaração de Salamanca e linha de ação sobre necessidades educativas especiais**. Brasília: MAS/CORDE, 1994.

Estimulação multidisciplinar

A importância da estimulação da criança com síndrome de Down

Vanessa Helena Santana Dalla Déa

A estimulação psicomotora realizada nos primeiros anos de vida em crianças com síndrome de Down será determinante para seu desenvolvimento motor, psicológico, cognitivo e social e, consequentemente, para seu sucesso como indivíduo independente, produtivo e feliz.

Temos estimulado nossa filha com síndrome de Down desde o terceiro mês de gestação, quando descobrimos a deficiência. Enquanto vivia em ambiente intrauterino, utilizamos diferentes músicas e sons, muita conversa e carinho, massagem na barriga com diversos materiais com diferentes estruturas, formas e texturas (bolas, rolinhos, esponjas, escovas etc.), luzes (alternando claro e escuro), temperatura (alternando quente e frio) e muito incentivo verbal (dizendo o quanto a mamãe e o papai a amavam, a esperavam e a respeitavam). Após seu nascimento, que ocorreu sem a presença de nenhuma patologia importante, entre uma consulta e outra aos profissionais da saúde, procuramos um equilíbrio entre os estímulos, o amor e a tranquilidade que qualquer bebê necessita para se desenvolver bem. Até os dois meses, procuramos informações de diversos profissionais e estimulamos a Ana Beatriz em casa. Os ambientes da casa foram reestruturados para contribuir para seu desenvolvimento: móveis em excesso foram eliminados para favorecer os espaços para deslocamentos, um grande colchonete foi colocado na sala, foram pendurados acessórios que tivessem movimento, som e contraste de cores, a cor neutra, geralmente encontrada em quartos de bebê, foi substituída por cores mais vivas, os brinquedos foram criteriosamente escolhidos etc. Aos dois meses, iniciamos as estimulações com fisioterapeuta e fonoaudióloga. Aos seis meses, a terapia ocupacional passou a fazer parte da nossa rotina. Após um ano, tentamos alternar trabalhos procurando ter como parâmetro o entusiasmo e o bem-estar da nossa pequena. Assim, passamos por musicoterapia, equoterapia, hidroterapia, natação, judô, esportes com bola e expressão corporal. A escola, iniciada próxima ao primeiro ano de idade, também foi sempre escolhida e auxiliada para ser um ambiente feliz e com elementos que pudessem contribuir para o desenvolvimento da Ana Beatriz, principalmente porque consideramos a escola o passo inicial para a inclusão social. Hoje, a Ana está com 4 anos, é uma criança saudável, ativa, feliz e que até já reconhece as vogais. As pessoas que convivem com ela (na escola, na família e nas estimulações) relatam que seu desenvolvimento é muito positivo e bastante próximo do desenvolvimento das crianças da sua idade sem síndrome de Down. Nós temos consciência de que a Ana apresenta algumas dificuldades, mas, graças à estimulação iniciada muito cedo, certamente terá um desenvolvimento diferenciado, com grandes chances de ter uma vida produtiva, feliz e com conquistas muito próximas das que conseguiria se não tivesse Down. Sabemos que devemos tudo isso ao trabalho de estimulação iniciado muito cedo direcionado ou realizado por competentes profissionais da saúde e da educação.

O relato de trabalhos conscientes, precoces e sistematizados que superam a dificuldade motora, psicológica e social da pessoa com síndrome de Down pode ser observado em diversos estudos (Blascovi-Assis, 1989; Danielski, 2001; Pueschel, 1993; Tunes, 2001).

Numerosas pesquisas nos mostram que pessoas com síndrome de Down que foram privilegiadas com trabalho físico-psico-social, já nos primeiros anos de vida, apresentam qualidades em todos os aspectos de seu desenvolvimento que outros portadores não possuem (Pueschel, 1993).

Dentro das características da criança com síndrome de Down que atrasam o seu desenvolvimento global, a hipotonia muscular é considerada a grande vilã. Ela proporciona menor tônus muscular, o qual deve ser entendido como estado normal de contração do músculo, mesmo em repouso. Além da hipotonia muscular, podemos observar grande frouxidão ligamentar, ou seja, grande amplitude das articulações. Essas características dificultam a realização de movimentos harmoniosos, a aquisição da linha média e a formação do esquema corporal, ocasionando o uso inadequado dos membros e do tronco e prejudicando a transição natural das fases do desenvolvimento infantil (Projeto Síndrome de Down, s/d).

O esquema corpóreo é o ponto de partida da relação eu–mundo e dependerá em grande parte da presença do ato motor. Sua deficiência causada pela hipotonia muscular comportará uma concepção espacial e temporal alterada, retardada ou, de qualquer forma, distorcida, causando um retardo de relações com o mundo externo. Essa deficiência de tônus muscular tornará mais difícil o processo de imitação, que estará, mais tarde, na base da identificação primária e, consequentemente, dificultará o processo da linguagem (Danieslki, 2001).

A flacidez excessiva, a diminuição dos movimentos, o atraso no controle da cabeça e a hipermobilidade são responsáveis pela diminuição da mobilidade e do equilíbrio do movimento, interferindo nas aquisições do desenvolvimento motor da criança. Em suas habilidades e interações com o ambiente, retardam ou bloqueiam sua exploração, diminuindo ou produzindo *deficit* de sensações e vivências, dificultando o desenvolvimento cognitivo (Schwartzman, 1999).

Segundo Danielski (2001), todo esforço é importante para inibir o retardo no desenvolvimento psicomotor básico da criança com síndrome de Down, pois este resultará em:

- Retardo da comunicabilidade entre seu eu e o mundo externo;
- Retardo na fixação e na memorização dos esquemas de ações básicas, determinados pela inadaptação ao ambiente, ao qual não deu um significado.

A estimulação ou a intervenção precoce é uma alavanca muito importante para o sucesso físico-psico-social da pessoa com síndrome de Down. São muitos os autores que defendem a estimulação realizada desde os primeiros meses de vida.

Para Dr. Bianchi, médico e pesquisador da Universidade de Verona, a intervenção precoce deveria vir ainda no tempo do útero materno (Danielski, 2001).

Bonfim (1996) relata que estudos e trabalhos realizados mostram que, com a estimulação precoce, a criança com síndrome de Down revela nível de inteligência, sensibilidade e aprendizado eficaz, andam entre 1 ano e 3 meses a 2 anos e 6 meses.

Pueschel (1993) nos lembra que a criança necessita de experiências sensório-motoras para seu desenvolvimento cognitivo, motor e afetivo. Essas experiências estão presentes naturalmente na criança que não possui limitações físicas e intelectuais. No caso do bebê com síndrome de Down, para que haja um desenvolvimento suficiente como base para toda sua vida e independência, esses estímulos precisam ser apresentados de forma sistemática, progressiva e coerente com as etapas da criança. O autor complementa dizendo que a exposição direta e as experiências de vida não bastam, geralmente, para modificar significativamente os padrões de aprendizagem de crianças com síndrome de Down (Pueschel, 1993).

Segundo o Projeto Síndrome de Down (s/d), o termo mais adequado não é estimulação, mas *intervenção precoce*, pois se refere à tentativa de acelerar o desenvolvimento nos indivíduos que apresentam atraso. A intervenção precoce é uma série de atividades que tem como objetivo desenvolver as capacidades da criança, de acordo com sua faixa etária e de desenvolvimento, e deve envolver todas as áreas do desenvolvimento, ou seja, motor, sensorial, cognitivo, social e emocional, e se adequar às necessidades atuais da criança.

Para que o significado de um gesto, um movimento ou um som seja entendido pela criança com síndrome de Down, ainda mais do que para as outras crianças, necessita-se que isso lhe seja transmitido com uma forte carga afetiva (Danielski, 2001).

Estratégias específicas são necessárias para que aconteça uma situação de aprendizado mediada, aumentando o nível de interesse, atenção e habilidade da criança com síndrome de Down (Pueschel, 1993). Tais técnicas podem ser utilizadas nas situações diárias da criança por pais e profissionais envolvidos com ela, podendo enriquecer muito o trabalho de profissionais como fisioterapeutas, fonoaudiólogos, terapeutas ocupacionais, psicólogos, pedagogos e professores de Educação Física.

Werneck (1995) relata que "bebês com síndrome de Down devidamente cuidados e estimulados desde os primeiros anos de vida têm grandes possibilidades de se tornarem adultos produtivos e capazes de aprender uma profissão".

Algumas vezes, a presença de patologias, como a malformação cardíaca, pode retardar o início do trabalho de estimulação, o qual deve ser realizado assim que o bebê tiver condições físicas. O trabalho consciente com embasamento teórico iniciado o mais cedo possível tem proporcionado condições de a pessoa com síndrome de Down estar devidamente incluída no ambiente social, profissional, acadêmico e familiar.

Referências

Bonfim, R. V. A Educação Física e a criança com Síndrome de Down. **Rev. Sprint Magazine**, jan./fev. 1996.

Blascovi-Assis, S. M. Deficiência mental e lazer. **Rev. Brasileira de Ciências do Esporte**, v. 12, n. 1, 2 e 3, 1992.

_____. Atividade física para crianças com Síndrome de Down. **Ciência Hoje**, v. 10, n. 56, ago. 1989.

Camargo, E. A; Enriquez, N. B; Monteiro, M. I. B. Atendimento inicial para bebês com Síndrome de Down. **Temas sobre desenvolvimento**, v. 4, n. 21, p. 26-30, 1994.

Danielski, V. **A Síndrome de Down:** uma contribuição à habilitação da criança Down. 2. ed. São Paulo: Ave Maria, 2001.

Lucca Júnior, D. Síndrome: é preciso repensar os Down. **Rev. Medicina Social**, nov. 1993.

Ministério da Saúde. **Série orientação sobre a Síndrome de Down** – Cuidados com a saúde. Brasília: [s.d]a (Folheto).

_____. **Série orientação sobre a Síndrome de Down** – O que é Síndrome de Down? Brasília: [s.d]b (Folheto).

Projeto Síndrome de Down. **A Síndrome de Down passada a limpo** – Mais de 100 pesquisas mundiais resumidas, analisadas e compiladas. São Paulo: Projeto Down [s.d].

Pueschel, S. **Síndrome de Down**: guia para pais e educadores. Campinas: Papirus, 1993.

Pupo Filho, R. A. **Síndrome de Down** – E agora, doutor? – Um pediatra enfrenta sua desinformação ao ter uma filha com Síndrome de Down. 1. ed. Rio de Janeiro: WVA, 1996.

Schwartzman, J. S. **Síndrome de Down.** São Paulo: Memnon, 1999.

Tunes, E. **Cadê a Síndrome de Down que estava aqui?** O gato comeu... Campinas: Autores Associados, 2001.

Werneck, C. **Muito prazer, eu existo**: um livro sobre as pessoas com Síndrome de Down. Rio de Janeiro: WVA, 1995.

Fisioterapia: orientação para a estimulação sensório-motora de crianças com síndrome de Down

Karina Pereira
Eloisa Tudella

O convívio mês a mês com bebês e crianças com síndrome de Down e seus responsáveis permitiu-nos vivenciar como é a chegada de uma criança com necessidades especiais na família e notar sua ansiedade em conhecer mais sobre a síndrome, para buscar melhores métodos terapêuticos para seus filhos.

O tratamento fisioterapêutico é uma forma de oferecer oportunidades adequadas para a criança aprender a interagir e explorar o ambiente com mais funcionalidade e independência. Os programas de intervenção precoce têm apresentado excelentes resultados na evolução neuro-sensório-motora de bebês atípicos, principalmente quando as intervenções fisioterapêuticas são iniciadas nos primeiros três meses de vida.

Orientar as formas de manusear e posicionar um bebê ou uma criança com síndrome de Down partiu do princípio de que a família é muito importante no aprendizado motor e cognitivo da criança, auxiliando-a em sua evolução neuro-sensório-motora. Dessa forma, algumas práticas podem ser inseridas no dia-a-dia do bebê e da criança com síndrome de Down, de modo a dar possibilidades de exploração do ambiente em posturas que exigem maior ativação muscular.

Umas das formas de os pais aprenderem a cuidar do seu filho é a participação deles como coadjuvantes nas sessões de fisioterapia. Durante o tratamento fisioterapêutico, enquanto o terapeuta faz o manuseio e o posicionamento do bebê ou da criança, pode explicar aos pais como realizar os manuseios para alcançar os movimentos e as posturas desejadas.

Sendo a síndrome de Down uma anomalia genética (trissomia do 21) que acarreta atraso no desenvolvimento mental e motor, decorrente da hipotonia muscular (flacidez e fraqueza dos músculos), da frouxidão ligamentar, da hipermobilidade articular (instabilidade atlantoaxial e da patela e luxação de quadril), da obesidade e dos problemas sensoriais (visual, tátil e vestibular – equilíbrio), os pais devem estar conscientes de que:

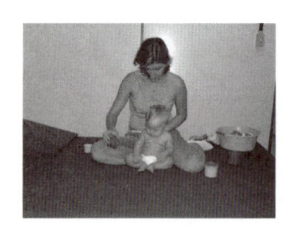

- A sequência das aquisições motoras no desenvolvimento motor do bebê e da criança com síndrome de Down é a mesma das crianças típicas; entretanto, elas aparecerão mais tardiamente;
- Os movimentos realizados pelo bebê com síndrome de Down são mais lentos; portanto, ao oferecer um brinquedo, o estimulador deverá esperar o tempo necessário para que ele possa pegá-lo;
- Para que o bebê ou a criança aprenda a executar um movimento de forma adequada e independente, é importante que seja repetido várias vezes. Para isso, o ambiente deve ser agradável e motivador;
- A hipermobilidade da articulação do pescoço pode causar a instabilidade atlantoaxial, que é o movimento excessivo entre a primeira (atlas) e a segunda (axis) vértebra cervical. A hipermobilidade do quadril causa luxação de quadril e a instabilidade da patela, sua subluxação. Nesses casos, os movimentos devem ser realizados com alguns cuidados específicos, evitando movimentos amplos, rápidos e bruscos da cabeça e do quadril;
- As atividades proporcionadas ao bebê e à criança com síndrome de Down devem estimular tanto a parte motora quanto a sensorial (visão, audição, tato, vestibular e proprioceptivo). Assim, associados às atividades motoras, devem ser oferecidos estímulos sonoros, táteis e visuais;
- As atividades motoras devem proporcionar o desenvolvimento do equilíbrio nas diferentes posições. Para isso, os pais devem incentivar que o bebê realize atividades desafiadoras e de forma ativa, sem superprotegê-lo.

Algumas orientações serão apresentadas a seguir, objetivando incluir os pais no programa de intervenção que o bebê e a criança com síndrome de Down necessitarão durante os dois primeiros anos de vida. Serão descritos alguns manuseios simples e de fácil execução para que os pais possam estimular seus filhos em casa.

Postura supina (deitada de barriga para cima)

Estimulação das coordenações sensório-motoras da cabeça

As práticas com o bebê podem ser iniciadas estando ele na postura supina. Nessa postura, tem-se por objetivo ativar a musculatura flexora do bebê. Isso pode ser alcançado estimulando o bebê a fletir sua cabeça, seus membros superiores (ombros, cotovelos e punhos) e inferiores (quadris, joelhos e tornozelos). É importante, também, que o bebê realize movimentos variados dos membros superiores e inferiores, movendo-os em diferentes direções, velocidades e amplitudes.

A seguir, apresentaremos algumas atividades para estimular a contração e a força muscular de pescoço, tronco, braços e pernas do bebê, ou seja, aumentar o tônus muscular para que ele possa se manter em diferentes posturas e se movimentar contra a ação da gravidade.

Estimulação da fixação do olhar

Entende-se por fixação do olhar a capacidade de o bebê manter seus olhos sobre um objeto. Para obter a fixação do olhar (Figuras 38 e 39), o estimulador deve apresentar ao bebê um brinquedo, a uma distância de 25 a 30 cm de sua face. O brinquedo deve ser atrativo, por exemplo, esférico (medindo por volta de 10 a 15 cm de diâmetro), de cores fortes ou contrastantes, como um cartão de listas pretas e brancas (Figura 40).

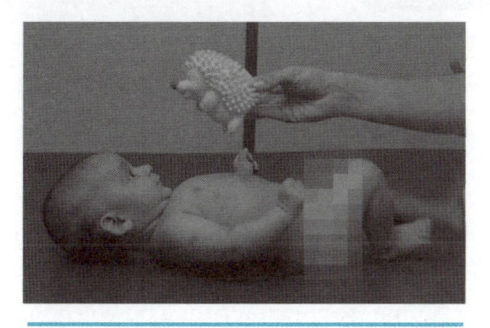

FIGURA 38 – Fixação do olhar.

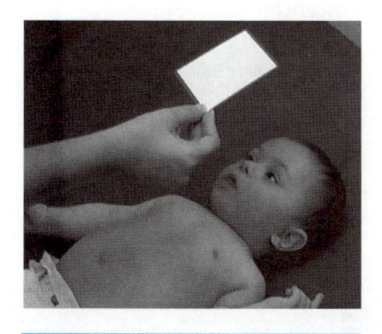

FIGURA 39 – Fixação do olhar.

FIGURA 40 – Cartão com listras (preto e branco).

O brinquedo não deve ficar parado; o ideal é que seja movido lentamente em pequenos círculos. Conforme o bebê for adquirindo facilidade em fixar e acompanhar visualmente o brinquedo em movimento, este deve ir se distanciando da sua face até, no máximo, o comprimento de seu braço, para que ele possa alcançá-lo facilmente (Figura 41).

O brinquedo pode ser substituído pela face humana (mãe ou outro membro da família), demonstrando expressão de alegria. Para atrair mais a atenção do bebê, estabeleça contato visual e converse com ele, emitindo uma voz suave (Figura 42).

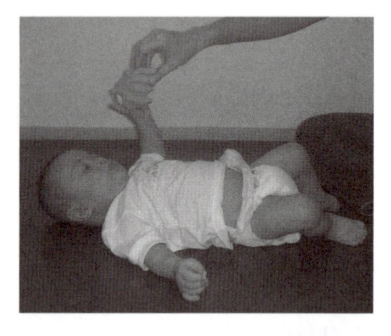

FIGURA 41 – Alcance de objeto no campo visual.

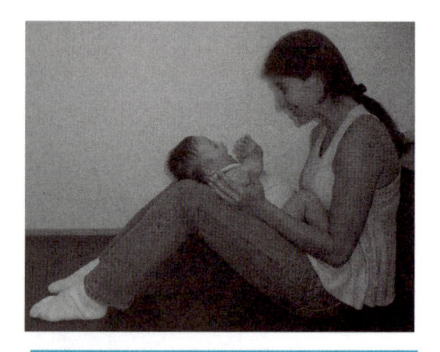

FIGURA 42 – Contato visual: bebê e o estimulador.

Estimulação da coordenação visocefálica

A coordenação visocefálica é a capacidade de o bebê fixar o olhar sobre o objeto e acompanhá-lo quando movido em diferentes direções e velocidades.

Com o bebê na postura supina (sobre uma cunha ou colchão), estimule a fixação do olhar movendo o objeto lentamente nas direções horizontal, vertical e diagonal (Figura 43). Para conseguir ativação da musculatura flexora, estimule a coordenação visocefálica na vertical, sem elevar o brinquedo, a ponto de o bebê hiperestender a cabeça.

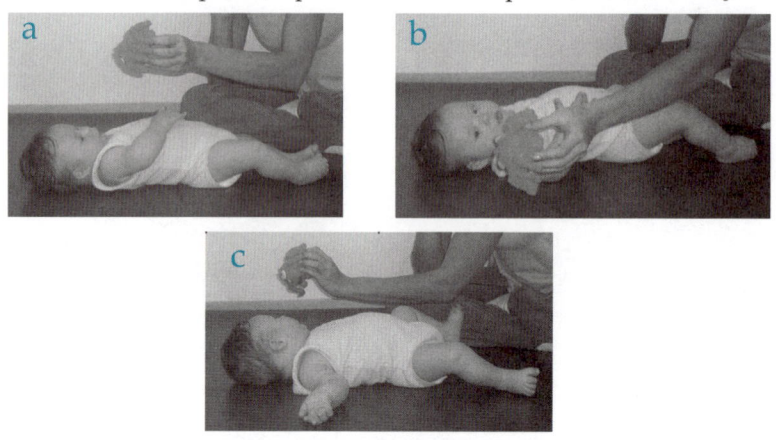

FIGURA 43 – Sequência horizontal da coordenação visocefálica.

Para facilitar o aparecimento das coordenações de fixação de olhar e visocefálica, é importante que a cabeça e o tronco do bebê sejam elevados da superfície (Figura 44), visto que essa posição favorece a atenção visual e a movimentação da cabeça.

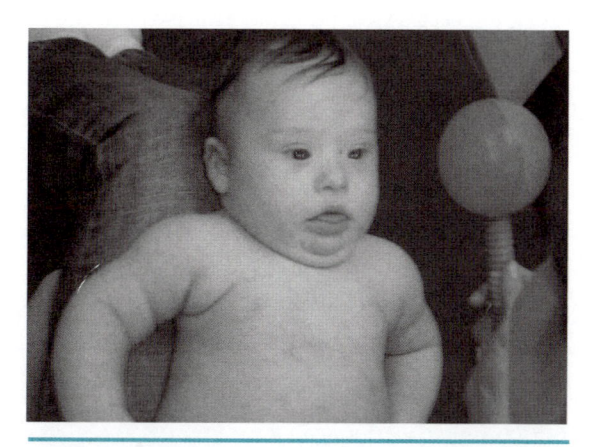

FIGURA 44 – Estimulação da coordenação visocefálica no plano inclinado.

Estimulação da coordenação audiocefálica

Entende-se por coordenação audiocefálica a capacidade de o bebê acomodar a cabeça em direção à fonte sonora.

Para estimular a coordenação audiocefálica, o bebê deve estar com a cabeça e o tronco elevados da superfície, e um estímulo sonoro suave deve ser emitido a uma distância de 15 a 20 cm de uma das orelhas e depois da outra. O estímulo pode ser de um chocalho ou da voz humana. Em resposta ao estímulo, o bebê deve acomodar a cabeça em direção ao som. Poderá, também, ser observado um suave sorriso, o piscar dos olhos ou uma alteração da movimentação espontânea (aumento ou diminuição).

A partir do terceiro mês, o bebê com síndrome de Down deverá ser capaz de realizar a coordenação áudio-viso-cefálica, ou seja, localizar visualmente a fonte sonora.

É extremamente relevante que todas as coordenações mencionadas sejam desenvolvidas pelo bebê para que este possa obter condições de localizar e perceber, seja visual ou auditivamente, os objetos no seu ambiente. Além disso, o desenvolvimento dessas coordenações favorecerá o fortalecimento e o controle ativo dos músculos do pescoço, para que o bebê possa suportar sua cabeça contra a ação da gravidade quando deitado de barriga para baixo, sentado e em pé.

Estimulação das coordenações sensório-motoras de membros superiores (braços)

Coordenação mão–boca

Entende-se por coordenação mão–boca a capacidade de o bebê levar suas mãos à boca para serem sugadas. Essa é uma importante coordenação, pois é por meio dela que o bebê aprende a levar os alimentos à boca.

Para estimular a coordenação mão–boca, o bebê deve, simplesmente, ser mantido no colo na posição de mamar (Figura 45), deitado de lado ou em prono (barriga para baixo). Para manter o bebê deitado de lado, pode-se colocar nas costas dele um rolinho feito com toalha (Figura 46). Estando o bebê em supino, deitado no colo do estimulador ou sobre uma cunha, direcione as mãos dele à boca segurando em seus cotovelos (Figura 47). O melhor período para estimular essa coordenação é momentos antes da amamentação, porque o bebê está com fome, mas ainda não apresenta o choro.

FIGURA 45 – Coordenação mão–boca na posição de mamar.

FIGURA 46 – Coordenação mão–boca em prono.

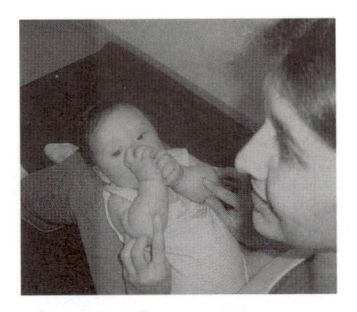

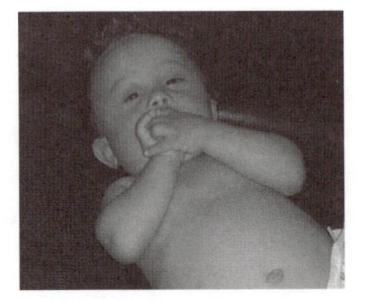

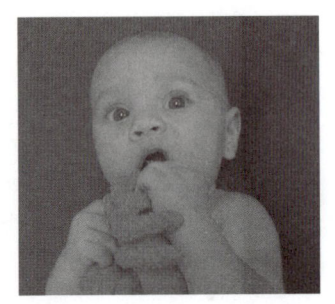

FIGURA 47 – Bebê em supino, estimulação mão–boca com e sem auxílio do estimulador.

Estimulação da coordenação de junção das mãos

Entende-se por coordenação de junção das mãos a capacidade de o bebê unir as mãos e realizar movimentos semelhantes aos de lavá-las.

Para estimular a coordenação de junção das mãos, deve-se colocar o bebê deitado de lado (Figura 48) ou no colo, na posição de mamar (Figura 49). Estando o bebê na postura supina, o estimulador deverá colocar suas mãos em cada um dos ombros ou antebraços do bebê, tentando aproximá-los (Figura 50). É importante que o bebê esteja vendo o que suas mãos são capazes de fazer.

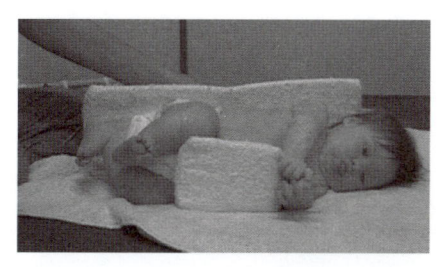

FIGURA 48 – Estimulação da junção de mãos.

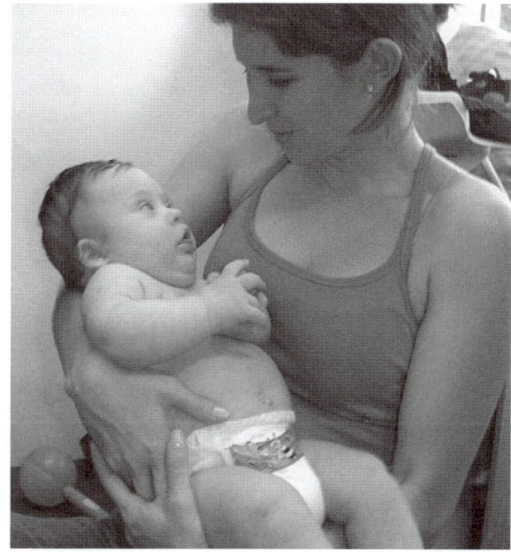

FIGURA 49 – Estimulação da junção das mãos do bebê em decúbito lateral, na posição de mamar.

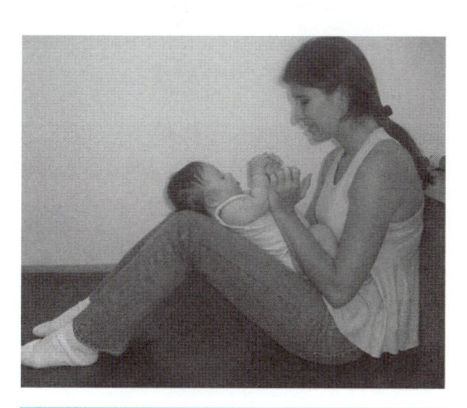

FIGURA 50 – Estimulação da junção das mãos com auxílio.

Estimulação das mãos em diferentes partes do corpo

Mãos em diferentes partes do corpo é a capacidade de o bebê tocar a própria cabeça e a face (olhos, boca e nariz), o tronco, as pernas e os pés.

Para fazer que o bebê leve suas mãos à face, devem-se dar estímulos irritantes, porém suaves, provocados pela mão da mãe ou por uma fralda, sobre olhos, nariz e boca do bebê. Espera-se que o bebê responda a esse estímulo movendo sua cabeça de um lado para o outro ou leve suas mãos em direção à face para retirar o estímulo e coçar a região irritada

(Figura 51). Da mesma forma, o bebê pode levar suas mãos ao tronco (peito e barriga), aos joelhos e aos pés (Figura 52).

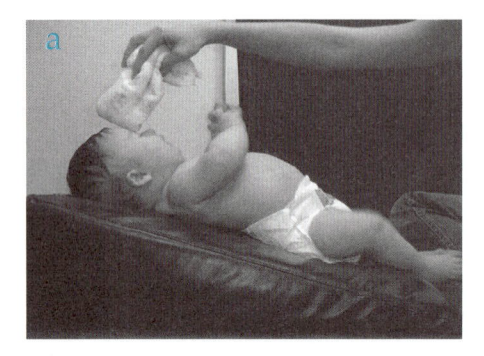

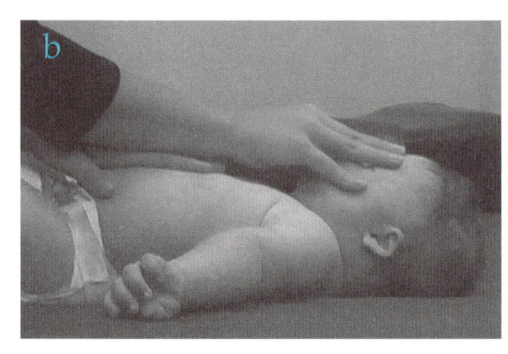

FIGURA 51 – Tocar a face do bebê.

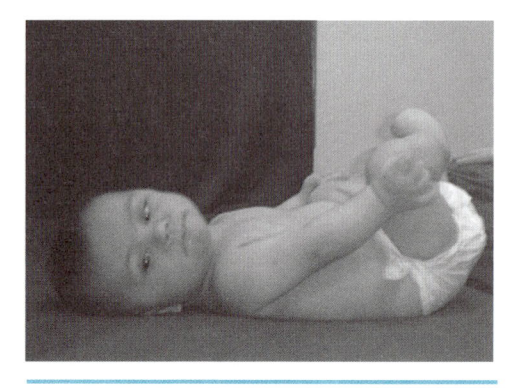

FIGURA 52 – Tocar partes do corpo do bebê.

Estimulação da coordenação oculomanual

Entende-se por coordenação oculomanual a capacidade de o bebê alcançar o objeto quando observado visualmente.

Para que esta coordenação seja realizada, primeiramente, o bebê deverá ser capaz de mover suas mãos (abrir e fechar os dedos e rodar os punhos). Para estimular esses movimentos, devem-se tocar as mãos dos bebês com fralda de tecido, escovinha de cabelo para bebê e buchas na hora do banho. Realizando esses movimentos, o bebê será capaz de perceber sua mão e ter controle sobre os movimentos dela (Figura 53a–b). Após o bebê ter aprendido a controlar os movimentos de suas mãos, conseguirá levá-las ao campo visual para brincar com elas; entretanto, nessa fase, ele não conseguirá segurar os objetos. Essa fase é importante para que o bebê aprenda a controlar não somente os movimentos das mãos, mas, também, seus braços contra a ação da gravidade (Figura 53c). Em uma fase posterior, o bebê deverá ser capaz de segurar um objeto leve e maleável quando, simultaneamente, a mão e o objeto estiverem no campo visual (Figura 54a). Finalmente, após o bebê ter treinado todas as fases anteriores, ele será capaz de alcançar um objeto oferecido e segurá-lo para explorar visualmente, manualmente e oralmente (Figura 54b).

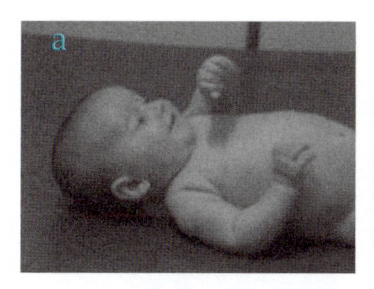

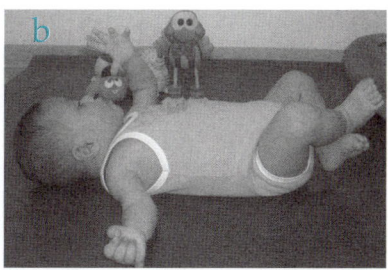

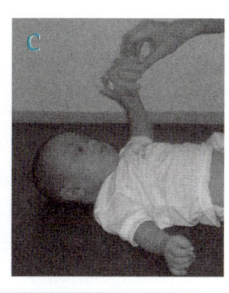

FIGURA 53 – Sequência da coordenação oculomanual.

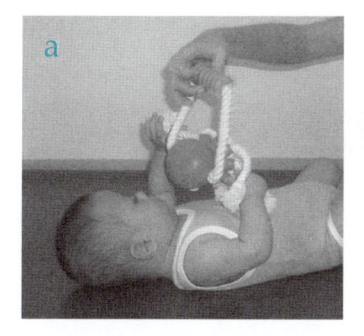

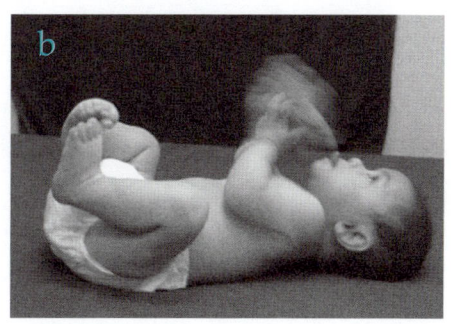

FIGURA 54 – Sequência da coordenação oculomanual.

Estimulação sensório-motora de membros inferiores (pernas)

É importante que o bebê realize movimentos variados dos membros inferiores, movendo-os em diferentes direções, velocidades e amplitudes.

Estimulação dos movimentos dos pés

Para se obter movimentos variados dos pés, deve-se estimulá-los tocando-os (dorso e planta dos pés) com objetos de diferentes texturas (ásperos e lisos) e maleabilidades (moles e rígidos). O bebê deve realizar movimentos de extensão e flexão dos dedos dos pés e de flexão, extensão e rotatórios dos tornozelos ao ser estimulado. Esses movimentos permitirão que o bebê tenha percepção e controle ativo dos movimentos dos seus pés.

Estimulação da coordenação de retirada dos membros inferiores

Entende-se por movimento de retirada dos membros inferiores a capacidade de o bebê retirar seu pé de um estímulo doloroso ou irritante, fazendo a tríplice flexão (flexão de quadril, joelho e tornozelo). Para se conseguir esse movimento, deve-se fazer um estímulo na planta dos pés do bebê com um objeto áspero, por exemplo, bucha vegetal (Figura 55).

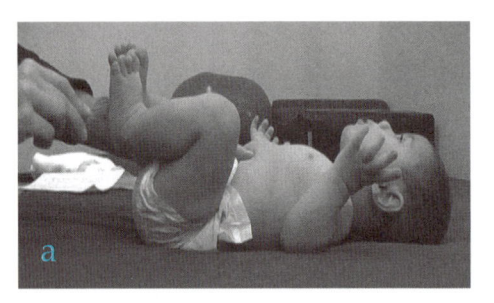

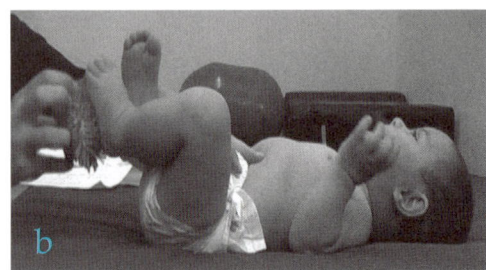

FIGURA 55 – Estimulação da coordenação de retirada dos membros inferiores.

Estimulação da coordenação de junção dos pés

Coordenação de junção dos pés é a capacidade de o bebê tocar os pés um no outro. A posição deitada de lado favorece esta coordenação. Para estimular essa coordenação, estando o bebê na postura supina, devem-se tocar os pés do bebê com objetos que não provoquem o movimento de retirada. Utilizar objetos macios e visualmente atrativos (Figura 56).

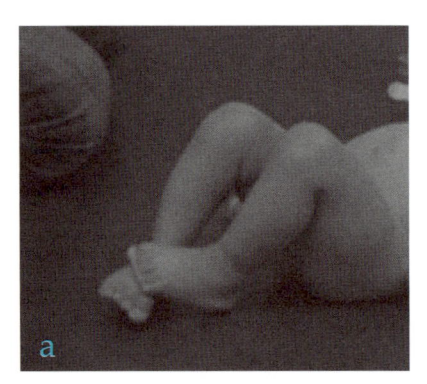

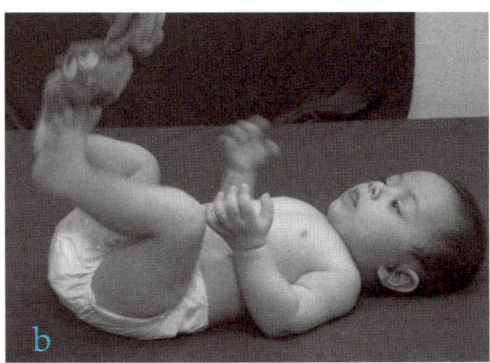

FIGURA 56 – Estimulação da coordenação de junção dos pés.

Estimulação dos movimentos de chutes

Os movimentos de chutes são caracterizados por flexão e extensão dos membros inferiores. É importante que os movimentos de chutes sejam realizados alternadamente (movimentos de pedalar). Esses movimentos são necessários para que o bebê engatinhe, escale e ande adequadamente.

Para estimular a coordenação dos chutes, deve-se pendurar um objeto próximo aos pés do bebê, de forma que seus pés toquem, mas não consigam segurar o objeto e, dessa forma, acabem por chutá-lo, balançando-o (Figura 57).

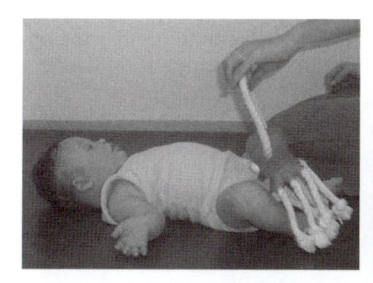

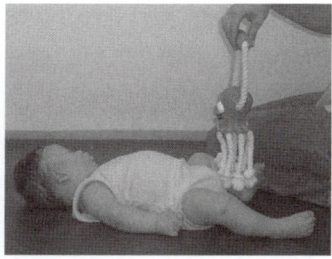

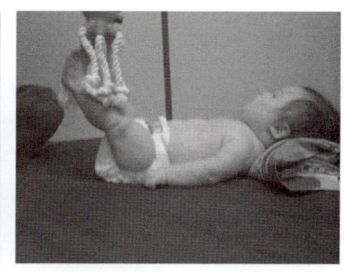

FIGURA 57 – Estimulação da coordenação de chutes.

Estimulação da coordenação de segurar os objetos com os pés

Coordenação de segurar os objetos com os pés é a capacidade de o bebê tocar um objeto e segurá-lo, podendo levá-lo ao campo visual ou até suas mãos para ser explorado manualmente. Para estimular essa coordenação, devem-se realizar as mesmas estimulações apresentadas na Figura 58.

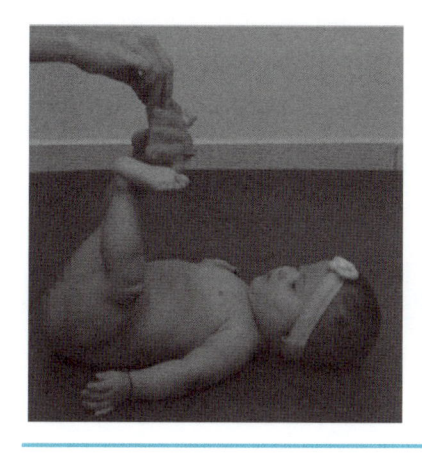

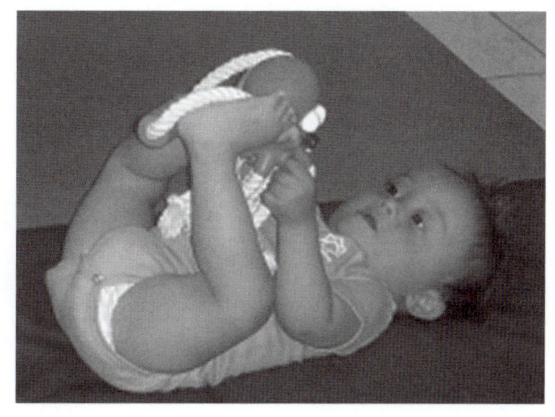

FIGURA 58 – Coordenação de segurar os objetos com os pés.

Estimulação da coordenação mão–pé e pé na boca

A coordenação mão–pé é a capacidade de o bebê segurar seus pés quando estão no campo visual. A coordenação pé na boca é a capacidade de o bebê levar seus pés à boca para serem sugados. Essas coordenações são importantes para desenvolver força nos músculos abdominais e nas pernas contra a ação da gravidade.

Para estimular a coordenação mão–pé, deve-se colocar o bebê deitado de lado (Figura 59). Estando o bebê na postura supina, o estimulador deverá flexionar os quadris do bebê até que as coxas fiquem sobre o abdômen, de forma que ele possa visualizar seus pés (Figura 60). Nesse momento, o bebê segurará seus pés e tentará levá-los à boca. Para que esse estímulo seja mais atrativo, podem-se colocar nos pés do bebê meias coloridas ou amarrar guizinhos em seus tornozelos.

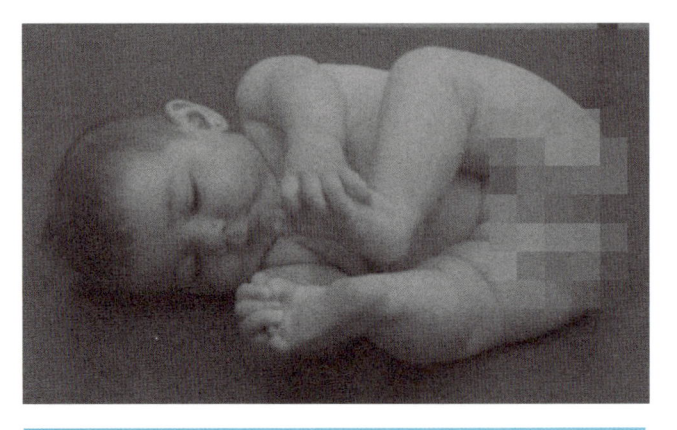

FIGURA 59 – Bebê deitado de lado: estimulação da coordenação mão–pé.

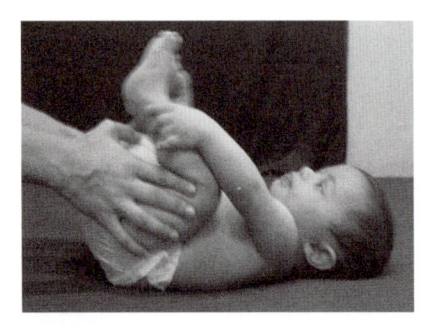

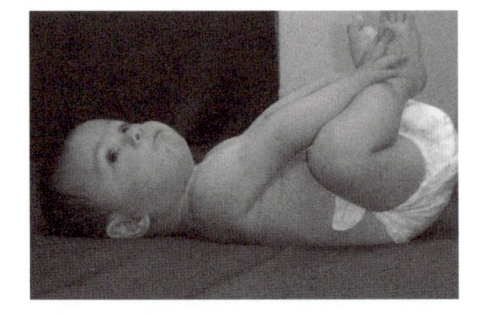

FIGURA 60 – Bebê em supino: estimulação da coordenação mão–pé.

Estimulação do tônus flexor e das coordenações de membros superiores e inferiores utilizando uma boia

Para estimular o tônus flexor e as coordenações de membros superiores e inferiores de forma simples e agradável, basta colocar o bebê dentro de uma boia redonda. Para o maior conforto do bebê, a boia deve ser forrada com um tecido macio, porém de forma que se possa retirá-lo para lavá-lo. Ao fundo da boia, deve-se colocar um edredom ou um travesseiro para que o bebê fique mais elevado da superfície (Figura 61).

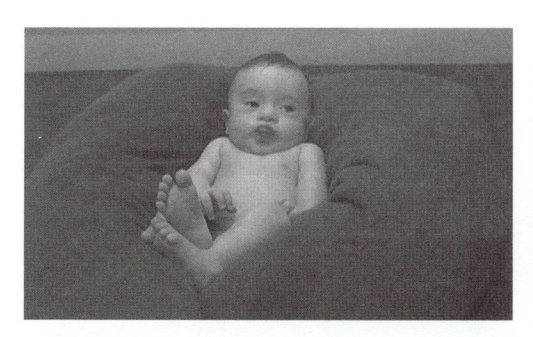

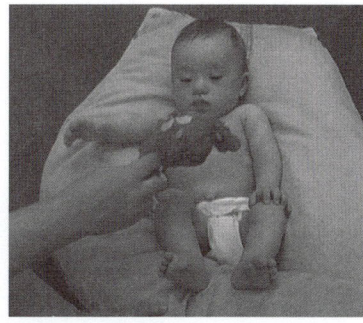

FIGURA 61 – Bebê deitado em supino em uma boia: estimulação do tônus flexor.

Posição prona (deitado de barriga para baixo)

A postura prona não é muito apreciada pelos bebês; entretanto, é muito importante e deve ser estimulada nos primeiros cinco meses de vida, para proporcionar a extensão da cabeça e do tronco do bebê. A estimulação dessa postura é necessária para a aquisição das posturas sentada e em pé. Os bebês começam a apreciar a postura prona quando são capazes de rolar de supino para prono e realizar o pivoteio.

Colocar o bebê para dormir em prono é uma forma simples de estimular a extensão de cabeça e tronco. Pesquisas demonstram que bebês que dormem em supino demoram mais para adquirir as habilidades motoras de rolar e sentar quando comparadas aos que dormem em prono.

Estimulação da postura prona

Estando o bebê na postura prona, devem-se estimular as coordenações já mencionadas (as referentes à cabeça e aos membros superiores e inferiores). Para facilitar a aceitação das coordenações nessa postura e, simultaneamente, facilitar a extensão de pescoço e tronco, deve-se colocar o bebê sobre o colo do estimulador (Figura 62), no rolinho (Figura 63) ou em uma cunha (Figura 64).

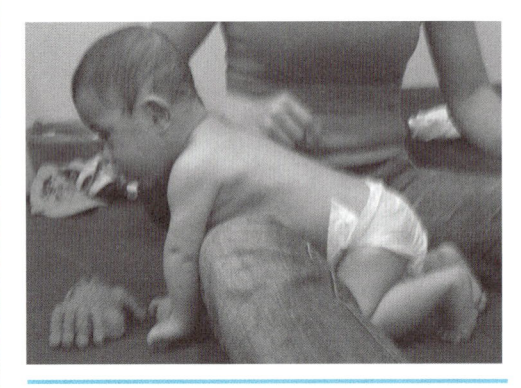

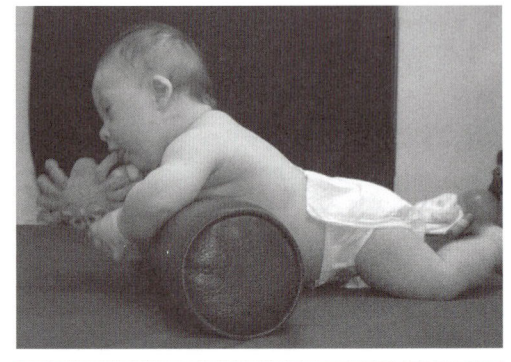

FIGURA 62 – Bebê em prono no colo do estimulador.

FIGURA 63 – Bebê em prono em um rolinho.

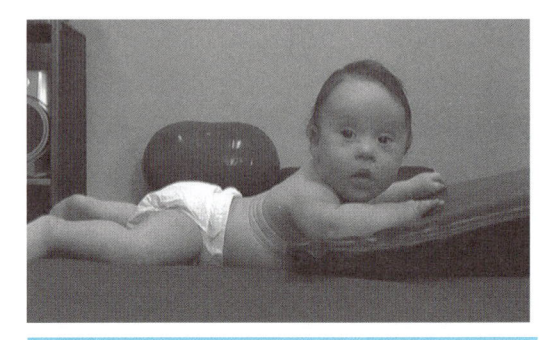

FIGURA 64 – Bebê em prono em uma cunha.

No decorrer dos meses, conforme o bebê adquire controle de cabeça e tronco, deve-se estimular o apoio no antebraço e nas mãos com extensão dos cotovelos (Figura 65).

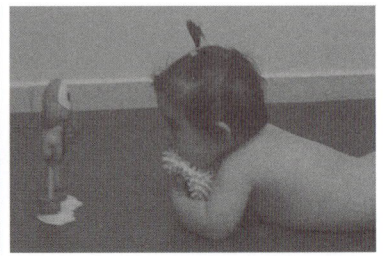

FIGURA 65 – Elevar a cabeça para visualizar o objeto, apoio de antebraço e descarga de peso na mão com extensão de cotovelo.

Estimulação da locomoção do bebê na postura prona

A principal forma de locomoção do bebê em prono é o pivoteio. Entende-se por pivoteio a capacidade de o bebê inclinar seu tronco à direita e à esquerda, fazendo descarga de peso sobre o abdômen (Figura 66). Na tentativa de alcançar um objeto, o bebê poderá fazer um giro de 360° sobre seu abdômen. Esse movimento é importante, pois favorece a inclinação e a rotação do tronco quando o bebê tenta alcançar um objeto acima de seus ombros. Além disso, ao executar o pivoteio, o bebê estará dissociando seus membros, o que favorecerá, posteriormente, a marcha adequada (Figura 67).

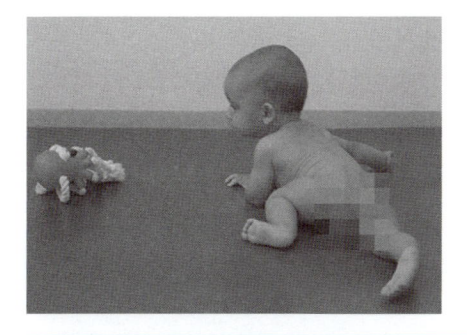

FIGURA 66 – Estimulação do pivoteio.

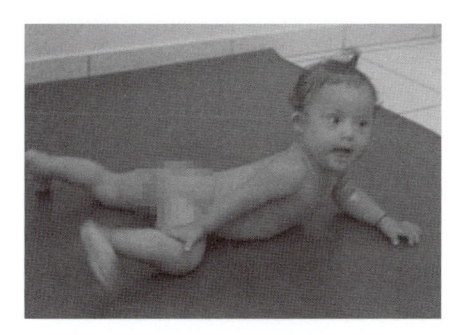

FIGURA 67 – Dissociação dos membros superiores e inferiores.

Após a aquisição do pivoteio, em uma idade mais avançada, o bebê iniciará o escalar. Entende-se por escalar a capacidade de o bebê passar da postura prona para em pé, podendo apoiar-se no corpo do estimulador (Figura 68) quando sentado ou em algum móvel (Figura 69). O escalar é uma importante atividade para que o bebê comece a realizar mudanças de posições para adotar a postura em pé sem o auxílio de um adulto. Essa atividade permitirá que o bebê adquira força nos membros inferiores e, ao mesmo tempo, confiança e independência.

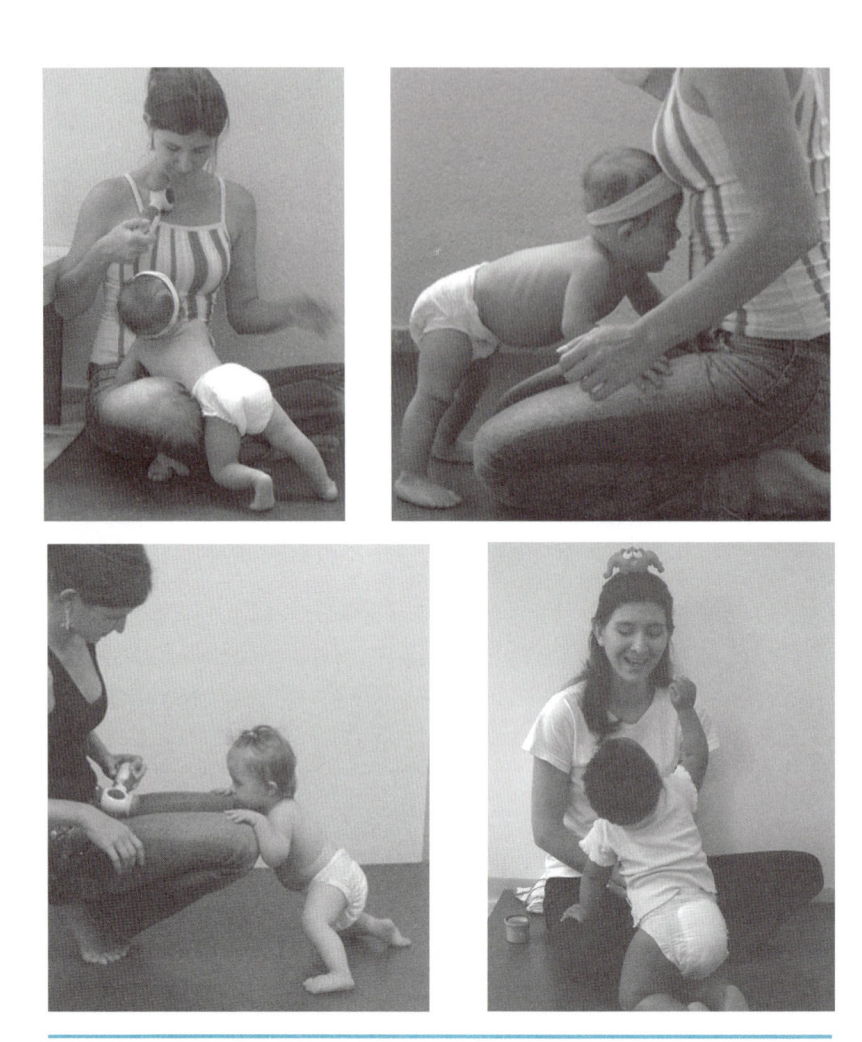

FIGURA 68 – Estimulação do escalar no corpo do estimulador.

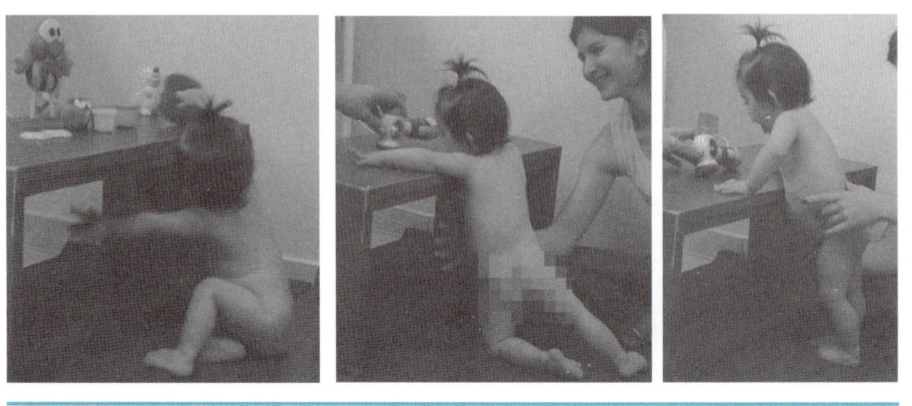

FIGURA 69 – Estimulação do escalar em um móvel.

Postura sentada

O bebê com síndrome de Down, nos primeiros quatro meses de vida, pode se sentir incomodado na postura sentada pela dificuldade respiratória, causada pelo baixo tônus dos músculos do tronco e do abdômen, exercendo uma compressão no diafragma, importante músculo respiratório (Figura 70).

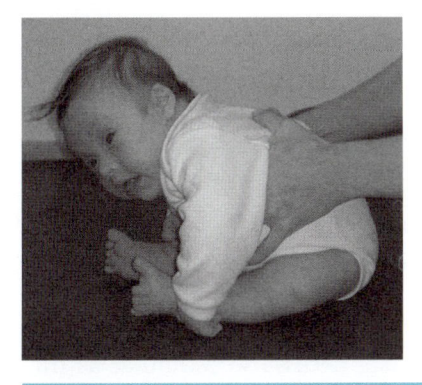

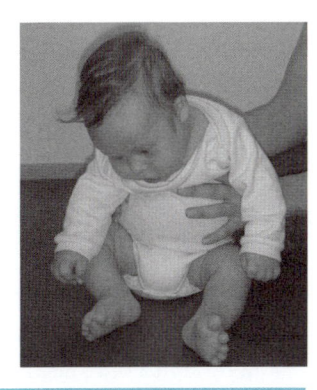

FIGURA 70 – Bebê na postura sentada: a flexão do tronco sobre o abdômen pressiona a caixa torácica.

Estimulação da postura sentada

Para que essa postura não seja tão desagradável, o estimulador deve amoldar suas mãos ao redor do tronco do bebê, buscando a extensão do tronco e da cabeça (Figura 71). Esse manuseio pode ser facilitado colocando o bebê sentado de cavalinho no colo do estimulador ou no rolinho (Figura 72). Nessa postura, o estimulador deve balançar seu corpo para os lados, para que o bebê faça a descarga de peso nos seus pés, dando estímulo tátil. Essa é uma brincadeira agradável e proporciona ao bebê reações de equilíbrio e maior percepção de seu corpo.

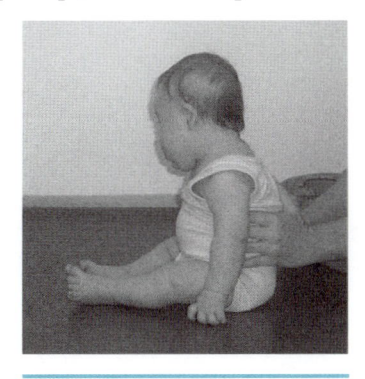

FIGURA 71 – Amoldar a mão no tronco do bebê auxiliando na extensão.

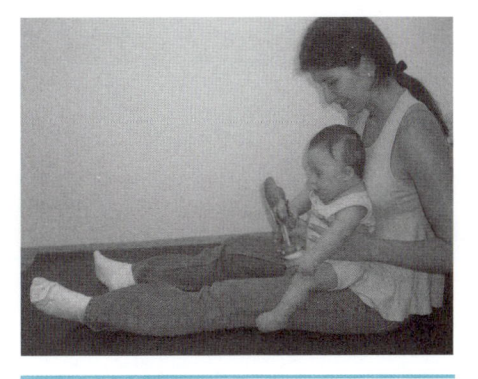

FIGURA 72 – Bebê sentado no colo do estimular com apoio de tronco.

É importante ressaltar que os pais devem proporcionar ao bebê um ambiente seguro para que ele possa sentar-se de formas variadas: em anel (Figura 73), de lado (Figura 74), em banquinhos e cadeiras de diferentes alturas.

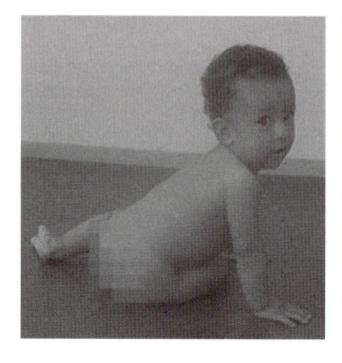

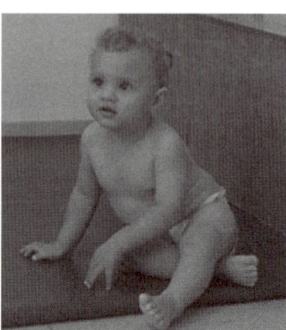

FIGURA 73 – Sentado em anel.   FIGURA 74 – Sentado de lado.

Quando o bebê tem controle de tronco, é necessário estimular as transferências e variações de posturas. Deixe a criança em um espaço amplo e objetos próximos para que ela tenha interesse em buscá-lo (Figura 75).

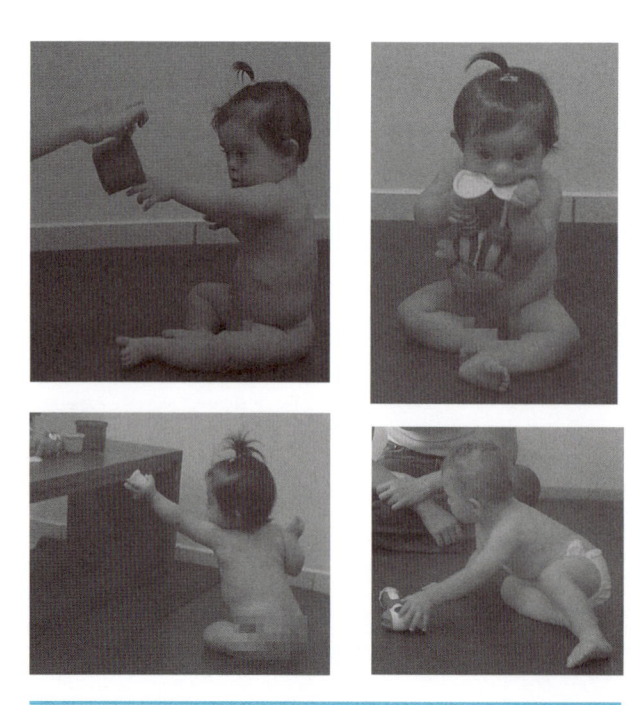

FIGURA 75 – Alcance e exploração de objetos na postura sentada.

Postura em pé

Estimulação da postura em pé

É importante que o estimulador coloque o bebê em pé com apoio para provocar o reflexo da marcha que está presente desde o nascimento até o segundo ou terceiro mês de vida. Para estimular esse reflexo, o estimulador deve colocar o bebê em pé com apoio, fazendo que a planta dos pés toque a superfície (para o bebê sentir o peso do corpo sobre as pernas) e inclinar o tronco dele para frente (Figura 76). Como resposta, o bebê poderá dar alguns passos. Mesmo que não sejam observados os passos, esse estímulo deve ser proporcionado para que o bebê tente elevar a cabeça e o tronco (Figura 77).

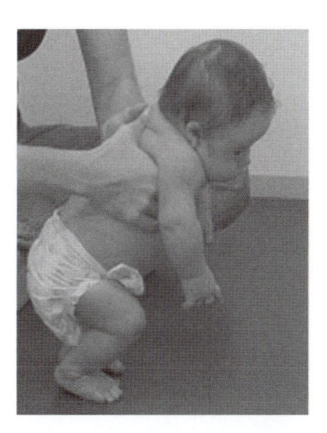

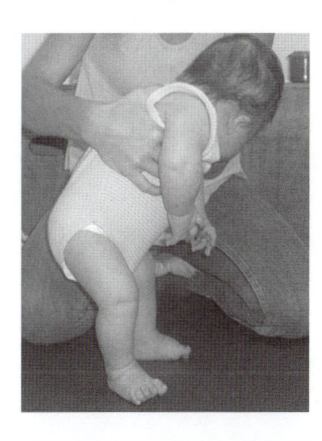

FIGURA 76 – Estimular o reflexo da marcha.

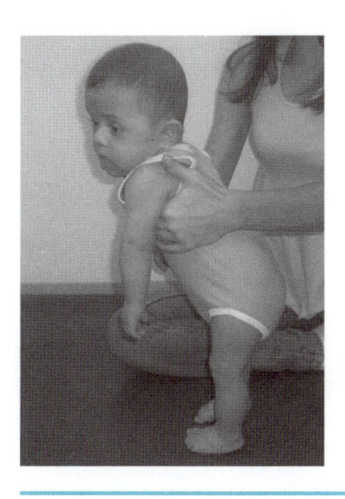

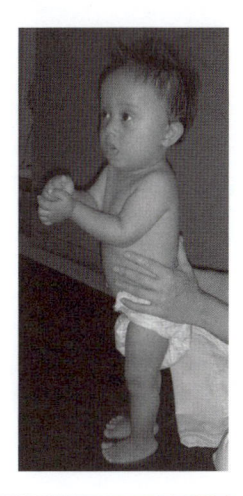

FIGURA 77 – Elevação da cabeça.

Transferências de posturas e variações na postura

Transferência de postura é a capacidade de a criança rolar, passar de supino ou prono para sentado e dessa postura para gatas (vice-versa), passar para a postura em pé, agachar e levantar. Todas essas transferências de posturas são importantes para a independência da criança, ou seja, para que ela se locomova, seja engatinhando ou andando com apoio (nos móveis ou de um adulto), até adquirir o andar sem auxílio.

Estimulação do rolar

Estando o bebê deitado na postura supina, o estimulador deverá colocar uma de suas mãos embaixo do joelho e da perna do bebê, fazendo que o joelho e o quadril se dobrem, e, ao mesmo tempo, cruzar essa perna sobre a outra. Esse cruzamento da perna deverá ser vigoroso, porém deve-se tomar cuidado para não machucar o bebê (Figura 78). Caso o bebê não consiga rolar, o estimulador poderá ajudar empurrando o quadril do bebê com a sua outra mão (Figura 79). Enquanto o estimulador realiza esse movimento, é importante que estimule simultaneamente a coordenação áudio ou visocefálica para que o bebê associe o rolar para conseguir pegar um brinquedo. Ao final do movimento, é importante que o bebê possa segurar o objeto que foi apresentado (Figura 80).

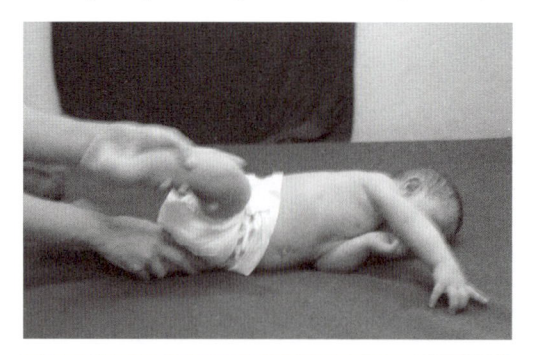

FIGURA 78 – Estimular o rolar: supino para prono.

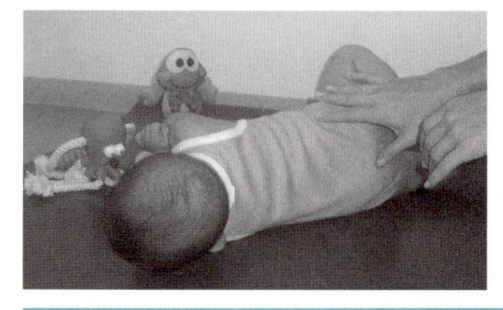

FIGURA 79 – Apoio no quadril para auxiliar no rolar.

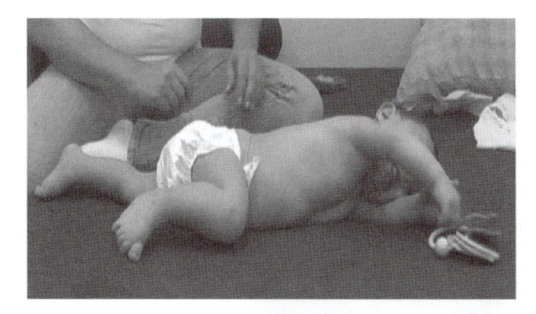

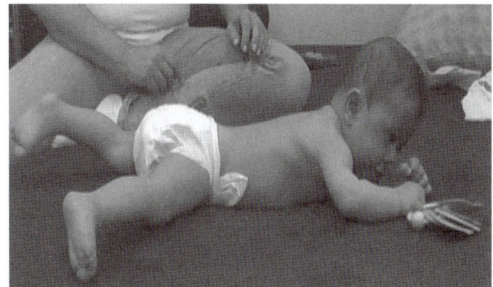

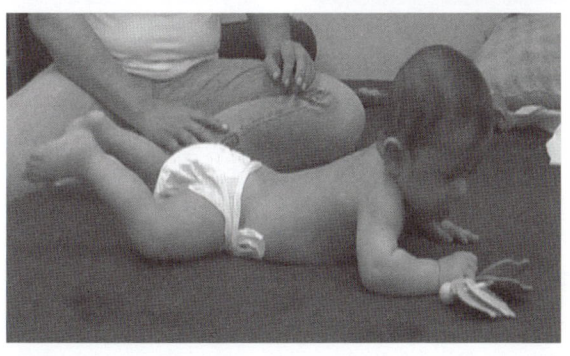

FIGURA 80 – Rolar para alcançar o objeto.

Estimulação de supino para sentado

Uma das primeiras formas de estimular o bebê para passar de supino a sentado é tracioná-lo segurando-o pelos braços (Figura 81). Outra forma é tracioná-lo segurando-o apenas por um dos braços (Figura 82).

FIGURA 81 – Tracionado para sentar.

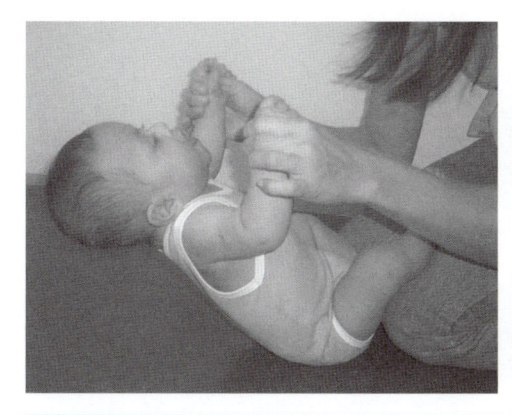

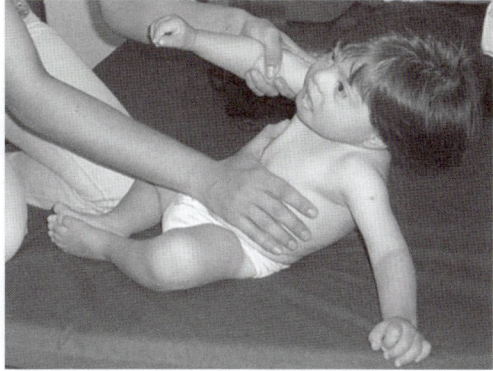

FIGURA 82 – Tracionado para sentar: apoio em uma mão.

Estimulação da postura prona para sentada e de sentada para prona

Para estimular a transferência da postura prona para sentada, devem-se colocar as mãos sob as axilas, de forma que o polegar fique voltado para as costas e os outros dedos, no peito do bebê. O estimulador deverá chamar a atenção do bebê para que ele rode sua cabeça buscando a face do estimulador, que, nesse momento, deverá rodar o tronco do bebê até que ele deite de lado e de lado para sentado. Durante todo esse procedimento, o estimulador deverá permitir que o bebê ajude, apoiando suas mãos no chão (Figura 83).

Para que o bebê passe de sentado para prono, deve-se fazer o procedimento inverso. Durante esse procedimento, o bebê deverá ajudar apoiando suas mãos no chão.

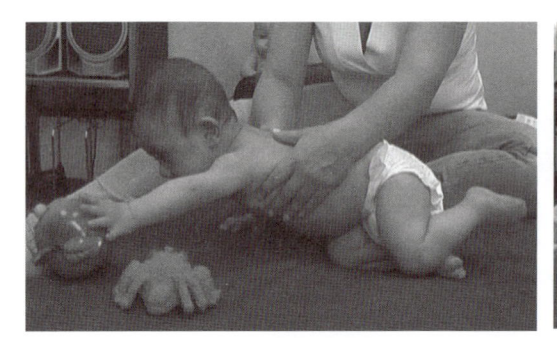

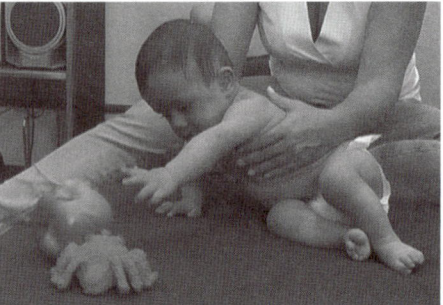

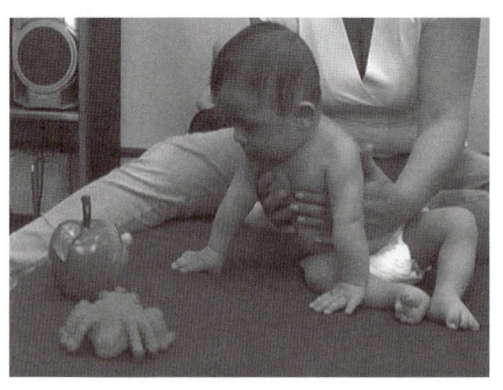

FIGURA 83 – Estimulação da postura prona para sentada.

Estimulação da postura sentada para gatas

Para estimular essa transferência, o estimulador deverá manter suas mãos ao redor do tronco do bebê, da mesma forma que no procedimento de prono para sentado. Estando o bebê sentado, o estimulador deverá desequilibrar o bebê para um dos lados, de forma que este apoie sua mão no chão para se proteger da queda. Nesse momento, o estimulador deverá rodar o tronco do bebê de forma que os quadris fiquem fletidos, e o bebê apoia a outra mão no chão, buscando a postura de gatas (Figura 84).

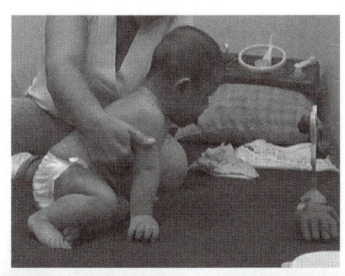

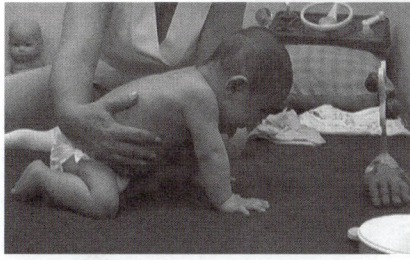

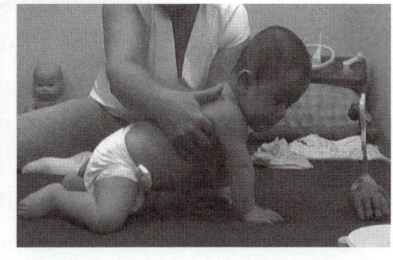

FIGURA 84 – Transferência de sentada para quatro apoios.

Estimulação da postura sentada para em pé

Para estimular a passagem da postura sentada para em pé, é importante que a criança esteja sentada em um banco, em uma altura que permita que seus joelhos e quadris fiquem dobrados a 90° e os pés, apoiados no chão (Figura 85). À sua frente, deve ser colocada uma mesa com brinquedos para que apoie suas mãos para passar de sentado para em pé. O estimulador deverá estar atrás da criança, com suas mãos ao redor do tronco dela, auxiliando-a a se levantar (Figura 86).

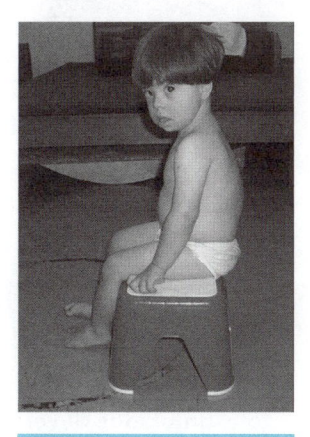

FIGURA 85 – Criança sentada em um banco.

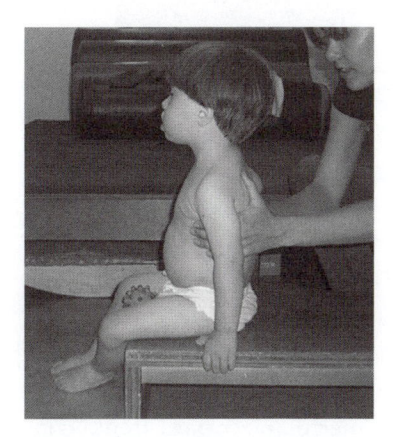

FIGURA 86 – Criança sentada com apoio do estimulador.

Andar

Estimulação do andar de lado

No desenvolvimento, primeiramente, observa-se a criança andar de lado apoiando nos móveis e, posteriormente, andar para frente com apoio do estimulador, até que ela consiga andar sem ajuda.

Para estimular o andar de lado, é importante que o estimulador coloque a criança em pé apoiando as mãos dela no sofá ou na cama, cuidando para que ela não caia. Estando a criança apoiada no móvel, o estimulador, primeiramente, deverá ensiná-la a retirar e colocar os pés do chão alternadamente, ora um, ora outro pé. Para isso, o estimulador deverá fazer estímulos suaves, porém irritantes, como fazer cócegas no calcanhar e na planta do pé da criança. Repetidos esses estímulos, deverá estimular apenas um pé e, assim que a criança retirá-lo do chão, afastá-lo alguns centímetros do outro pé (Figura 87). Estando a criança com os pés afastados, o estimulador deverá estimular o outro pé, fazendo que ele se aproxime do pé que foi primeiramente estimulado (Figura 88). Esses estímulos deverão ser repetidos até o estimulador observar que a criança está andando de lado. Durante todos esses procedimentos, deverão ser colocados brinquedos sobre o móvel para que a criança tente pegá-los.

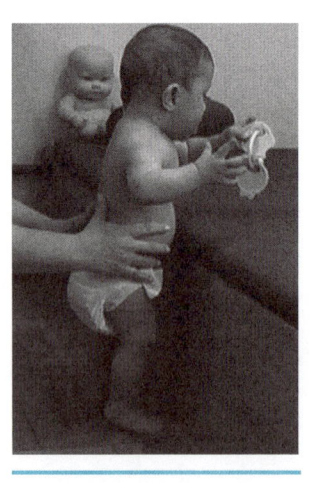

FIGURA 87 – Bebê em pé com os pés afastados.

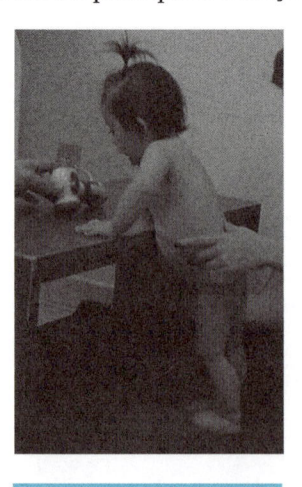

FIGURA 88 – Estimulação dos pés para alternância dos passos.

Estimulação do andar para frente com apoio

Para estimular o andar para frente com apoio, o estimulador deverá posicionar o bebê em pé apoiado em suas mãos (Figura 89), em uma cadeirinha (Figura 90) ou usar uma toalha de banho em torno do tronco do bebê passando por baixo de suas axilas (Figura 91). Outra forma é colocar o bebê com as costas apoiadas na parede, estando o estimulador sentado no chão a sua frente. Nesse momento, o estimulador deverá incentivar o bebê a dar passos para a sua direção (Figura 92). É importante que o bebê sinta-se seguro e motivado a andar para alcançar um brinquedo ou ir ao encontro de alguém querido.

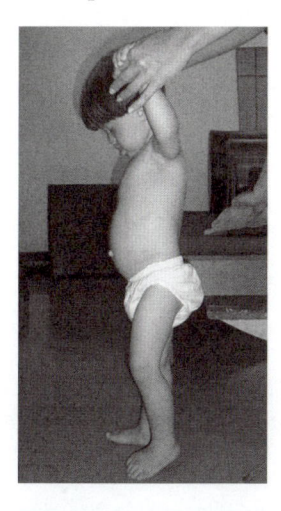

FIGURA 89 – Criança andando com apoio das mãos do estimulador.

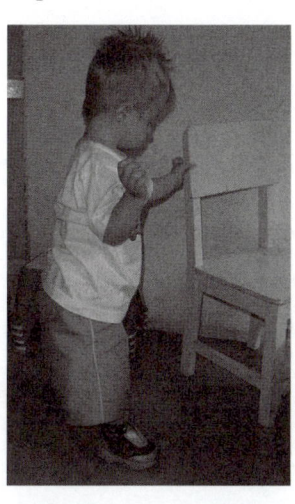

FIGURA 90 – Criança andando empurrando uma cadeirinha.

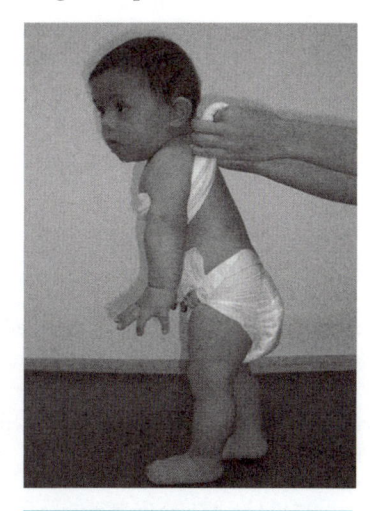

FIGURA 91 – Uso da toalha no tronco da criança para auxiliar na marcha.

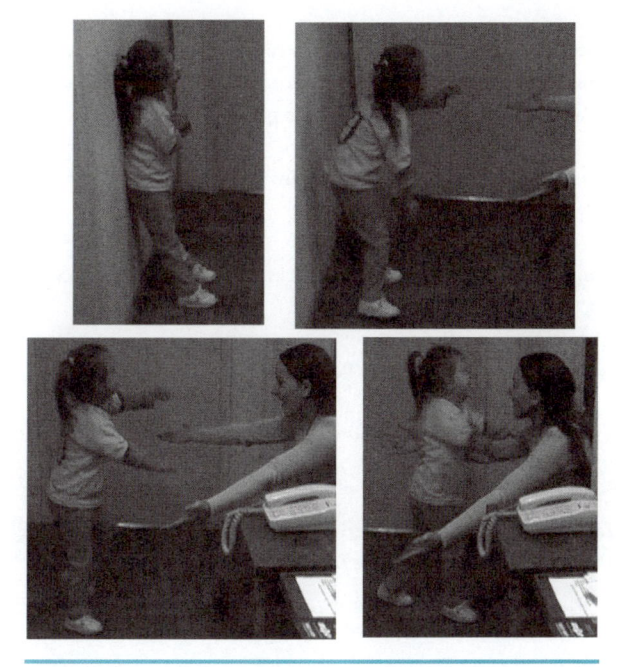

FIGURA 92 – Criança apoiada na parede é estimulada a andar em direção ao estimulador.

Referências

Bergeron, K.; Dichter, C. G. Estudo de Caso: Síndrome de Down. In: Effgen, S. K. **Fisioterapia Pediátrica**: atendendo às necessidades das crianças. Tradução de Eliane Ferreira. Rio de Janeiro: Guanabara Koogan, 2007.

Brandão, J. S. **Bases de tratamento por estimulação precoce da paralisia cerebral ou distrofia cerebral ontogênica**. São Paulo: Memnon, 1992.

Dudek-Shriker, L; Zelazny, S. The Effects of Prone Positioning on the Quality and Acquisition of Developmental Milestones in Four-Month-Old Infants. **Pediatric Physical Therapy**, v. 19, p. 48-55, 2007.

Gusman, S; Torre, C. A. Fisioterapia na Síndrome de Down. In: Schwartzman, J. S. et al. **Síndrome de Down**. 2. ed. São Paulo: Memnon, 2003.

Kleinert, J.; Effgen, S. K. **Fisioterapia Pediátrica**: atendendo às necessidades das crianças. Tradução de Eliane Ferreira. Rio de Janeiro: Guanabara Koogan, 2007.

Lévy, J. **O despertar do bebê**: práticas de educação psicomotora. 8. ed. Tradução de Estela dos Santos Abreu. São Paulo: Martins Fontes, 1996.

Magill, R. A. **Aprendizagem motora**: conceitos e aplicações. 5. ed. São Paulo: Edgard Blucher Ltda, 2000. 353 p.

Matos, M. A. Instabilidade atlantoaxial e hiperfrouxidão ligamentar na Síndrome de Down. **Acta Ortopedia Brasileira**, v. 13, n. 4, p. 165-7, 2005.

Pereira, K.; Tudella, E. **Desenvolvimento motor de lactentes com Síndrome de Down dos 3 aos 12 meses de vida: segundo a Alberta Infant Motor Scale**. Tese (Doutorado). Programa de Pós-graduação em Fisioterapia, Universidade Federal de São Carlos, São Carlos. Manuscrito em preparação.

Pueschel, S. **Síndrome de Down**: guia para pais e educadores. In: Siegfried, M.; Pueschel, S. (Org.). _____. 8. ed. Tradução de Lúcia Helena Relly. Campinas: Papirus, 1993.

Selby, K. A. et al. Clinical predictors and radiological reliability in atlantoaxial in Down's syndrome. **Archives of Diasease in Chilhood**, v. 66, p. 876-8, 1991.

Schwartzman, J. S. et al. **Síndrome de Down**. 2. ed. São Paulo: Memnon, 2003.

Shumway-Cook, A.; Woollacott, M. H. Dynamic of postural control in the child with Down Syndrome. **Physical Therapy**, v. 65, p. 1.315-22, 1985.

Tudella, E. **Contato das mãos com as regiões oral e perioral em recém-nascidos: o papel da estimulação tato-bucal**. Tese (Doutorado em Psicologia), Universidade de São Paulo, São Paulo, 2006.

Tudella, E.; Alves, C. R. J. Intervenção Oro-Motora em Bebês Prematuros. **Arquivos de Neuro Psiquiatria**, Campinas, v. 59, n. 1, p. 22-3, 2001.

Tudella, E.; Bergamasco, N. H. P. Coordenação mão-boca. **Arquivos de Neuropsiquiatria**, Campinas, v. 59, n. 1, p. 27-8, 2001.

Tudella, E.; Oishi, J.; Bergamasco, N. H. P. The effect of oral-gustatory, tactile-bucal and tactile-manual stimulation on the behavior of the hands in newborns. **Developmental Psychobiology**, Binghhhamton, v. 37, n. 2, p. 82-9, 2000.

Uyanik, M.; Gonca, B.; Kayihan, H. Comparison of different therapy approaches in children with Down syndrome. **Pediatrics International**, v. 45, p. 68-73, 2003.

Terapia ocupacional: contribuições para a aquisição de habilidades

Rosana Ap. Salvador Rossit

Este capítulo tem por objetivos mostrar a importância da terapia ocupacional como uma das profissões essenciais na trajetória das famílias que recebem uma criança com necessidades especiais e sinalizar para a relevância do envolvimento dos cuidadores no processo de estimulação e desenvolvimento infantil.

A terapia ocupacional é:

> um campo de conhecimento e de intervenção em saúde, educação e na esfera social, que reune tecnologias orientadas para a emancipação e autonomia de pessoas que por razões ligadas a problemáticas específicas (físicas, sensoriais, psicológicas, mentais e/ou sociais) apresentem, temporária ou definitivamente, dificuldades na inserção e participação na vida social. As intervenções em Terapia Ocupacional dimensionam-se pelo uso de atividades, elemento centralizador e orientador na construção complexa e contextualizada do processo terapêutico. (Terapia Ocupacional, 2007)

Estimulação

Há duas expressões que se referem à estimulação: precoce ou essencial. Ambas são empregadas no sentido da intervenção especializada iniciada o mais cedo possível na vida da criança com necessidades especiais, com o objetivo de prevenir e/ou minimizar as consequências de uma deficiência.

A *estimulação precoce* é definida como um conjunto dinâmico de atividades e recursos humanos e ambientais incentivadores destinados a proporcionar à criança, nos seus primeiros anos de vida, experiências significativas para alcançar pleno desenvolvimento no seu processo evolutivo (Brasil, 1994a-b).

O termo *estimulação essencial* refere-se ao conjunto de estímulos e treinamentos adequados oferecidos nos primeiros anos de vida às crianças já identificadas como deficientes e àquelas de alto risco, de modo a lhes garantir uma evolução tão normal quanto possível (Brasil, 1994a).

Como o termo *precoce* provoca ambiguidade de interpretação, podendo ser entendido como uma antecipação de etapas do desenvolvimento, sugere-se o uso do termo *essencial*.

O principal objetivo da estimulação ou intervenção essencial é impulsionar a aquisição e o desenvolvimento de habilidades básicas das crianças normais, de alto risco ou com atrasos no desenvolvimento em seus primeiros anos de vida, a fim de prevenir ou minorar os *deficits* que apresentam ou poderão apresentar, possibilitando-lhes um processo evolutivo tão equilibrado quanto possível.

As experiências vividas durante os primeiros anos de vida da criança determinam o vir a ser do indivíduo, tendo o cuidador um papel de extrema importância. Sabe-se que, desde muito cedo, um sistema de comunicação se estabelece entre o cuidador e o bebê, o qual abre possibilidades para o desenvolvimento nessa fase inicial da vida. A interação cuidador–bebê nesse período tem sido considerada particularmente importante para o desenvolvimento do repertório da criança, uma vez que, em geral, é o cuidador quem proporciona muitos dos estímulos relevantes para a organização inicial do seu mundo.

De acordo com Fonseca (1991), a estimulação nessa primeira fase de vida representa o "alimento" do organismo, seja no aspecto afetivo, cognitivo ou aspecto motor. O ser humano é extremamente sensível aos efeitos do meio ambiente durante o período da primeira infância, em que ocorrem as mudanças de crescimento (aspecto quantitativo) e desenvolvimento (aspecto qualitativo) em ritmo acelerado. As privações no período do nascimento até os 5 anos de idade podem ser responsáveis por atrasos no desenvolvimento e no crescimento.

Alguns autores que estudaram a questão da estimulação que o ambiente fornece à criança (Spitz, 1979; Colnago, 1991; Rossit, 1997) argumentam que, nos primeiros meses de vida do bebê, quando ele depende intensivamente do ambiente para sua locomoção e proximidade dos objetos, a estimulação vem primordialmente por meio de seu cuidador, pois não apenas ele é o objeto social mais provável de captar sua atenção, mas também é o selecionador da gama de outros estímulos a que o bebê deverá ser exposto. Assim, é o cuidador quem traz brinquedos e objetos, pega no colo, alimenta e anda com o bebê, decide se outras pessoas devem ou não interagir com ele e para quais ambientes fora de casa ele pode ser levado.

De fato, é, em geral, com os cuidadores que o bebê tem contato mais frequente durante seus primeiros anos de vida, permanecendo na companhia desse adulto a maior parte do tempo e sendo atendido nas suas necessidades fisiológicas e afetivas. O cuidador pode ser qualquer pessoa que permaneça com a criança (mãe, pai, parente, educador de creche ou pré-escola). Sendo assim, os cuidadores constituem grande parte do "ambiente" da criança, e treiná-los passa a ser imprescindível em determinadas circunstâncias.

Nas primeiras semanas de vida, o bebê apresenta vários comportamentos que parecem agir como sinalizadores do estado em que ele está naquele momento. Os comportamentos ora têm a função de trazer o adulto para perto (como o choro), para verificar o que há de errado com o bebê e confortá-lo, ora têm a função de manter o adulto em contato com a criança (como o olhar, o sorriso e a vocalização), estabelecendo longas cadeias de interação entre o cuidador e o bebê (Colnago, 1991).

Esses comportamentos parecem predeterminar uma resposta de atenção às necessidades, fazendo que ocorram alterações no ambiente para atendê-lo. O bebê é atraído pelo movimento das pessoas e pela mudança da posição de objetos, que podem cair ou ser balançados ao seu redor; a alteração na entonação da voz quando se dirigir ao bebê é extremamente interessante e detém sua atenção (Rossit, 1997).

O rosto humano é um objeto fundamentalmente atraente e capaz de desencadear sorriso, vocalização e agitação no bebê. Nos primeiros meses de vida, torna-se necessário facilitar a ligação da criança com o adulto e incentivá-la a prestar atenção, assimilar surpresas interessantes e se desenvolver dentro de um ambiente estimulador que favoreça a aquisição de habilidades nas diferentes áreas do desenvolvimento humano: socialização, cognição, percepção, linguagem, autocuidados e motor.

Dessa forma, é imprescindível que a interação adulto–criança seja orientada de modo a contribuir para uma relação interpessoal satisfatória, que beneficie, por um lado, a criança, ajudando-a na aquisição ou no desenvolvimento de habilidades, que, *a posteriori*, permitirão maior independência, e, por outro, o próprio adulto, que, por perceber que a criança aprende e se desenvolve, deixa-a mais livre para explorar o ambiente e realizar suas atividades em seu próprio ritmo, não precisando dedicar excesso de atenção para atender às necessidades da criança.

Quando se procura focar o ambiente como um dos responsáveis pelo desenvolvimento infantil, pode-se dizer que o papel que cabe aos cuidadores frente ao bebê é o de organizador, primeiramente de sua rotina diária e, concomitantemente, do processo de estimulação e estabelecimento de contingências a que ele estará submetido.

O ser humano é, antes de tudo, um ser ocupacional, que desenvolve suas potencialidades e sua identidade na relação e na interação com o ambiente, por meio das diversas atividades que realiza ao longo de seu ciclo de vida. O envolvimento do ser humano, de forma equilibrada, com as atividades de vida diária (tanto básicas do cotidiano quanto as instrumentais de vida prática), lazer e trabalho, contribui para o desenvolvimento e a manutenção de seu bem-estar físico, mental e social. Portanto, é importante que o cuidador possa organizar a rotina diária, evitando a sobrecarga de tarefas e compromissos e, também, tanto o seu desgaste quanto o da criança.

A soma de todas as experiências diretas e indiretas de uma criança em um contexto ambiental pode ser entendida como uma programação de ensino. A intervenção com a criança pequena, seja no ambiente familiar, assistencial ou escolar, deve ser devidamente planejada, porque tudo o que for oferecido à criança será uma experiência de aprendizado. Assim, é importante que o ensino dos diferentes comportamentos seja desenvolvido dentro de uma estrutura de valores, crenças e princípios básicos, para possibilitar que as experiências de aprendizagem sejam positivas às crianças com idades muito precoces.

A oportunidade de a criança vivenciar diferentes experiências desde os primeiros momentos de sua vida proporciona um alicerce de conhecimentos que será de extrema importância para aprendizagens futuras e a consequente independência nas atividades de vida diária, instrumentais de vida prática, lazer e trabalho. Essas áreas de desempenho são de competência e domínio do terapeuta ocupacional, sendo um dos profissional recomendados para intervir o mais cedo possível com a tríade criança–família–escola.

As atividades da vida diária envolvem a habilidade para se autocuidar, isto é, desempenhar atividades de higiene, vestuário, alimentação, locomoção e comunicação. As atividades instrumentais de vida prática incluem as habilidades pessoais para lidar com o ambiente, como habilidades acadêmicas, fazer compras, gerenciar finanças, manejar o próprio dinheiro, andar ao redor de casa, fazer serviços da casa (lavar e passar roupa, preparar a comida, limpar a casa), tomar remédio, usar o telefone etc. O lazer compreende as habilidades para executar atividades lúdicas por prazer, como jogos, brincadeiras, exploração de objetos diversos, interagir com seus pares com idade cronológica equivalente etc. Com relação ao trabalho, as habilidades envolvidas referem-se a lidar com uma situação de empregabilidade: regras de cortesia, respeito aos superiores, fornecer seus dados pessoas, interagir com colegas, acatar ordens, manter-se na atividade, conhecer horas e dinheiro etc.

A educação de crianças se baseia no princípio teórico de que a aprendizagem ativa é fundamental para o desenvolvimento pleno do potencial humano e que ocorre mais efetivamente em ambientes que proveem oportunidades apropriadas ao desenvolvimento. Entende-se por aprendizagem ativa o processo dinâmico e interativo da criança com o mundo que a cerca, garantindo-lhe a apropriação de conhecimentos e estratégias adaptativas a partir dos estímulos que recebe do seu meio social e de suas iniciativas e interesses (Brasil, 2006).

Assim, ao se referir à estimulação que será oferecida à criança, alguns parâmetros deverão ser considerados e analisados, como quantidade, variedade e contingência.

Conforme descrito por Colnago (1991), a *quantidade de estimulação* diz respeito à frequência com que esta é apresentada. Segundo a autora, há grandes evidências de que as condições ambientais, principalmente as oferecidas pelo cuidador, podem influenciar no ritmo de desenvolvimento da criança. A *variedade de estimulação* refere-se à alteração (ou alternância) nos estímulos que são apresentados ao bebê. Sabe-se que, já nos primeiros meses de vida, o bebê é responsivo a mudanças na estimulação, tendo sua atenção presa por objetos que se movem ou são substituídos, cores que se modificam etc. O aspecto da *novidade* no ambiente desperta o interesse da criança. A estimulação provida pelo cuidador deve encontrar um meio-termo ideal, e a criança deve ser exposta a quantidades graduais de estimulação relativamente nova contra um fundo de familiaridade. O outro parâmetro a ser considerado é a *contingência de estimulação*, que se refere à apresentação de estímulos relacionados ao comportamento do bebê. A dimensão com que o cuidador age como fonte de estimulação depende de sua habilidade em responder contingentemente ao bebê, isto é, conferir a estimulação apropriada em relação à atividade que a criança executa naquele momento.

O primeiro ano de vida apresenta uma riqueza de eventos, uma sucessão de progressos acelerados em um tempo relativamente curto, se comparado aos progressos adquiridos em períodos posteriores do seu desenvolvimento. Os primeiros anos de vida são marcados pela mielinização, as redes neuronais crescem e se estruturam, daí a premência de se intervir precocemente, sem perda de tempo nem demoras, sendo indiscutível o papel da estimulação (Rossit, 1991).

O desenvolvimento infantil segue uma sequência relativamente típica (porém não necessariamente em um mesmo ritmo), e essas habilidades permitem à criança explorar seu ambiente de forma elaborada e detalhada. Entretanto, alguns pressupostos devem ser considerados (Brasil, 2006):

- O ser humano desenvolve habilidades e capacidades em uma sequência previsível no decorrer de sua vida. À medida que a pessoa amadurece, novas habilidades surgem;
- Apesar do desenvolvimento geral ser previsível, cada pessoa desenvolve características únicas desde o nascimento, as quais, através das interações do dia-a-dia, irão progressivamente se diferenciar em uma personalidade única. A aprendizagem sempre ocorrerá considerando as características únicas de cada pessoa, suas habilidades e oportunidades;
- Existem períodos críticos durante a vida, em que certos tipos de conteúdos são melhor ou mais eficientemente aprendidos, e existem métodos que são mais apropriados em certos momentos da sequência do desenvolvimento que outros. Portanto, o acesso à educação é um facilitador do processo de promoção das habilidades e capacidades da criança. (p. 14)

O papel do terapeuta ocupacional é avaliar o desenvolvimento infantil em todas as áreas (motora, cognitiva, perceptiva, social, linguagem, autocuidados, lazer), elaborar e aplicar um plano de intervenção que abarque essas áreas com intensidades similares e avaliar continuamente a evolução da criança. A avaliação continuada fornece subsídios para a tomada de decisões quanto ao direcionamento do tratamento.

Quando o foco é a criança com deficiência mental, frequentemente é permeado por mitos, crenças e baixa expectativa com relação às capacidades para diferentes aprendizagens. Em geral, quando essas crianças apresentam alguma dificuldade na aquisição de uma nova habilidade, é atribuída a ela e às suas características individuais a responsabilidade e a culpa pela não-aprendizagem. Vê-se que há uma descrença quanto à capacidade de aprendizagem das pessoas com deficiência mental para executar tarefas complexas. É preciso mudar as concepções a esse respeito.

Sidman (1985, p. 4) faz um discurso que provoca uma reflexão mais aprofundada sobre as prováveis causas das falhas na aquisição de conhecimento: "quando o aluno erra, o educador deve reformular o procedimento de ensino e considerar que o ensino oferecido é que é deficiente, não a pessoa". Com essa concepção, a aprendizagem pode tornar-se fácil para o aluno, que, com certeza, exigirá maior empenho na programação do ensino por parte do educador, que poderá ser o professor, os pais, o cuidador ou os demais profissionais que atuam com a criança.

É preciso ter clareza sobre *o que ensinar*, *como ensinar*, *quando ensinar* e *onde ensinar*. É importante, também, sistematizar os procedimentos de ensino e registrar os desempenhos, para que se possa analisar onde está localizada a dificuldade e quais os motivos que levaram a criança a não aprender.

Essas reflexões são pertinentes, no sentido de que as tendências contemporâneas educacionais defendem a proposta da educação inclusiva.

A inclusão escolar prevê a convivência, em um espaço comum e convencional, de crianças e jovens com algum tipo de deficiência – física, mental, sensorial, comportamental – e as outras, consideradas normais, além de mudanças e transformação não somente na estrutura da escola, mas, também e principalmente, na formação e na capacitação dos profissionais que atuarão nesse processo. A modernização da escola requer o aprimoramento dos conhecimentos e das práticas pedagógicas para que o atendimento educacional possa ser oferecido *a todos*.

Pensar uma sociedade inclusiva é pensar uma sociedade justa e democrática, que inclua a todos, sem discriminação, e a cada um com suas diferenças (Stainback e Stainback, 2000; Sassaki, 1999); uma sociedade para todos, independentemente de sexo, idade, religião, origem étnica, raça, deficiência; não apenas aberta e acessível a todos os grupos, mas que estimula a participação, que acolhe e aprecia a diversidade da experiência humana; e que tenha como meta principal oferecer oportunidades iguais para que todos desenvolvam seu potencial.

Sabe-se que a situação atual de atendimento às necessidades escolares da criança brasileira é responsável pelos índices assustadores de dificuldades de aprendizagem e evasão no Ensino Fundamental. É natural que as pessoas sejam diferentes entre si e apresentem *deficits* em seu comportamento e/ou áreas de sua atuação, assim como em um ou outro aspecto do desenvolvimento físico, social e cultural, pois como seres humanos constroem, pouco a pouco e na medida do possível, suas condições de adaptação ao meio, a diversidade no meio social e, especialmente, no ambiente escolar, é fator determinante do enriquecimento por meio das trocas e dos intercâmbios intelectuais, sociais e culturais.

Acredita-se que a formação dos educadores, o aprimoramento da qualidade do ensino regular e o acréscimo de princípios educacionais válidos para todos os alunos resultarão naturalmente na inclusão escolar das pessoas com necessidades especiais. Em consequência dessa inclusão, torna-se necessária uma modalidade de ensino especializada no aluno e comprometida com a pesquisa e o desenvolvimento de novas maneiras de ensinar, adequadas à heterogeneidade dos aprendizes e compatíveis com a proposta da educação para todos.

A educação inclusiva tem como pressuposto que é possível, por meio de procedimentos especializados, superar determinados *deficits* de desenvolvimento e aumentar as oportunidades educacionais e sociais, assim, justificando-se programas de atendimento destinados às pessoas com necessidades educacionais especiais, que vão desde a estimulação essencial, passando pela escolarização, até a preparação para o trabalho.

Não é possível pensar no desenvolvimento adequado de criança com necessidades especiais sem a intervenção precoce, que focaliza a melhora do desenvolvimento sensóriomotor e social e que também influencia nos processos mais complexos de aprendizagem.

Interação mãe–bebê: relato de pesquisa

O principal papel da terapia ocupacional na intervenção com crianças pequenas é investir no treinamento de pais ou cuidadores para maior efetividade do tratamento, pois se parte do princípio de que essas pessoas são as que estão presentes a maior parte do tempo no ambiente da criança e, portanto, tornam-se os elementos essenciais e imprescindíveis para intervir junto a ela.

Rossit (1997) desenvolveu um estudo com o objetivo de avaliar, intervir e analisar o desenvolvimento de bebês com síndrome de Down em virtude da capacitação da mãe. Foram usadas duas amostras independentes, distribuídas em dois grupos de acordo com o tipo de atendimento a ser oferecido às mães: treinamento ou não-treinamento. Havia uma variável independente, o tipo de orientação, e uma variável dependente, o desenvolvimento motor dos bebês. Dez pares mãe–bebê com síndrome de Down foram selecionados. Cinco deles foram acompanhados durante 12 meses (grupo intervenção), havendo encontros quinzenais com a terapeuta/pesquisadora para receber treinamento. Cinco pares foram avaliados uma vez por mês, mas essas mães não receberam qualquer tipo de treinamento (grupo comparação). Um protocolo do *Guia Portage* foi usado para o registro dos comportamentos dos bebês, além de uma câmera de vídeo para registrar e observar posteriormente as atitudes e os comportamentos das mães na interação com seus bebês. Os dados relativos ao desenvolvimento dos bebês e às atitudes das mães foram comparados entre os dois grupos. Observou-se que os bebês cujas mães foram treinadas e apresentaram maior frequência e dedicação na estimulação diária obtiveram melhor desempenho em relação ao desenvolvimento motor e à forma como as mães interagiram e os estimularam. O outro grupo de crianças, com mães que não receberam treinamento, apresentou um desenvolvimento mais lento e menor quantidade de novas habilidades comportamentais em cada mês. As mães que foram treinadas assumiram, com o passar do tempo, posturas e atitudes mais adequadas para com seu bebê, e essas atitudes eram similares às exibidas pela terapeuta/pesquisadora. As atitudes e os comportamentos observados na interação mãe–bebê do grupo intervenção sofreram alterações significativas durante o período de coleta dos dados. Entretanto, no outro grupo, esses aspectos não foram evidenciados. Podemos concluir que o treinamento de mães foi eficaz para favorecer o desenvolvimento motor de bebês com síndrome de Down.

A análise das atitudes das mães na interação com o bebê deteve-se às falas e às suas ações. É pertinente esclarecer que as mães que receberam o treinamento para estimular o bebê diariamente em seu domicílio apresentaram maior riqueza de informações que aquelas cujos filhos eram atendidos por profissionais especializados, mas que não receberam treinamento direto. Na interação mãe–terapeuta, pôde-se observar um envolvimento de confiança, de corresponsabilidade pelo desenvolvimento do bebê, com situações de troca mútua. Ao analisar as atitudes e os comportamentos na interação mãe–bebê (M–B) durante o período de treinamento, observou-se alterações positivas no comportamento das mães. A seguir, descreve-se a análise de um dos pares mãe–bebê, em que procurou-se manter as falas tal qual elas foram expressas.

Na primeira sessão de treinamento, a mãe disse ter *medo* de segurar o bebê nas posições orientadas e ser *difícil fazer da mesma forma que a terapeuta demonstra*; a mãe posicionou-se no colchão de forma desconfortável, apresentou pouca interação verbal e física com o bebê, poucos gestos de carinho e, quando o fazia, era sempre com as mãos, não sendo observado, em nenhum momento, a aproximação face-a-face; a mãe apresentou pouca iniciativa para oferecer brinquedos, falar e para repetir os movimentos solicitados; a mãe precisou ser informada verbalmente para iniciar e/ou terminar a estimulação, não percebendo sinais de cansaço e desconforto do bebê; necessitou intervir-se constantemente com procedimentos de correção quanto à forma como posicionava e estimulava o bebê.

Na sexta sessão, observou-se que a mãe sentava-se de maneira semelhante à terapeuta, manuseando o bebê com mais firmeza e segurança; apresentou melhoras no grau de iniciativa para oferecer brinquedos, falar, fazer brincadeiras com sons, sorrir para o bebê, porém ainda precisava ser incentivada algumas vezes; ofereceu os estímulos da forma como foi treinada, embora algumas vezes ainda era observado mudanças bruscas na posição do bebê, impedindo que ele executasse todos os passos de cada movimento; a mãe chama várias vezes o bebê pelo nome e/ou verbaliza *"cadê o nenê?"*. A mãe relatou estar satisfeita com o desempenho do bebê e disse: *"(nome do bebê) parece que nem tem problema, porque faz tudo que as outras crianças da sua idade fazem"*. As orientações quanto à distância a se colocar os brinquedos para estimular o deslocamento da criança, falar à frente e próximo da criança, perceber e corrigir posturas quando desconfortáveis para o bebê foram seguidas corretamente; a mãe mostrou-se atenta às ações do bebê, evitando quedas quando na posição sentada e observando, admirando e elogiando as atitudes do bebê com relação ao manuseio e à exploração dos brinquedos oferecidos.

Na décima segunda sessão, persistia a necessidade da mãe ser comunicada quanto ao que deveria fazer ou quando já deveria interromper uma ação com a criança. Observou-se também, uma tendência da mãe em repetir uma mesma ação várias vezes, sem introduzir um novo elemento à situação, como, por exemplo, ao chamá-la para andar, a mãe verbaliza *"vem (nome do bebê),... gesticulando com as mãos"* ou, ao pedir para buscar um objeto, diz *"vai (nome do bebê),... vai buscar a bola, vai"*. O fato da repetição das ações demonstra a consistência da mãe e a persistência na espera da resposta da criança, o que pode vir a colaborar para que a criança realmente execute a ordem solicitada. Quanto à questão de a mãe repetir as falas e os gestos da mesma maneira, pode interferir dificultando à criança generalizar a resposta para outras situações. Observou-se uma preocupação constante da mãe em relatar, a cada sessão, as "perícias" da criança no ambiente familiar, embora, durante as sessões as interações verbais entre mãe–bebê, fossem restritas a palavras–frases, como: *"dá"*, *"pega"*, *"guarda"*, *"põe"* etc.

Pôde-se verificar que a mãe passou a posicionar-se e dirigir-se à criança de maneira muito semelhante à da terapeuta, quanto à maneira de se sentar sobre o colchão e utilizar partes de seu próprio corpo para melhor posicionar, estimular ou manter posições da criança. A mãe mostrou-se mais confiante e animada a partir do momento em que a criança começou a apresentar um desempenho maior no desenvolvimento.

Com relação a este aspecto, acredita-se que "os pais são os estimuladores reais de suas crianças" e que o ambiente é parte essencial no desenvolvimento de seu potencial. Com o nascimento de uma criança com deficiência, os sentimentos de depressão e culpa muitas vezes estão presentes; se acrescentarmos a isso a hipotonia natural das crianças com síndrome de Down, veremos que o ambiente do bebê pode ficar empobrecido, principalmente nos primeiros meses de vida. Mas, se ao mesmo tempo: a) oferecermos modelos de estimulação, b) apontarmos para as evoluções obtidas e o significado disto para a criança, os pais tenderão a imitar as condutas ensinadas a partir da detecção dos resultados positivos. Dessa forma, o progresso da criança tornar-se-á por si só um estímulo reforçador.

Esse tipo de intervenção, investindo na formação dos cuidadores, é uma estratégia viável e promissora para que se minimize a demanda reprimida nas filas de espera dos serviços de atenção à saúde e/ou de reabilitação, além de ser mais econômico financeiramente, uma vez que o profissional otimiza o seu tempo preparando os pais para colaborarem ativamente na estimulação do desenvolvimento infantil e no processo de aprendizagem.

Constatou-se, também, que os bebês cujas mães não receberam treinamento direto apresentaram um ritmo de desenvolvimento mais lento do que as crianças cujas mães foram treinadas. O sucesso da intervenção precoce é, em parte, determinada pelo envolvimento dos pais no processo de estimulação. As mães que não receberam treinamento não puderam participar ativamente das sessões de estimulação e, portanto, não tiveram o modelo de como agir com suas crianças em outros ambientes. Acredita-se que essa possa ser uma explicação para que seus bebês apresentassem ritmo de desenvolvimento inferior às crianças das mães treinadas.

Com a proposta de treinamento das mães, não se pretendeu delegar aos pais a tarefa de um profissional da área da saúde ou educação, mas capacitá-los para que pudessem aproveitar as oportunidades que surgissem no contato diário com a criança com síndrome de Down e estimulá-la da forma mais adequada possível, favorecendo a aquisição de habilidades. É preciso acreditar que tudo que uma criança com necessidades especiais precisa é ter motivos e oportunidades para que possa aprender.

Oishi (1995, p. 1-2) refere que nos modelos atuais de desenvolvimento não há dúvidas quanto à importância do meio ambiente como influenciador do desenvolvimento humano. Assim sendo, as condições ambientais que envolvem todo o processo de desenvolvimento desde bebê até o final da vida "não podem mais ser desconsideradas na caminhada evolutiva do ser humano". Nesse sentido, o autor continua sua explicação mencionando que, "do ponto de vista neuro-psico-motor, a noção de desenvolvimento implica na aquisição de habilidades ou de padrões de comportamentos que estão diretamente relacionados com a maturação do Sistema Nervoso Central".

Fica evidente com o estudo de Rossit (1997) a necessidade de que a intervenção e a estimulação da criança com síndrome de Down iniciem-se o mais precocemente possível. Quanto mais cedo for propiciado o estímulo conveniente, melhor serão os resultados, pois sabe-se que não se pode omitir nenhum degrau no ritmo de desenvolvimento sem que o próximo seja afetado.

A seguir, serão fornecidas algumas orientações para estimular o bebê em casa. Entretanto, é importante contar com o acompanhamento de um profissional para que os procedimentos possam ser executados, com conhecimento e segurança, pelo cuidador no ambiente domiciliar.

Estimulação do bebê em casa

Geral

O banho e a troca de fraldas e roupas oferecem variadas situações naturais que colaboram para o desenvolvimento do bebê como um todo.

No banho, a água em temperatura agradável pode ser derramada sobre todo o corpo do bebê; buchas com diferentes texturas podem ser utilizadas massageando-lhe o corpo, estimulando sua sensibilidade e tonificando os músculos com pressões de diferentes intensidades. A mudança de posição durante o banho, principalmente de bruços, possibilita que a criança sustente a cabeça. A toalha a ser utilizada após o banho, sendo macia, pode deslizar suavemente sobre o corpo, proporcionando uma sensação agradável. As fraldas devem ser estreitas para evitar a abdução dos membros inferiores. Ao vestir o bebê, rolá-lo de um lado para o outro e evitar roupas apertadas que limitem os movimentos.

Para estimular o controle de cabeça, a criança deve ficar na posição de bruços por alguns momentos durante o dia (desde que não haja contraindicação médica), o que favorecerá, também, a aquisição de outros comportamentos motores necessários para o seu desenvolvimento.

A estimulação visual deve ser oferecida desde o nascimento. Inicialmente, o que mais atrai o bebê é o rosto humano (Spitz, 1979), seguido por objetos coloridos e brilhantes, que devem ser colocados no berço ou oferecidos pela família, atentando-se para que o bebê fixe o olhar e, posteriormente, acompanhe com os olhos o movimento do rosto humano e do brinquedo. É importante que a mãe converse com o bebê e ofereça estímulos sonoros, como músicas suaves, chocalhos etc. para estimular a percepção auditiva.

As brincadeiras de rolar, balançar e inclinar o bebê para os lados estimulam os órgãos do equilíbrio. Os banhos de sol e os passeios ao ar livre devem fazer parte da rotina diária para proporcionar contatos sociais.

Motora

Com relação aos marcos do desenvolvimento, os pais apresentam certa preocupação e, com frequência, perguntam quando seu filho sentará ou andará.

Algumas publicações (Pueschel, 1993; Brasil, 1994a; Projeto Síndrome de Down, 1995; Rossit, 1997) apresentam que uma das principais características da síndrome de Down que afeta diretamente o desenvolvimento psicomotor é a hipotonia generalizada, presente desde o nascimento. A hipotonia origina-se no sistema nervoso central e afeta toda a estrutura muscular e articular da criança. Com o passar do tempo, tende a diminuir, mas permanecerá presente por toda a vida, em diferentes graus em cada pessoa. O tônus é uma característica individual, por isso se observa grande variação entre as crianças com essa síndrome.

Sabe-se que a criança com síndrome de Down irá controlar a cabeça, rolar, sentar, se arrastar, engatinhar, andar e correr, exceto se houver algum comprometimento além da síndrome. Porém, observa-se que o ritmo de aquisição dessas habilidades, em geral, é mais lento, se comparado às outras crianças. Uma variedade de fatores pode causar esse atraso no desenvolvimento motor, como as cardiopatias congênitas, a hipotonia e/ou outros problemas biológicos ou do ambiente.

Para ilustrar as etapas mais importantes do desenvolvimento infantil, organizou-se a Tabela 5 de acordo com os dados obtidos da literatura consultada (Lefèvre, 1988; Knobloch e Passamanick, 1992; Pueschel, 1993; Rossit, 1997).

Tabela 5 – Marcos do desenvolvimento motor da criança "normal" e com síndrome de Down

Atividade motora	Idade (média meses)			
	Normal	Síndrome Down		
Marcos do desenvolvimento	Gesell (apud Knobloch e Passamanick, 1992)	Pueschel (1993)	Lefèvre (1988)	Rossit (1997)
1 Controlar a cabeça	2	–	5	3,5
2 Rolar (de prono para supino e supino para prono)	5	6	7	5,5
3 Sentar sem apoio	6	9	11	6,5
4 Rastejar ou girar em círculo	8	11	13	8
5 Engatinhar	10	13	17	12
6 Ficar em pé	12	–	20	11
7 Andar sem apoio	14	20	24	15
8 Subir degraus apoiando-se em corrimão	18	–	30	24
9 Subir degraus sem apoio	24	–	48	30

Pelos dados apresentados para a criança com síndrome de Down (Lefèvre, 1988; Pueschel, 1993; Rossit, 1997), vê-se que as idades são um pouco diferentes, se comparadas às da criança "normal", descritas por Knobloch e Passamanick (1992). A Tabela 5 mostra que a diferença de idade para a aquisição dos marcos do desenvolvimento motor, entre a criança com síndrome de Down e a "normal", é menor nos primeiros meses de vida, tendendo a aumentar com o avançar da idade. Para o controle de cabeça, observa-se uma diferença maior (em torno de dois meses e meio); isso se deve ao fato de que, ao iniciar no programa de estimulação, já havia atrasos no desenvolvimento. Entretanto, após o início da intervenção, o comportamento foi adquirido rapidamente.

Os dados de Rossit (1997) são melhores que os apresentados por Lefèvre (1988). Um aspecto relevante para esses resultados foi o envolvimento do cuidador no programa de estimulação. Os cuidadores foram treinados individualmente para realizar a estimulação diariamente com o bebê, no ambiente domiciliar. Essa intervenção foi controlada por meio de registros diários do cuidador em protocolo destinado a essa finalidade.

Cognitiva

Embora a síndrome de Down seja classificada como uma deficiência mental, não se pode predeterminar qual será o limite de desenvolvimento do indivíduo.

De acordo com Brasil (1994a), a pessoa com síndrome de Down, durante muito tempo, foi rotulada como deficiente mental severa e, em decorrência desse rótulo, acabou sendo privada de oportunidades de desenvolvimento. Essa classificação é ainda muito questionada, pois o diagnóstico era determinado somente a partir de testes de QI (quociente de inteligência) elaborados em outros países e outras realidades, e os resultados nem sempre condizem com a real capacidade intelectual do indivíduo.

Em 1992, a publicação da nona edição de *Deficiência mental: definição, classificação e sistemas de suporte*, pela AAMR, foi crucial na determinação da ênfase funcional nos processos de avaliação e na necessidade da interação entre as dimensões de capacidade da pessoa, o ambiente social e a necessidade de níveis de suporte (Luckasson et al., 1992). A definição estabeleceu que:

> deficiência mental se refere a limitações substanciais no funcionamento atual dos indivíduos, sendo caracterizado por um funcionamento intelectual significativamente abaixo da média, existindo concomitantemente com relativa limitação associada a duas ou mais áreas de comportamentos adaptativos, indicadas a seguir: comunicação, autocuidado, vida no lar, habilidades sociais, desempenho na comunidade, independência na locomoção, saúde e segurança, habilidades acadêmicas funcionais, lazer e trabalho. A deficiência mental se manifesta antes dos 18 anos.

Nessa definição, a AAMR estabeleceu três critérios para diagnosticar a deficiência mental:

- O funcionamento intelectual (como medida do QI tradicional), que deve ser de aproximadamente 70 a 75 ou menos;
- A idade da manifestação da deficiência mental, devendo ser abaixo dos 18 anos;
- O terceiro e mais importante deles, segundo a AAMR, aponta que deficiências significativas devem ser apresentadas em duas ou mais áreas de comportamento adaptativo.

Com a mudança no foco de avaliação, pode-se avaliar melhor, a partir das ocupações, do fazer no ambiente cotidiano, quais as potencialidades e as limitações apresentadas, e não somente se basear em desempenhos da aplicação de testes descontextualizados.

Assim, a educação da pessoa com síndrome de Down deve atender às suas necessidades especiais sem se desviar dos princípios básicos da educação proposta às pessoas comuns. Embora a aprendizagem possa ocorrer em um ritmo mais lento, com mais tempo para a aquisição da leitura, da escrita e da matemática, a criança Down deve frequentar desde cedo a escola, e é sabido que a maioria delas tem condições de ser alfabetizada e realizar operações lógico-matemáticas.

Linguagem

O atraso no desenvolvimento pode se manifestar, também, na aquisição da linguagem. O desenvolvimento da fala, bem como de todo o processo de comunicação, depende de vários fatores orgânicos, ambientais e psicológicos que estão presentes desde os primeiros dias de vida.

O atraso na aquisição da fala e da linguagem constitui um dos maiores problemas encontrados pelos pais de crianças com síndrome de Down. A assistência de um fonoaudiólogo é muito importante para auxiliar a família a verificar as dificuldades da criança e orientar quanto à melhor forma de estimulá-la em casa.

No primeiro mês de vida, o bebê se comunica por diversos sons e pelo choro, que, geralmente, é uma manifestação de suas necessidades (fome, frio, sono etc.) ou um sinal de que está incomodado, como no caso de estar com as fraldas sujas. Com aproximadamente um mês, começa a emitir sons, como a prolongar uma mesma vogal (*aaaaaa*), que, em geral, são notados em situações de bem-estar da criança, e ela parece brincar com esses sons.

Com o passar do tempo, o bebê começa a emitir uma variedade maior de sons, inclui as consoantes e acaba por formar uma sílaba (*dadada*). Essa fase chama-se *balbucio* e é uma forma de o bebê praticar o uso de seus lábios, língua e músculos envolvidos na produção da fala, preparando-se para realmente falar mais tarde. É muito importante que os familiares conversem com o bebê, pois esse estímulo auditivo o incentiva a prestar atenção nos diferentes tipos de entonação da voz. Deve-se chamar a atenção do bebê para os diferentes barulhos, como relógio, telefone, animais, trânsito na rua, avião etc.

A alimentação tem um papel importante no desenvolvimento da fala, pois os órgãos que usamos para comer são os mesmos que usamos para falar: lábios, língua, dentes, palato etc. Assim, desde quando o bebê suga o seio materno ou a mamadeira (com furo pequeno no bico ortodôntico), os músculos estão sendo exercitados para a fala. Quando chegar a época de introduzir a papinha (por volta dos seis meses), em vez de bater no liquidificador, passe os alimentos por uma peneira fina. Em torno dos oito meses, a papa deve conter pedaços de alimentos, incentivando a criança a morder e mastigar, mesmo que ainda não tenha os dentes. A partir dos nove meses, o canudinho pode ser introduzido e, aos poucos, o copo pode ser utilizado para a criança beber.

De acordo com Pueschel (1993), a criança com síndrome de Down começa a pronunciar palavras em torno dos 14 meses e formar sentenças aos 24 meses.

Aspectos educacionais

Outro campo de atuação do terapeuta ocupacional é no ambiente escolar. Nesse espaço, pode:

- Intervir junto ao aluno com necessidades educacionais especiais avaliando, planejando e implementando planos de ações;
- Instrumentalizar a comunidade escolar para uma ação educacional apropriada a cada caso;
- Elaborar adaptações de atividades, ambientes e mobiliários;
- Atuar na formação continuada dos diversos profissionais, funcionários, alunos e pais da comunidade escolar.

No contexto educacional, pode-se dizer que uma experiência é estimuladora quando:

- O ambiente e as rotinas são arranjados de forma a se tornar atraentes, interessantes e desafiadores;
- Dificuldades são impostas e barreiras são oferecidas para que a criança explore e reconheça suas potencialidades;
- Encoraja e ajuda a criança a desenvolver uma nova habilidade, a ter interesse, talentos e metas;

- Dá oportunidade para a criança experienciar diferentes estratégias de resolução de problemas;
- Promove situações de aprendizagem diferentes para objetivos semelhantes;
- Avalia o desempenho, o interesse e a motivação da criança a cada atividade oferecida, o que subsidiará o planejamento das próximas atividades;
- Promove oportunidades que atendam às necessidades educacionais em todas as áreas do desenvolvimento: motora, cognitiva, social, perceptiva, de linguagem, de autocuidados, afetiva;
- Estabelece um clima para interações sociais positivas.

O terapeuta ocupacional é, portanto, parte da equipe interprofissional que promove a formação continuada dos educadores e de outros integrantes da comunidade escolar para atender aos alunos com necessidades educacionais especiais.

Pueschel (1993, p. 183) refere que "a principal finalidade da educação, da infância à adolescência, é a de preparar os indivíduos para serem eficazes e bem-sucedidos na vida adulta".

Assim, uma boa educação deve oferecer uma combinação de habilidades básicas e especializadas, de forma que possibilite a maior independência possível ao aluno e o convívio com pessoas "comuns". Para interagir de maneira efetiva, é premente que o aluno com síndrome de Down seja educado no contexto da escola regular desde a creche ou a pré-escola. A permanência em ambientes inclusivos oferece à pessoa com deficiência a oportunidade de aprender a atuar no mundo e conviver em sociedade.

Os anos de pré-escola

A criança com síndrome de Down pode aprender uma infinidade de habilidades durante esse período, que compreende a idade dos 3 aos 6 anos. Cada criança pode beneficiar-se pela convivência social e pela disciplina moderada, trabalhando as habilidades da vida diária, aprimorando suas coordenações motoras grossa e fina e aprendendo a conviver com diferentes tipos de pessoas e comportamentos.

Aprender a brincar é uma das mais valiosas habilidades que a criança pode adquirir na pré-escola. O brincar é o veículo natural do crescimento e da aprendizagem. Nos primeiros momentos, a criança com necessidades especiais pode precisar de apoio no brincar. Precisa imitar, aprender na ação e fazer algo acontecer, realizar escolhas e compartilhar. Os limites são determinados para seu comportamento, e ela deve aprender a colaborar. Essas e outras atividades típicas de um ambiente de pré-escola ajudam a formar comportamentos positivos e auxiliam na implementação de objetivos da escola e dos pais (Brasil, 2001).

A entrada na escola abrirá um mundo totalmente novo e deve acontecer o quanto antes, até antes dos 2 anos de idade, de forma que a criança tenha oportunidade de aproveitar ao máximo seu potencial e possibilidades de progredir e apresentar um desempenho satisfatório nas atividades acadêmicas.

Os anos escolares

Como qualquer outra criança, a criança com síndrome de Down é um produto da cultura, do ambiente, sendo influenciada por pessoas e eventos que ocorrem ao seu redor. Ao entrar na escola, as crianças estão em pleno processo de desenvolvimento e crescimento e respondem aos estímulos oferecidos de acordo com suas potencialidades e os procedimentos de ensino utilizados pelo educador. Para melhor aproveitamento e aquisição das diferentes habilidades e das competências, recomenda-se o ingresso em idades precoces na escola regular, o que poderá proporcionar que a adaptação ao Ensino Fundamental possa ocorrer de maneira suave, gradativa e natural.

Pais e professores podem se perguntar: Será que a criança está "pronta" para entrar na escola? Será que ela apresenta os elementos importantes que permitam a aprendizagem? Será que ela apresenta as habilidades compatíveis com o nível de exigência da escolarização formal, quanto às percepções visual e auditiva, ao crescimento físico, às funções motoras, às habilidades sociais? Será que ela tem competência intelectual para adquirir conhecimentos e aplicá-los no seu dia-a-dia? Com relação à linguagem, será que ela é capaz de se comunicar com os outros, de solicitar ajuda quando necessitar?

Talvez essas questões não fossem necessárias, e a verdadeira questão fosse: Será que a escola está "pronta" para receber a criança? Uma coisa é certa: mesmo que a escola esteja "preparada" para a recepção, é preciso estar ciente de que o programa educacional deverá ser elaborado e apropriado às características do grupo de alunos (com e sem deficiência mental). O planejamento de atividades deve contemplar a todos, de maneira a permitir que todos os alunos colaborem com seus conhecimentos e suas potencialidades. Caso alguma criança apresente maiores dificuldades, o educador deverá avaliar as habilidades presentes e aquelas em fase de aquisição, oferecendo apoio necessário para atender às necessidades educacionais individuais.

Durante os primeiros dias de aula, tanto os pais quanto os professores devem ajudar a criança a se adaptar e se acomodar ao ambiente escolar, pois é uma situação nova, com pessoas desconhecidas e ambientes, frequentemente, diferentes daqueles vivenciados nos anos de pré-escola. Antes, era um ambiente físico mais descontraído, com cadeiras pequenas, mesinhas, poucos colegas; na escola regular, encontrará carteiras de tamanho maior, salas de aulas mais amplas, maior número de alunos em sala. Entretanto, para a surpresa de muitos pais, a maioria da crianças com síndrome de Down adapta-se muito bem, gosta de ir à escola e, muitas vezes, choram porque não querem ir embora para casa.

A escola deve oferecer oportunidades para a criança envolver-se em relacionamentos com as outras pessoas; vivenciar sensações de identidade pessoal, autorrespeito e prazer pela situação de aprendizagem, preparando-as para, posteriormente, contribuir de forma produtiva para a sociedade. Finalmente, a escola deve oferecer uma base fundamental de vida, encorajando o desenvolvimento de habilidades acadêmicas básicas e físicas, independência em sua vida diária e competência social e de linguagem.

As habilidades funcionais devem ser priorizadas para que o aluno possa aprender no ambiente escolar e transferir esse aprendizado a outros ambientes além da escola, como uso do telefone e da lista telefônica; propaganda de jornal e revista; escrita relacionada às necessidades pessoais e do lar; lista de compras; planejamento de cardápios e bilhetes; culinária, seguindo receitas; pedidos de materiais e/ou emprego; denominação do coletivo de transporte para a escola e para casa; uso do dinheiro etc. A escola deverá preparar a criança para a vida.

Há uma preocupação constante entre pais e educadores, pois, na transição do Ensino Fundamental I para o II, emergem outras preocupações, como as dificuldades que surgem com a complexidade crescente dos conteúdos acadêmicos, a separação em diversas disciplinas e diferentes professores, a preocupação com o até quando ela conseguirá acompanhar a escola. O aluno já está entrando na adolescência, e questões relacionadas à sexualidade começam a aparecer e surpreendem pais e educadores.

Adolescência e sexualidade

A adolescência é um período de muitas alterações no organismo, tanto no que diz respeito ao crescimento físico (altura, peso, traços fisionômicos, aparecimento de pelos etc.) quanto aos comportamentos e aos sentimentos. É uma fase em que a pessoa deve deixar de ser criança, mas ainda não está totalmente preparada para assumir as responsabilidades do adulto.

Esse período costuma ser conturbado para qualquer pessoa, e, com os adolescentes deficientes, as dificuldades não são diferentes. Se, por um lado, espera-se que essa pessoa seja independente em suas atividades de vida diária, escolar e profissional, por outro, no que diz respeito à sexualidade, nota-se que há uma tendência dos pais e da sociedade em considerá-lo "eterna criança" e ser "assexuado". Mesmo antes da puberdade, nota-se uma preocupação dos pais com o futuro desenvolvimento sexual e as possíveis formas de lidar com a situação.

Como a personalidade e a manifestação sexual variam muito de pessoa para pessoa, é importante que cada família administre a situação de acordo com seus próprios padrões morais. Quanto mais natural for a reação dos pais diante do comportamento e da curiosidade sexual, maior será a possibilidade de desenvolvimento sem choques. A educação sexual é gradativa, e a curiosidade natural da criança pode ser aproveitada.

Em relação ao aspecto sexual, há muitas controvérsias e pode-se considerar que os estudos nessa área estão apenas começando. Entretanto, sabe-se que há diferenças no desenvolvimento sexual masculino e feminino.

No sexo masculino, o início da puberdade ocorre por volta dos 13 anos e, aos 17, o desenvolvimento sexual tende a estar completo. As características sexuais secundárias desenvolvem-se gradativamente com o avanço da idade, isto é, aos poucos aparecem os pelos pubianos, axilares e faciais, porém a literatura aponta que a grande maioria não atinge o tipo adulto de pelos faciais e axilares. A genitália tende a ser menos desenvolvida quanto às medidas do pênis e ao volume dos testículos. Há uma variação, também, dos níveis hormonais, que tendem a estar elevados para o FSH (hormônio folículo estimulante) e o LH (hormônio luteinizante), o que leva a supor uma disfunção sexual primária das glândulas sexuais, ou seja, essas glândulas não funcionam adequadamente. Observam-se, também, quantidades reduzidas, ou mesmo a ausência de espermatozoides.

No sexo feminino, raramente têm sido relatadas alterações no desenvolvimento dos órgãos genitais externos. Em geral, a menarca ocorre entre 11 e 13 anos de idade. Nota-se que, quando a adolescente mantém um relacionamento próximo com a mãe e as irmãs, a menstruação não é assustadora. Cerca de 75% delas não apresentam dificuldades quanto à higiene pessoal, conseguindo ser independentes como qualquer outra adolescente. Embora a mulher com síndrome de Down seja considerada subfértil, existe a possibilidade de reprodução; algumas podem não ovular, enquanto outras apresentam variações na ovulação (Projeto Síndrome de Down, 1995).

Quanto ao comportamento sexual, em virtude das características e do comportamento das pessoas com síndrome de Down, de serem mais solitárias, isoladas, com grupo de amigos muito limitado, acredita-se ser rara a existência de um parceiro sexual constante, e dificilmente será um indivíduo sexualmente ativo. Nesse caso, orienta-se aos familiares a não estimular a prática sexual, não forçando o adolescente a perceber algo que ainda não tenha lhe despertado o interesse ou a atenção e para o que pode não estar preparado. Além disso, é difícil determinar o momento em que o adolescente está fisiológica e psicologicamente preparado para iniciar a vida sexual. Não é aconselhável estimular o início dessa prática, mas, se o interesse surgir, deve ser aceito, tomando-se as devidas cautelas com relação aos preservativos e aos contraceptivos.

Em casa, na escola ou em outros ambientes, podem surgir questões relacionadas à sexualidade, as quais devem ser abordadas (por pais e/ou educadores) com tranquilidade e clareza, de maneira a possibilitar maior interação com o indivíduo, ajudando-o a lidar com seus impulsos sexuais.

Segundo Lefèvre (1988), verifica-se que a compreensão pelo adulto Down com relação ao que é sexo tem grande importância na sua formação. É necessário que pais e educadores ofereçam uma orientação sexual adequada, com informações claras e sem preconceitos, para que esses jovens consigam expressar suas dúvidas e incertezas.

Com o avançar da idade e a conclusão do Ensino Fundamental, surge a preocupação com o futuro, com a continuidade ou não dos estudos e com a preparação para o trabalho. A preparação para o trabalho é mais um campo de intervenção da terapia ocupacional, tratado em outro capítulo deste livro.

Considerações finais

Este texto retratou a importância da terapia ocupacional como uma das profissões essenciais no apoio às famílias que têm em seu convívio pessoas com necessidades especiais e colocou em evidência a pertinência e a relevância do ambiente (físico, pessoas, objetos) como um determinante no processo de estimulação e desenvolvimento da criança.

Os conteúdos aqui apresentados tiveram a intenção de provocar uma reflexão sobre o ciclo de vida da pessoa com deficiência mental, suas características, potencialidades e dificuldades.

Para que o deficiente mental possa usufruir o seu direito de cidadão e para que a aquisição de comportamentos complexos seja viável, é preciso que os cuidadores, as escolas e os educadores atentem para a questão do ensino e da aprendizagem dessas pessoas com olhares mais otimistas, com vistas às suas potencialidades, aos seus interesses e às suas necessidades, que assumam a responsabilidade de educá-las e prepará-las para a vida; formar pessoas que possam exercer o seu direito de cidadania, gozar das mesmas oportunidades garantidas ao restante da população e que, quando adultos, estejam aptos para o trabalho. Se o deficiente mental adulto atingir essas metas, com certeza a sociedade o olhará com "outros olhos", pois a pessoa só se torna reconhecida pelas suas capacidades quando lhe é oferecida a oportunidade para aprender e aplicar o conhecimento adquirido.

Referências

BRASIL. **Informações sobre a Síndrome de Down**: destinada a profissionais de unidade de saúde. Programa Nacional de Atenção à Pessoa Portadora de Deficiência. Brasília: Ministério da Saúde, 1994.

_____. **Informações sobre a Síndrome de Down**: destinada a pais. Programa Nacional de Atenção à Pessoa Portadora de Deficiência. Brasília: Ministério da Saúde, 1994.

_____. **Referencial Curricular Nacional para Educação Infantil**. Estratégias e orientações para o atendimento de crianças com necessidades educativas especiais. Brasília: MEC/SEF, 2001.

Brasil. **Parâmetros Nacionais de Qualidade para a Educação Infantil**. Ministério da Educação. Secretaria de Educação Básica – Brasília, 2006.

Colnago, N. A. S. **Pares "mães–bebê Síndrome de Down"**: estudo dos aspectos qualitativos da interação. Dissertação (mestrado) – Universidade Federal de São Carlos, São Carlos, 1991 [no prelo].

Fonseca, V. **Educação Especial**. Porto Alegre: Artes Médicas, 1991.

Knobloch, H.; Passamanick, B. **Gesell & Amatruda**: diagnóstico do desenvolvimento. São Paulo: Atheneu, 1992.

Lefèvre, B. H. **Mongolismo**: orientação para famílias. São Paulo: Almed, 1988.

Luckassson, R. et al. **Mental Retardation** – Definition, Classification, and Systems of Supports. 9. ed. Washington: American Association on Mental Retardation, 1992.

Projeto Síndrome de Down. **A Síndrome de Down passada a limpo**. São Paulo: Tikará Gráfica e Editora Ltda, 1995.

Pueschel, S. **Síndrome de Down**: guia para pais e educadores. Campinas: Papirus, 1993.

Oishi, J. **Contribuição da estatística para compreensão de alguns aspectos do desenvolvimento infantil**: análise de dados comportamentais provenientes de estudos do desenvolvimento de bebês. Tese (doutorado), Universidade de São Paulo, São Paulo, 1995 [no prelo].

Rossit, R. A. S. **Análise do desenvolvimento de bebês com Síndrome de Down em função da capacitação da Mãe**: uma proposta de intervenção. Universidade Federal de São Carlos, Programa de pós-graduação em Educação Especial. CNPq, 1997.

Sassaki, R. K. **Inclusão**: construindo uma sociedade para todos. Rio de Janeiro: WVA, 1999.

Sidman, M. Aprendizagem-sem-erros e sua importância para o ensino do Deficiente Mental. **Psicologia**, n. 3, p. 1-15, 1985.

Spitz, R. A. **O primeiro ano de vida**: um estudo psicanalítico do desenvolvimento normal e anômalo das relações objetais. São Paulo: Martins Fontes, 1979.

Stainback, S.; Stainback, W. **Inclusão**: um guia para educadores. Porto Alegre: Artes Médicas, 2000.

Terapia Ocupacional. Faculdade de Medicina da Universidade de São Paulo. Disponível em: <http://www.fm.usp.br/to>. Acesso em: out. 2007.

Fonoaudiologia

Lívia Rodrigues

O objeto de estudo da fonoaudiologia é a comunicação humana. O fonoaudiólogo é o profissional da área de saúde que atua nas áreas de voz, audiologia, motricidade orofacial e linguagem.

A comunicação humana é um processo complexo e, para que ocorra e se desenvolva, é necessário o bom funcionamento de algumas funções orgânicas, como audição, equilíbrio, cognição, aquisição e desenvolvimento da linguagem.

O fonoaudiólogo trata dos distúrbios e das diferenças encontradas nessas funções, ajuda na detecção e no tratamento de problemas auditivos, na aquisição da linguagem oral e escrita, no aperfeiçoamento da fala, da fluência e da voz e na adequação das funções orofaciais (respiração, deglutição, sucção e mastigação).

O papel do fonoaudiólogo é promover uma comunicação efetiva, estimular as funções alteradas e valorizar as preservadas.

Especificamente na síndrome de Down, o fonoaudiólogo trabalha com o desenvolvimento do sistema estomatognático, isto é, o conjunto de músculos faciais, bochechas, da arcada óssea – dentária, músculos mastigatórios, boca, faringe e articulação temporomandibular – e adapta os órgãos da fala e as funções afetadas (respiração, deglutição, sucção e mastigação).

O fonoaudiólogo esclarece a influência dos hábitos orais na formação e no desenvolvimento do crânio e da face e tem por objetivo ajudar no desenvolvimento da linguagem, orientando pais e professores sobre esse processo, já que o seu desenvolvimento se dá a partir da interação da criança com o meio em que ela vive. Por fim, orienta a família quanto às possibilidades de desenvolvimento de seus filhos e à melhor forma de estimulá-los de acordo com a idade e as dificuldades apresentadas em cada faixa etária.

Sabe-se que as crianças portadoras da síndrome de Down apresentam uma sequência de desenvolvimento semelhante à de outras crianças, porém em um ritmo mais lento, fato que frequentemente gera expectativas na família e na sociedade em geral.

A intervenção fonoaudiológica precoce pode reduzir essa lentidão na apropriação de certas habilidades, principalmente aquelas relacionadas à aquisição da fala e da linguagem. Além de proporcionar benefícios sociais (melhora dos relacionamentos interpessoais), ajuda, também, a minimizar os efeitos da síndrome nos órgãos fonoarticulatórios e nas funções neurovegetativas (respiração, deglutição, sucção e mastigação).

A estimulação adequada dessas crianças é considerada fator determinante na melhora da qualidade de comunicação, o que resulta em linguagem oral mais eficiente e, muitas vezes, até na aquisição da linguagem escrita.

Neste relato do trabalho do fonoaudiólogo, serão descritas as etapas habitualmente seguidas, começando pela fase da amamentação até a aquisição e o desenvolvimento de linguagem.

Vantagens da amamentação natural

Pela amamentação natural, a criança recebe, além dos benefícios biológicos e psicológicos trazidos pelo leite materno, a estimulação necessária para o bom desenvolvimento do sistema sensório-motor oral. A sucção no seio exercita adequadamente a região oral, propiciando o caminho mais seguro para a maturação dos sistemas digestório, respiratório e neuromuscular (Andrade e Gollo, 1993).

Segundo Carvalho (1997), o exercício da sucção natural contribui não só para o desenvolvimento da face, como também para a mobilidade da língua e a adequação do tônus muscular, que, por sua vez, influenciará positivamente na produção dos sons da fala.

Existem muitos estudos acerca da importância do aleitamento materno para o recém-nascido e a mãe e dos benefícios que ele traz para a formação do vínculo mãe–filho (Andrade e Gullo, 1993; Guerreiro, 1990). As crianças amamentadas exclusivamente no seio materno são menos acometidas por doenças infecciosas, gastrointestinais, respiratórias e urinárias (Manterola e Assúa, 1988).

O lactente mamando no seio materno tem suas necessidades de sucção satisfeitas, dispensando o uso de chupetas, que podem deformar a arcada dentária e o palato, além de facilitar contaminações da cavidade oral.

A região oral é o início do contato do recém-nascido com o mundo, a primeira fonte de prazer e uma das primeiras formas de comunicação. O ato de sugar é uma forma encontrada pelo recém-nascido para acalmar-se e satisfazer-se (Andrade e Gullo, 1993).

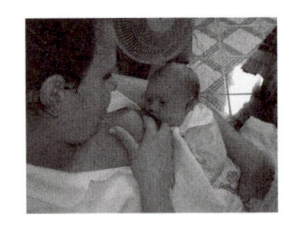

O reflexo da alimentação está presente desde a vida intrauterina e, uma hora após o parto, ocorre um grande impulso neural em relação à sucção. É esse impulso que garante a sobrevivência do recém-nascido e promove o desenvolvimento neuromuscular do sistema mastigatório (Carvalho, 1997; Van der Laan, 1995).

Quando a criança mama no seio, os músculos da mastigação são exercitados e acontece o desenvolvimento do músculo orbicular que circunda a boca. Além disso, a criança é levada a respirar pelo nariz, promovendo uma respiração adequada. A amamentação é uma função importantíssima, pois estimula o crescimento mandibular anterior e previne grande parte das disto-oclusões, que ocorrem em virtude do não-desenvolvimento da mandíbula (parte inferior) com relação à maxila (parte superior).

A integridade e a funcionalidade das estruturas que compõem o sistema sensório-motor oral (lábios, língua, mandíbula, palato, arcadas dentárias, dentes e musculatura facial), associadas aos sistemas respiratório, digestório e neurológico, permitirão maior ou menor adequação para a realização da sucção e da deglutição nos primeiros meses de vida e depois para a mastigação e a articulação dos sons da fala (Andrade e Gullo, 1993).

Os bebês que apresentam inabilidades no sistema sensório-motor oral e nas funções neurovegetativas no processo natural podem apresentar exacerbação ou manutenção prolongada do sistema reflexo, podendo implicar retardo do aparecimento das funções volitivas (que dependem da vontade) e de movimentos mais elaborados dos órgãos fonoarticulatórios.

As inabilidades do sistema sensório-motor oral podem prejudicar o aleitamento natural, levando à introdução do aleitamento artificial. Além desses aspectos, a amamentação, como método, pode ser considerada tecnicamente natural, de fácil aprendizagem, higiênica e prática, economicamente barata e praticamente isenta de custos (Schimitz et al. 2000).

Alguns aspectos podem prejudicar a amamentação ou, até mesmo, conduzir ao desmame precoce. Um desses fatores é a ocorrência de fissuras mamilares decorrentes do modo inadequado de sucção e deglutição dos bebês. Isso pode dificultar a formação do vínculo satisfatório entre mãe e bebê. Conforme Ramsay e Gisel (1996), há uma tendência das mães cujos bebês apresentaram alteração do sistema sensório-motor oral a introduzir métodos compensatórios de alimentação, como a mamadeira e o uso de colheres.

Uma característica importante dos bebês com síndrome de Down é a hipotonia muscular generalizada. Isso significa que esses bebês apresentam uma musculatura mais flácida e, por esse motivo, precisam de estímulos adequados logo ao nascer. O aleitamento materno é o mais adequado e indicado para esses bebês, porém se sabe que nem sempre essa prática torna-se possível. Muitas mães não conseguem amamentar seus filhos porque enfrentam situações como luto do nascimento, estresse e ansiedade, fatores que dificultam a descida do leite ou até interrompem sua produção. A prematuridade frequente desses bebês, as complicações cardíacas, os procedimentos cirúrgicos, o uso de sondas de alimentação e outros fatores acabam levando ao fracasso e ao insucesso da amamentação natural.

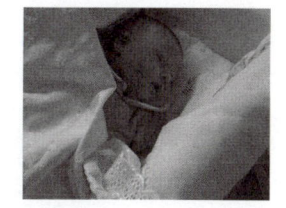

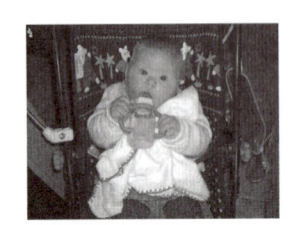

Por esses e outros motivos, na maioria das vezes, a amamentação natural no peito materno não ocorre adequadamente.

Alguns bebês precisam aprender a agarrar o mamilo para fazer uma sucção correta, e isso pode levar algum tempo e exige paciência.

Existem alguns exercícios que podem ser feitos para estimular as mamadas:

- Acariciar em volta da boca e das bochechas do bebê;
- Circular os lábios do bebê com os dedos da mãe, fazendo massagem suave;
- Tocar a língua do bebê suavemente com seu próprio dedo, até que ele comece a sugá-lo e, em seguida, colocá-lo para mamar no peito.

O uso da mamadeira

Segundo Carvalho (1997), os movimentos musculares realizados pela sucção no peito da mãe são completamente diferentes dos efetuados na mamadeira, dado confirmado por meio de análises por ultrassonografia.

Na mamadeira, a língua assume uma posição mais posteriorizada, permanecendo com a ponta baixa, em movimentos que se assemelham a um "vaivém". Seu dorso permanece elevado, a fim de se proteger contra o excesso de leite, em virtude do gotejamento mais rápido. A plenitude alimentar é atingida, mas a necessidade neural e o prazer de sugar não são satisfeitos. Na ânsia de conseguir satisfação (autoconsolo), o bebê suga dedo(s), mão, punho, lábios ou, até mesmo, língua (Rego, 2002).

Nos bicos artificiais, a língua realiza um movimento póstero-anterior, ao contrário da sucção no peito, ântero-posterior. Para deglutir, sai da posição posteriorizada, vai para frente, ficando malposicionada, e seu grande volume disforme, sem tônus, destrói as estruturas e altera as funções, podendo causar sérias consequências ao sistema estomatognático.

Em casos de insucesso na amamentação natural, deve-se oferecer o bico da mamadeira de formato ortodôntico, de preferência de silicone e com furo adequado, sem aumentar nem rasgar o tamanho do furo original, pois o bebê realizará menos esforço ao sugar e ainda poderá engasgar.

O uso da chupeta

Algumas crianças, por não satisfazerem a necessidade de sucção durante a alimentação natural ou artificial, utilizam a chupeta como um hábito de sucção não nutritiva, que, se for usada durante muito tempo, pode promover uma alteração dentária (Medeiros, 1992).

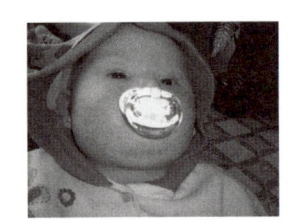

Muitos pais não sabem que o uso incorreto e por tempo prolongado da chupeta e da mamadeira pode trazer danos posteriores à criança. Esses hábitos orais são introduzidos logo nos primeiros dias de vida do bebê e podem interferir precocemente no desenvolvimento dos órgãos fonoarticulatórios, influenciando na produção inadequada da fala, da dentição e do palato.

O melhor é não oferecer chupeta, porém há na literatura as seguintes informações básicas para orientar a melhor escolha e a utilização da chupeta:

- Formato do bico ortodôntico;
- O tamanho do bico deve ser compatível à idade e ao tamanho da boca do bebê;
- Bico de silicone;
- Disco de plástico, côncavo com perfurações laterais;
- Dê apenas uma chupeta ao bebê;
- Não prenda a chupeta em correntes ou fraldas em torno do pescoço do bebê;
- Não mergulhe a chupeta em açúcar ou substâncias parecidas;
- Não ofereça chupeta a qualquer sinal de desconforto;
- Quando a criança ou o bebê mantiver a chupeta na boca sem sugá-la, retire-a;
- Se a criança utilizar a chupeta para dormir, retire-a assim que ela adormecer;
- Use a chupeta no máximo até 3 anos;
- Para remover a chupeta, utilize, se necessário, estímulos externos.

Quando iniciar a oferta de alimentos

A OMS (Organização Mundial de Saúde) recomenda que seja oferecido aleitamento materno exclusivo até os seis meses de idade. Porém, alguns estudos, fonoaudiólogos e pediatras recomendam que sejam oferecidos alimentos de consistência pastosa (frutas amassadas, papas doces e salgadas batidas ou liquidificadas) a partir dos quatro meses de idade. Apesar de esses alimentos não necessitarem de trituração, esses estímulos são muito importantes para proporcionar o desenvolvimento natural e equilibrado do sistema estomatognático, por meio de seus estímulos proprioceptivos para quando forem introduzidos os alimentos sólidos (mastigação).

Estimulação tátil e térmica para fortalecimento dos órgãos fonoarticulatórios

Deve-se iniciar esse processo pela *estimulação tátil extraoral e global*, que consiste na estimulação das partes do corpo, por pés, pernas, braços, mãos, pescoço e, por último, face, por meio de objetos com diferentes texturas – macio, áspero, liso (podem-se usar mordedores, brinquedos, cotonetes, algodão, buchinha, luvas de plástico, escovinhas macias de dente e/ou de cabelo, toalha etc.) – com o objetivo de proporcionar diferentes sensações táteis na pele do bebê, desenvolvendo, assim, a sensação agradável de prazer ao toque e inibindo os reflexos negativos (exacerbados) que a criança pode vir a apresentar. No rosto, devem-se massagear as bochechas com movimentos circulares, ascendentes e horizontais, das laterais para o centro da boca.

Após a realização desta, inicia-se a *estimulação tátil intraoral*, que consiste em passar levemente uma escovinha dentária na parte externa dos lábios, na parte interna das bochechas e, com as mãos limpas e enluvadas, massagear a parte interna das bochechas com os dedos polegar e indicador, massagear as gengivas e alongar o filtro do lábio superior, da base do nariz ao lábio inferior, alongar o lábio inferior, do queixo ao lábio superior, favorecendo, assim, o vedamento labial, pois se sabe que as crianças com síndrome de Down costumam permanecer de boca aberta.

A aquisição e o desenvolvimento da linguagem oral

As pessoas com síndrome de Down costumam apresentar dificuldade de comunicação em virtude da hipotonia dos órgãos fonoarticulatórios (lábios, língua e bochechas), das articulações frouxas, das alterações nas estruturas responsáveis pelas funções estomatogmáticas (respiração, deglutição, sucção e mastigação) e dos problemas na memória de curto prazo (responsável por guardar informações para reproduzi-las posteriormente). Esses fatores interferem no desenvolvimento cognitivo (linguagem e fala), pois são crianças menos responsivas à estimulação verbal. As vocalizações intermitentes podem ser observadas por volta de três meses, com duração prolongada. O balbucio é menos constante e ocorre mais tarde.

O atraso da linguagem de crianças portadoras de síndrome de Down é evidente, sendo frequente não falarem até o segundo ano de vida, e podem não combinar palavras até o terceiro e o quarto ano. As repetidas infecções do ouvido médio, a perda de audição (em geral condutiva), o baixo tônus muscular extra e intraoral, as alterações na sensibilidade da língua e dos lábios, a incoordenação da respiração durante a fala, o *deficit* da implantação e da qualidade dentária, a posição defeituosa da maxila em repouso, o palato ogival (estreitamento no plano das arcadas dentárias) e a hipotonia dos órgãos fonoarticulatórios são as principais causas das alterações na linguagem oral e na articulação.

Antes de tudo, é importante sanar ou minimizar aspectos físicos que possam prejudicar a articulação e a produção vocal por meio de exercícios para fortalecimento da musculatura, adaptação de próteses dentárias ou auditivas etc.

Os pais precisam entender quais são as reais necessidades apresentadas pelos seus filhos, e o fonoaudiólogo é o profissional competente e adequado para o esclarecimento do problema e a orientação das atividades de reabilitação.

O profissional deve trabalhar diretamente com a criança, e os pais precisam ajudar na estimulação correta em casa, favorecendo o desenvolvimento da comunicação.

Estão descritas a seguir algumas dicas sobre o trabalho de estimulação de linguagem que deve ser feito nos consultórios e em casa.

Estimulação auditiva

A voz humana é o primeiro estímulo auditivo que o bebê recebe. É importante orientar a mãe para que converse com o bebê de forma clara e tranquila. A música, cantada pela mãe ou tocada, também é um estímulo que agrada ao bebê. Os brinquedos que produzem sons também funcionam como estimulação para a percepção auditiva. Tanto os pais quanto os terapeutas podem fazer uso de chocalhos, caixinhas de música ou qualquer outro tipo de objeto que produza som, como meio de estimulação.

Estimulação da linguagem oral

- Criar um ambiente favorável e estimulador;
- Nunca falar pela criança nem deixar que os outros falem por ela;
- Aguardar solicitação da criança, não antecipando suas vontades;
- Prestar atenção quando a criança iniciar um diálogo;
- Criar situações inesperadas que provoquem reações da criança, aguardando seus comentários;
- Fornecer apoio aos pais para que possam desenvolver um relacionamento emocional saudável com a criança;
- Informar à família sobre o nível de desenvolvimento da linguagem da criança e orientar em que complexidade deve falar para ajudar no desenvolvimento da linguagem e na manutenção do diálogo;

- Garantir o desenvolvimento global (motor, cognitivo, social e emocional) da criança, mantendo relacionamento com profissionais especializados nas diferentes áreas;
- Criar ambiente propício para a socialização, incentivando as iniciativas, as amizades e os relacionamentos com diferentes pessoas;
- Observar as características individuais e atender às necessidades específicas de cada criança;
- Ajudar a pessoa com síndrome de Down a se comunicar e aceitar a linguagem como uma forma facilitadora para a realização de seus desejos e a expressão de seus sentimentos;
- Apoiar-se em sinais e símbolos gráficos a fala e as instruções e/ou informações dadas;
- Falar clara e descritivamente, evitando o excesso de palavras, mas narrando ações/situações e usando adjetivos e advérbios que ajudem na composição de um todo compreensivo mais amplo;
- Proporcionar "pistas" para facilitar a percepção de códigos e padrões linguísticos cotidianamente usados na linguagem falada, sempre com a face voltada à pessoa portadora, e, sobretudo, para que se dê tempo e oportunidade para que ela processe as informações e comunique-se satisfatoriamente.

Ainda que, desde muito cedo, os bebês, as crianças, os jovens e os adultos especiais devam submeter-se a extensas avaliações de saúde e desenvolvimento, estimulações precoces e intervenções de muitos profissionais, estando sempre rodeados e atendidos por várias pessoas, é importante ter sempre em mente que cada um deles merece estar, também, rodeado por pessoas que os amam, respeitam e os admiram. Os papéis de pai e mãe são de fundamental importância, e somente eles podem e devem desempenhá-los.

Referências

ANDRADE, C. R. F.; GULLO, A. C. P. As alterações do sistema motor oral dos bebês como causa das fissuras/rachaduras mamilares. **Pediatria**, v. 15, p. 28-33, 1993.

CARVALHO, M. R. **Mamadeiras e chupetas são desnecessárias**. Clínica Interdisciplinar de apoio à amamentação. Departamento de pediatria da faculdade de Medicina da UFRJ. Ipanema, p. 3, jun. 1997.

GUERREIRO, M. E. C. **A alegria de amamentar**: guia prático para a amamentação. São Paulo: Maltese, 1990. p. 211.

MANTEROLA, A. C.; ASSÚA, M. **Crescer com saúde**. São Paulo: Paulinas, 1988.

Medeiros, C. F. M. Hábitos bucais nocivos: a importância da conscientização em relação às ações preventivas. **Pró-Fono: Revista de Atualização Científica**, Carapicuíba, n. 4, v. 2, p. 36-42, 1992.

Panhoca, I.; Paffaro, A. C.; Mello, J. S. Chupeta e mamadeira, um tema da fonoaudiologia. **Revista Fono Atual**, 1998.

Ramsay, M. R.; Gisel, N. P. O uso de chupetas por crianças. Relatos de mães. **J. Bras. Ped.**, v. 2, n. 7, p. 211-7, 1996.

Rego, J. D. **Aleitamento materno**. São Paulo: Atheneu, 2002.

Schimtz, E. M. et al. **A enfermagem em pediatria e puericultura**. São Paulo: Atheneu, 2000.

Van der Laan, C. D. A importância da amamentação no desenvolvimento facial infantil. **Pró-Fono: Revista de Atualização Científica**, Carapicuíba, n. 7, v. 1, p. 3-5, mar. 1995.

Psicopedagogia

Nathalia de Vasconcelos

A psicopedagogia pode ser definida como a área que estuda o processo de aprendizagem e seus eventuais bloqueios. Bossa (2000) considera que a estruturação da psicopedagogia como corpo de conhecimento e área de estudo interdisciplinar, cujo objeto de estudo é a aprendizagem e suas patologias, ocorreu pela necessidade de encontrar soluções para problemas de aprendizagem. Por apresentar caráter interdisciplinar, a psicopedagogia não pode ser entendida como mera aplicação da psicologia à pedagogia, mas como o conjunto de saberes decorrentes dessas duas ciências, da neurologia, da fonoaudiologia, da neuropsicologia, da biologia e das ciências sociais.

O objeto central de estudo da psicopedagogia está estruturado em torno do processo de aprendizagem humana. Durante o desenvolvimento desse processo, a psicopedagogia considera seus padrões evolutivos normais e patológicos, bem como a influência do meio (família, escola, sociedade etc.).

Dois campos básicos de atuação da psicopedagogia podem ser definidos: a clínica e a instituição. Na psicopedagogia clínica, Weiss (2006) sugere alguns passos a serem seguidos, começando por anamnese com os pais, sessões para diagnóstico psicopedagógico, plano de intervenção, devolução e encaminhamentos. Já na institucional, Calberg (2000) relata que um psicopedagogo pode ter duas possibilidades: uma é ser um psicopedagogo contratado e outra, um assessor. Noffs et al. (2000, p. 5-9) reelaboraram uma lista de tarefas a ser seguida por um psicopedagogo contratado:

- Administrar ansiedades e conflitos;
- Trabalhar com grupos: grupo escolar em uma unidade em funcionamento;
- Identificar sintomas de dificuldades no processo ensino–aprendizagem;

- Organizar projetos de prevenção,
- Clarear papéis e tarefas nos grupos;
- Ocupar um papel no grupo;
- Criar estratégias para o exercício da autonomia;
- Fazer mediação entre os subgrupos envolvidos na relação ensino–aprendizagem (pais, professores, alunos, funcionários)
- Transformar queixas em pensamentos;
- Criar espaços de escuta;
- Levantar hipóteses;
- Observar, entrevistar e fazer devolutivas;
- Utilizar-se de metodologia clínica e pedagógica, olhar clínico;
- Estabelecer um vínculo psicopedagógico;
- Não fazer avaliação psicopedagógica clínica individual dentro da instituição escolar, porém, pode fazer sondagem;
- Fazer encaminhamentos e orientações;
- Compor a equipe técnico-pedagógica; para isso, necessita de supervisão e formação pessoal.

Para a compreensão do processo de aprendizagem, Bossa (2000, p. 22) sugere que a psicopedagogia deva estudar as características da aprendizagem humana, preocupando-se com *como se aprende, como se produzem as alterações na aprendizagem, como reconhecê-las, tratá-las e preveni-las*. A área de estudos e de atuação do psicopedagogo abrange, portanto, as condições para que a aprendizagem ocorra, os possíveis bloqueios existentes e a avaliação do que está impedindo o processo de elaborar e de aprender.

> Atualmente, a psicopedagogia trabalha com uma concepção de aprendizagem segundo a qual participa desse processo um equipamento biológico com disposições afetivas e intelectuais que interferem na forma de relação do sujeito com o meio, e essas disposições influenciam e são influenciadas pelas condições socioculturais do sujeito e do seu meio.

Fernández (2001) e Bossa (2000) concordam que o aprender depende da articulação entre organismo–corpo–inteligência–desejo e do vínculo formado entre ensinante e aprendente, o qual tem sua matriz nas primeiras relações mãe–filho. Assim, para essas autoras, o fracasso na aprendizagem deve ser investigado a partir dessa articulação juntamente com a situação vincular e social do indivíduo.

Como se sabe, a relação vincular de uma criança influencia seu processo de aprendizagem, e é nesse sentido que devemos nos atentar à relação ensinante x aprendente, seja ela relação pais x filho, professor x aluno ou psicopedagogo x criança. Devemos nos atentar, também, aos recursos advindos dessas relações que propiciem à criança o uso de sua capacidade de compreensão e elaboração.

Pode-se dizer que é na relação com o outro e com o meio que o sujeito construirá sua modalidade de aprendizagem e a si próprio como pessoa. Albieri (2007) relata que é a partir da aprendizagem que nos tornamos humanos, e o ensinante é quem dará, inicialmente, o significado a um dado conhecimento.

Romanelli (2006) afirma que a família, como instituição, é considerada fator indispensável no processo de aprendizagem. Assim, sabendo da importância que ela tem na construção, na formação e na constituição de uma criança, não poderia deixar de expor minha preocupação em relação às famílias que recebem uma criança com síndrome de Down.

Para que a aprendizagem aconteça, é fundamental que a criança tenha o desejo de aprender e, sobretudo, a autorização dos pais. Porém, quando há a existência de uma criança com problemas, ela representa uma ruptura para os pais, pois as expectativas constituídas em torno do filho "normal" tornam-se insustentáveis. Isso ocorre, pois, como foi uma projeção dos pais, esses filhos representam a perda de sonhos e esperanças e a obrigatoriedade de lidar com as limitações e o diferente, fazendo que muitos pais sintam-se despreparados para a tarefa que devem assumir.

A deficiência mental, presente na síndrome de Down, não é determinada apenas por fatores biológicos, mas é constituída no grupo do qual o indivíduo que a possui faz parte: é este grupo que dá significado àquilo que é considerado deficiência. Dessa forma, o grupo social que circunda a criança apresenta concepções, pré-conceitos, percepções e crenças que determinarão a identidade desse sujeito deficiente.

> Quando um indivíduo nasce, ele não vem ao mundo como uma tela em branco, mas sem enredo numa história familiar que compreende várias gerações e recebe uma série de missões e projeções dos pais, avós e família extensiva. (Fernández, 2001, p. 78)

É importante ressaltar que a sociedade, principalmente pais e professores, ao lidar com a criança com Down, apresenta certa tendência em fazer uso de um mecanismo chamado *profecias autorrealizadoras*, isto é, prognósticos lançados a respeito do processo de desenvolvimento da criança, sem levar em consideração seu desempenho, ou seja, são manifestações de crenças, valores e percepções que "levam as pessoas a se transformarem naquilo que delas se espera" (Luciano, 2006, p. 36). A psicopedagogia deve intervir de modo que reduzam essas profecias.

Existem famílias que manifestam sua decepção e sua desaprovação em vista dos maus resultados escolares de seus filhos, seja ele Down ou não. Já outros pais podem apresentar total indiferença, além de completa ausência de interesse pelas dificuldades da criança. Contudo, o que essas atitudes opostas têm em comum é que ambas afetam o sujeito em sua escolaridade, impedindo que cresça de forma natural.

Outras manifestam superproteção em relação ao filho com Down, influenciando o processo de desenvolvimento e aprendizagem da criança de forma negativa. Geralmente, essas famílias dispensam mais atenção aos fracassos que aos sucessos: enfatizam as deficiências e as debilidades da criança.

Considerando essa mesma linha de pensamento, podemos citar Mannoni (1995), que nos passa a ideia de que, diante do filho deficiente, muitos pais impedem seu crescimento, porque, a partir da independência deles, deparam-se com suas próprias faltas e dificuldades. Assim, não permitindo que o filho tenha experiências de autonomia, não acreditando em suas possibilidades e impossibilitando que ele se torne adulto, os pais estariam se preservando até de um vazio diante da independência que o filho possa alcançar. Então, como o indivíduo deficiente construirá sua imagem de independência e capacidade se as experiências que podem levar a isso não lhe foram fornecidas?

Famílias com pensamentos assim apresentarão maior probabilidade em formar crianças limitadas nas possibilidades de independência, autonomia, aprendizagem escolar e interação social.

Fernández (1991; 2001) afirma que a autoria de pensamento é condição para que a autonomia da pessoa possa acontecer e indica cinco características preponderantes e saudáveis existentes nas famílias facilitadoras da autoria do pensamento. A primeira diz respeito a permitir, buscar, favorecer e valorizar ideias e sentimentos diferentes entre os integrantes do grupo familiar; a segunda refere-se a promover, e não a entender como ataque a possibilidade de escolha das outras pessoas; a terceira respeita a intimidade dos integrantes da família; a quarta permite e favorece questionamentos; e o último pensamento é manejar situações difíceis com humor.

Portanto, é imprescindível que a família de uma criança com síndrome de Down desfrute dessas características, pois, por meio delas, será possível trilhar um caminho mais digno e benéfico para o Down e para a própria família.

Albieri (2007) afirma que, para que um indivíduo aprenda, é necessário seu desejo em aprender e, também, que a família o "permita" a aprender e desejar, já que o aprendizado não é somente adquirido na escola, mas construído pela criança pelo contato social frente a uma cultura circulante.

Não poderia deixar de expor minha preocupação em relação às famílias, pois o tempo que a criança passa com os terapeutas é muito pequeno se comparado ao que passa com a família. Isso justifica a atenção que os profissionais devem ter em relação ao papel que desempenham para auxiliar no equilíbrio emocional familiar e no relacionamento entre toda a família e a criança. Antes de qualquer técnica específica de estimulação, a convivência saudável com a criança e a promoção de um ambiente familiar estável devem ser prioridade da intervenção psicopedagógica, pois é a partir dela que ocorre o desenvolvimento.

Assim, acredito que a orientação e a motivação da família, no sentido de colaborar e participar do programa educacional, podem promover maior interação com a criança.

Há pouco discorri que o psicopedagogo deve se preocupar com *como se aprende*, *como se produzem as alterações na aprendizagem* e *como reconhecê-las, tratá-las e preveni-las*. Então, por que não refletir e arquitetar uma psicopedagogia mais preventiva?

Crianças com necessidades especiais poderão apresentar dificuldades com maior frequência durante todo o seu processo de aprendizagem, e é justamente nesses casos que o enfoque preventivo da psicopedagogia deve ser priorizado e aperfeiçoado. Percebendo como a criança lida com o processo de aprender, compreendendo sua singularidade, suas necessidades específicas, dificuldades e possibilidades, motivações e preferências, teremos o alicerce para elaborar métodos de intervenção que visam à estimulação da criança e, consequentemente, à prevenção e/ou à redução das possíveis dificuldades de aprendizagem que poderão surgir futuramente.

O recurso de intervenção precoce na aprendizagem ou estimulação psicopedagógica para crianças com necessidades especiais abrange desde o desenvolvimento de habilidades psicomotoras (que inclui domínio do esquema corporal, desenvolvimento da lateralidade, orientação espacial e temporal e estimulação visual, auditiva, sensitiva e labiríntica), a promoção das possibilidades de comunicação e interação social e o desenvolvimento de hábitos e comportamentos adequados até a estimulação da pré-escrita e da escrita e o favorecimento da independência nas atividades de vida diária.

Para o ensino de crianças com síndrome de Down, devemos atender a alguns princípios básicos:

- As atividades devem ser centradas em coisas concretas;
- As experiências devem ser adquiridas no ambiente próprio da criança;
- A criança deve ser respeitada em todos os aspectos de sua personalidade;
- A família da criança deve participar do processo intelectivo.

Portanto:

> A aprendizagem tem sempre que partir do concreto, pois o Down tem dificuldade de abstração. Na alfabetização e no ensino da matemática, por exemplo, símbolos podem ser aprendidos com certa facilidade, embora seja difícil associá-

los a conceitos e quantidades. O processo de abstração é lento e difícil, mas possível. O aprendizado não pode ser isolado. Tem que acompanhar a vida prática, tem que ser inserido num contexto real, em que o Down possa perceber o seu significado concreto, na vida real. (Dias, 2007)

Além desses princípios, Silva (2002) propõe pontos específicos que devem ser considerados quanto à educação do portador da síndrome de Down: estruturar seu autoconhecimento; desenvolver seu campo perceptivo; desenvolver a compreensão da realidade; desenvolver a capacidade de expressão; progredir satisfatoriamente em desenvolvimento físico; adquirir hábitos de bom relacionamento; trabalhar cooperativamente; adquirir destreza com materiais de uso diário; atuar em situações do dia-a-dia; adquirir conceitos de forma, quantidade, tamanho, espaço, tempo e ordem; familiarizar-se com recursos da comunidade em que vive; conhecer e aplicar regras básicas de segurança física; desenvolver interesses, habilidades e destrezas que o oriente em atividades profissionais futuras; ler e interpretar textos expressos em frases diretas; desenvolver habilidades e adquirir conhecimentos práticos que o levem a descobrir conhecimentos práticos e valores que favoreçam seu comportamento no lar, na escola e na comunidade.

Como psicopedagoga, não poderia deixar de falar da importância do brincar no desenvolvimento da criança, pois é por meio do brincar que a criança está experimentando o mundo, os movimentos e as reações e criando elementos para desenvolver atividades mais elaboradas no futuro.

Pode-se afirmar que bebês estimulados por meio de brinquedos apresentam maior interesse pelo aprendizado e desenvolvem mais a inteligência. O brincar favorece um melhor entendimento do meio, o aprendizado de regras e o desenvolvimento da fala, das funções sociais e das habilidades físicas e motoras. O ato de brincar com outras crianças também é de extrema importância, pois favorece o aprendizado de alguns princípios, como colaboração, divisão, liderança e competição, além de aumentar as relações interpessoais.

Após essa reflexão sobre a psicopedagogia como estimulação para a criança com síndrome de Down, pode-se concluir que, além das possíveis intervenções para estimular e prevenir "problemas de aprendizagem", a psicopedagogia exerce papel importante no que se refere aos caminhos que a família e a escola devem seguir: julgo que a família tem papel preponderante nos primeiros momentos de desenvolvimento das potencialidades biopsíquicas, emocionais, afetivas e cognitivas da criança, mas a escola, a partir do momento em que a criança passa a frequentá-la, torna-se mais um fator responsável pelo seu bom desenvolvimento.

Pude perceber, em estudo científico realizado em 2006 acerca das representações sociais sobre crianças com necessidades especiais, que a psicopedagogia pode contribuir como corpo de conhecimento e área de estudo interdisciplinar. A psicopedagogia contribui no sentido de intervir na melhora das condições de ensino e aprendizagem e proporcionar aos pais e aos professores um espaço para que reflitam sobre suas práticas e revejam o papel desempenhado por eles, pois as representações, as crenças e, consequentemente, as atitudes em relação à criança especial estão pautadas na participação, na atuação e na intervenção dessas pessoas, que fazem parte do convívio da criança.

Referências

ALBIERI, M. P. **A influência da família na aprendizagem**. Ribeirão Preto, 2007.

BOSSA, N. A. **Psicopedagogia no Brasil**. 2. ed. Porto Alegre: Artes Médicas, 2000.

CALBERG, S. Psicopedagogia Institucional: uma práxis em construção. **Revista de Psicopedagogia**, v. 51, n. 19, 2000.

DIAS, C. **Construindo o caminho** – um desafio aos limites da Síndrome de Down. Disponível em: <http://www.psicopedagogia.com.br/entrevistas/entrevista.asp?entrID=29>. Acesso em: out. 2007.

FERNÁNDEZ, A. **A inteligência aprisionada** – Abordagem Psicopedagógica – Clínica da Criança e sua Família. Porto Alegre: Artes Médicas, 1991.

_____. **O saber em jogo**. Porto Alegre: Artes Médicas, 2001.

KIGUEL, S. M. Reabilitação em Neurologia e Psiquiatria Infantil – Aspectos Psicopedagógicos. **Congresso Brasileiro de Neurologia e Psiquiatria Infantil – A Criança e o Adolescente da Década de 80**. Porto Alegre: Abenepe, v. 2, 1983.

LUCIANO, E. A. **Representações de Professores do Ensino fundamental sobre o aluno**. Ribeirão Preto, 2006. 171 p. Dissertação (Mestrado) FFCLRP/USP, Depto. de Psicologia e Educação, 2006. Disponível na Biblioteca Digital de Teses e Dissertações da USP: <http://www.teses.usp.br/teses/disponiveis/59/59137/tde-25092006-161206>.

MANNONI, M. **A criança retardada e a mãe**. São Paulo: Martins Fontes, 1995.

NOFFS, N. A. Entrevista: Palavra de Presidente. In: CALBERG, S. Psicopedagogia Institucional: uma práxis em construção. **Revista de Psicopedagogia**, v. 51, n. 19, 2000.

PAÍN, S. **Diagnóstico e Tratamento dos Problemas de Aprendizagem**. 4. ed. Porto Alegre: Artmed, 2001.

POLITY, E. **Dificuldade de aprendizagem e família**: construindo novas narrativas. 1. ed. São Paulo: Vetor, 2001.

ROMANELLI, G. **Escola e família de classes populares:** notas para discussão. Disponível em: <http://www.educacaoonline.pro.br/escola_e_familia.asp?f_id_artigo=288>. Acesso em: 03 nov. 2006.

SILVA, R. N. A. A educação especial da criança com Síndrome de Down. In: BELLO, J. L. P. **Pedagogia em Foco**. Rio de Janeiro, 2002. Disponível em: <http://www.pedagogiaemfoco.pro.br/spdslx07.htm>. Acesso em: 25 set. 2007.

VASCONCELOS, N. **Representação de professores sobre seus alunos com necessidade educacional especial**. Ribeirão Preto: [s.e], 2006.

WEISS, M. L. L. **Psicopedagogia Clínica** – uma visão dos problemas de aprendizagem escolar. 11. ed. rev. e amp. Rio de Janeiro: DP&A, 2006.

Equoterapia

Rita Hammoud

A origem da equoterapia

Segundo a Associação Nacional de Equoterapia (ANDE – Brasil, 2004a), a equoterapia é

> um método terapêutico e educacional que utiliza o cavalo dentro de uma abordagem interdisciplinar, nas áreas de saúde, educação e equitação, buscando o desenvolvimento biopsicossocial de pessoas portadoras de deficiência e/ou com necessidades especiais.

A ligação entre homem e cavalo é bastante conhecida e de longa data. Em toda a história da humanidade, esse animal foi utilizado como meio de transporte, trabalho, grandes conquistas e até de veneração na mitologia grega. Hoje em dia, o cavalo é útil na fabricação de soros, no lazer e no esporte, e lhe é dado um grande destaque como agente de reabilitação e educação, por meio da equoterapia.

Hipócrates (458 – 370 a.C.), em seu *Livro das Dietas*, já aconselhava a equitação para "regenerar a saúde e preservar o corpo humano de muitas doenças" e também afirmava que a "equitação praticada ao ar livre faz com que os músculos melhorem o seu tônus". O médico particular do Imperador Marco Aurélio, Galeno (130 – 199 d.C.), recomendou que seu paciente praticasse equitação como forma de conseguir tomar decisões com mais rapidez.

Mais recentemente, em 1890, o médico sueco Gustavo Zander afirmou que as vibrações transmitidas ao cérebro com uma frequência de 180 oscilações por minuto estimulam o sistema nervoso. Isso ele comprovou sem associar nada ao cavalo. Quase cem anos depois, em 1984, o médico alemão Detlvev Rieder mediu as vibrações sobre o dorso de um cavalo e, por incrível coincidência, constatou que a frequência é exatamente de 180 oscilações por minuto.

O primeiro grupo de equoterapia de que se tem registro foi fundado em 1917, no hospital universitário de Oxford, com o objetivo de atender ao grande número de feridos da Primeira Guerra Mundial e com a ideia fundamental de lazer e quebra da monotonia do tratamento.

A atividade equestre como meio terapêutico despertou o interesse da comunidade médica a partir de um feito realizado pela dinamarquesa Liz Hartel. Ela foi acometida por uma forma grave de poliomielite aos 16 anos e, mesmo contrariando a todos, não quis abandonar o esporte que já praticava antes da doença: a equitação. Nas Olimpíadas de 1952, Liz foi premiada com a medalha de prata na modalidade equestre de adestramento, competindo com os melhores cavaleiros do mundo. O público só percebeu sua condição quando, ao descer do cavalo, teve que se valer de duas bengalas canadenses para subir ao pódio. Os resultados obtidos pela dinamarquesa foram tão interessantes que, já em 1954, se formava a primeira equipe interdisciplinar em equoterapia na Noruega e, em 1956, foi criada a primeira estrutura associativa na Inglaterra.

A modalidade se desenvolveu rapidamente na Europa, de forma que, em 1965, na França, a equoterapia se tornou uma matéria didática; em 1969, teve lugar o primeiro trabalho científico em equoterapia; e, em 1972, foi defendida a primeira tese de doutorado em medicina sobre equoterapia, também na França.

No Brasil, foi desenvolvida uma estratégia de implantação e institucionalização das práticas terapêuticas realizadas com o cavalo e a cavalo. O primeiro passo foi a criação da Associação Nacional de Equoterapia (ANDE – Brasil), em 1989, sediada em Brasília. Trata-se de uma sociedade civil de caráter filantrópico, terapêutico, educativo, cultural, esportivo e assistencial sem fins lucrativos, que tem por objetivo, entre outras coisas, "normatizar, supervisionar, controlar e coordenar, em âmbito nacional, a prática da equoterapia das entidades filiadas" (ANDE – Brasil, 2004a). A ANDE elegeu o termo *praticante de equoterapia* para designar a pessoa com necessidades especiais que esteja em atividades equoterápicas. Então, é assim que chamaremos, neste livro, o nosso paciente/cavaleiro.

O cavalo como instrumento terapêutico – por que a equoterapia funciona?

Para entendermos as vantagens terapêuticas dessa modalidade de tratamento, precisamos conhecer melhor o modo como o cavalo se movimenta. O animal apresenta três andaduras: passo, trote e galope, e o passo é aquele utilizado na maioria dos trabalhos em equoterapia. Essa andadura é caracterizada por um movimento tridimensional do dorso do cavalo (para cima e para baixo, para a direita e para a esquerda, para frente e para trás), além de uma rotação de oito graus para um lado e para o outro. Com uma análise não muito minuciosa, percebemos que, quando nós, humanos, estamos caminhando, nosso quadril faz exatamente esses mesmos movimentos. Toda pessoa que estiver sobre um cavalo ao passo receberá, então, essa movimentação tridimensional e o seu corpo será obrigado a se adaptar a ela. Essa adaptação dos músculos do nosso corpo aos movimentos do passo do cavalo é chamada *ajuste tônico*. É simples entender: o praticante está montado sobre o dorso do cavalo ao passo e seu corpo passa a receber um movimento tridimensional. Quando o movimento joga-o para frente, a musculatura de suas costas reage contraindo-se, para que a pessoa não caia para frente. Quando é jogado para a direita, os músculos do lado esquerdo do tronco se contraem para que o praticante não caia para a direita, e assim por diante.

Quando o cavalo está andando ao passo, esse ajuste tônico, que é uma reação automática, torna-se rítmico. A adaptação ao ritmo é uma das peças-mestre da equoterapia, pois ela exige que praticante faça contrações e descontrações simultâneas de grupos musculares com funções opostas, o que caracteriza um enorme benefício ao controle do tônus muscular e, consequentemente, à adequação da postura. Em trinta minutos de trabalho ao passo, o cavaleiro executa de 1.800 a 2.250 ajustes tônicos, dependendo da cadência da marcha do animal. No entanto, mesmo quando não está se locomovendo, o cavalo estimula o cavaleiro o tempo todo: a troca de apoio de patas, o deslocamento da cabeça ao olhar para os lados, as flexões da coluna, o abaixar e o alongar do pescoço impõem ao praticante de equoterapia um ajuste no seu comportamento muscular – o ajuste tônico –, a fim de responder aos desequilíbrios provocados por esses movimentos.

Os ajustes ritmados determinam uma movimentação osteoarticular que promove grande número de informações proprioceptivas, ou seja, provenientes de articulações, músculos e tendões. Essas informações são bastante diferentes daquelas formadas em pessoas que estão em pé no chão. Para o praticante de equoterapia, essas informações são novas, o que permite a formação de esquemas motores novos. Por isso, é uma técnica muito interessante para a reeducação neuromuscular. Imagine uma criança que ainda não saiba andar e que receba em seu pé (sim, a criança pode ficar em pé sobre o cavalo sendo segurada por seu terapeuta) ou em seu quadril essa movimentação tridimensional do cavalo, que é exatamente igual ao movimento do nosso quadril quando caminhamos. Certamente, isso facilita muito o aprendizado da marcha.

Além dos benefícios do ajuste tônico proporcionados pela equoterapia, os deslocamentos da cintura pélvica do praticante produzem vibrações nas regiões osteoarticulares que são transmitidas ao cérebro, via medula, com frequência de 180 oscilações por minuto, as quais, como dito anteriormente, estimulam o sistema nervoso.

A esse grande número de ajustes tônicos somam-se as informações exteroceptivas, que são aquelas provenientes dos nossos sentidos, principalmente tato, olfato, visão e audição. Elas se dão graças ao contato dos glúteos e das faces internas das coxas com o animal, das mãos em contato com as rédeas e com o pelo; os sons vêm das batidas dos cascos do cavalo, da voz do terapeuta, do vento passando pelas folhas das árvores; sente-se o cheiro característico do cavalo e do ambiente, que pode ser um picadeiro fechado ou um bosque; a visão do praticante é bastante diferente daquela de um pedestre ou da sua própria quando está no chão. Seu olhar vai mais longe, ele, literalmente, olha por cima e, sobretudo, domina o cavalo.

Esse último fato é bastante importante para o aspecto psicossocial do nosso paciente/cavaleiro: ele tem outra visão de mundo. Sente-se maior, não precisa olhar para cima quando quer ver o rosto de alguém e percebe que é capaz de comandar ou participar do comando de um animal grande, forte e imponente como o cavalo. O contato com o animal traz, então, um impacto muito positivo sobre autoestima, autoconfiança e autonomia do praticante de equoterapia.

Outra questão importante a ser considerada na equoterapia é a estimulação vestibular. Um dos grandes responsáveis pelo nosso equilíbrio é o sistema vestibular, mais conhecido como *labirinto*. Ele está localizado na parte interna dos nossos ouvidos e é responsável pela captação das acelerações da nossa cabeça. Explicando grosseiramente, todo estímulo captado pelo sistema vestibular é enviado ao encéfalo (cérebro) pelo nervo vestibular e depois segue pela medula até chegar aos nossos músculos. Portanto, se eu estou caminhando para frente, o sistema vestibular capta a aceleração da minha cabeça, que está indo para frente, e transmite essa informação aos meus músculos, de forma que eu consigo adequar minha postura e a posição dos meus pés para não cair durante o trajeto, ou seja, o labirinto percebe o deslocamento da minha cabeça no espaço e informa meu corpo a respeito disso, permitindo que eu me adapte ao fato de estar me locomovendo. Portanto, o sistema vestibular está intimamente relacionado ao equilíbrio.

Quando estamos andando a cavalo, nossa cabeça está em movimento e, portanto, nosso sistema vestibular está sendo estimulado. Para a maioria das pessoas, andar para frente é bastante comum e acaba não sendo um grande estímulo para o labirinto. No entanto, em uma sessão de equoterapia, o praticante pode estar de frente, de costas, de lado, deitado de barriga para cima ou para baixo, andando em linha reta, fazendo curvas para um lado e para o outro, andando em ziguezague; pode fazer todas essas coisas em uma única sessão, e aí sim o sistema vestibular será estimulado, pois a cabeça estará se movendo no espaço de maneiras diferentes das usuais e, quando o sistema vestibular é estimulado corretamente, o equilíbrio melhora.

Você pode estar pensando que muitas dessas coisas, como estimulação vestibular, melhora do tônus e do equilíbrio, podem ser feitas, também, em sessões de fisioterapia convencional, e é verdade. Nenhum praticante de equoterapia que apresente algum problema motor, como é o caso de crianças com síndrome de Down, deve prescindir de seu tratamento fisioterápico. Agora, a grande vantagem da equoterapia é que podemos fazer fisioterapia em cima do cavalo, aproveitando todas as vantagens que o seu movimento ao passo pode oferecer. Podemos treinar alcance e preensão de objetos, aprimorar a coordenação motora, fazer fortalecimento de tronco e membros, ganhar controle de cabeça, tronco e quadril etc., tudo isso com a ajuda que o passo do cavalo nos dá, proporcionando ajustes tônicos e todos os outros benefícios já mencionados. No entanto, é sempre importante ressaltar que a equoterapia não pretende resolver tudo, e nem poderia. A pessoa com síndrome de Down necessita de acompanhamento interdisciplinar. Fonoaudiologia, psicopedagogia, fisioterapia, psicologia, atividades físicas e o que mais se julgar necessário devem fazer parte do tratamento do paciente.

Posto isto, resumiremos, agora, os principais benefícios oferecidos pela equoterapia nos casos de síndrome de Down:

- Melhora do equilíbrio;
- Melhora da coordenação motora;
- Ajuste do tônus muscular;
- Adequação da postura;
- Facilitação do controle muscular;
- Fortalecimento;
- Aprendizado de novos esquemas motores;
- Melhora da autoestima e da autoconfiança.

É válido dizer que são várias as indicações da equoterapia:

- Síndrome de Down;
- Paralisia cerebral;
- Mielomeningocele;
- Doença de Parkinson;
- Traumatismos raquimedulares;
- AVE;
- Distúrbios de aprendizagem e comportamento.

A equoterapia é contraindicada para pessoas que apresentem dores intensas, úlceras de pressão e obesidade.

Os programas de equoterapia

Cada indivíduo tem suas particularidades e seu perfil em certa fase de sua vida, o que determina objetivos específicos a serem alcançados em cada momento, para cada pessoa. Diante disso, foram estabelecidas as áreas de atuação da equoterapia e os programas nos quais cada pessoa deve se encaixar.

Podemos sintetizar as áreas de aplicação da equoterapia da seguinte maneira:

- *Reabilitação*: para pessoas com lesões neuromotoras de origem encefálica ou medular, patologias ortopédicas congênitas ou adquiridas por acidentes diversos, disfunções sensório-motoras e qualquer deficiência física e/ou mental;
- *Educação*: para pessoas com necessidades educativas especiais e distúrbios evolutivos, comportamentais e de aprendizagem;
- *Social*: para pessoas com distúrbios evolutivos ou comportamentais.

Para atender às necessidades especiais de cada indivíduo, a equoterapia possui, então, diferentes programas:

- *Hipoterapia*: é um programa essencialmente da área de reabilitação. O praticante não tem condições de se manter sozinho a cavalo e necessita de um auxiliar-guia (pessoa que puxa o cavalo) e de um terapeuta para lhe dar segurança e realizar os exercícios programados. O cavalo é usado principalmente como instrumento cinesioterapêutico;
- *Educação/reeducação*: pode ser aplicado tanto na área reabilitativa quanto na educativa. O praticante tem condições de exercer alguma atuação sobre o cavalo e conduzi-lo. O cavalo continua proporcionando benefícios pelo seu movimento tridimensional, mas o praticante passa a interagir com mais intensidade. O cavalo, agora, é usado principalmente como instrumento pedagógico;
- *Pré-esportivo*: também pode ser aplicado nas áreas reabilitativa e educativa. Nesse caso, o praticante tem boas condições para atuar e conduzir o cavalo, podendo participar de exercícios específicos de hipismo. O praticante exerce grande influência sobre o cavalo, que passa a atuar como instrumento de inserção social;
- *Esportivo*: criado recentemente pela ANDE – Brasil, este programa atende aos praticantes que possuem boas condições para estar a cavalo, já podendo participar de competições hípicas.

Os programas possuem abordagens bastante distintas, e, portanto, há necessidade de uma *equipe multidisciplinar* que atue de forma interdisciplinar. No programa de hipoterapia, os profissionais da saúde, como fisioterapeutas e fonoaudiólogos, são os mais atuantes. O médico deve, também, participar do tratamento fornecendo dados sobre o praticante e dando algumas orientações em casos de pacientes que passaram por cirurgias, por exemplo. No programa educação/reeducação, o profissional da área de educação tem maior importância, além do instrutor de equitação. Os exercícios, no entanto, devem ser programados por toda a equipe, segundo os objetivos a serem alcançados. Nos programas pré-esportivo e esportivo, o profissional da área de equitação é o mais atuante, embora deva ser orientado pelos colegas das áreas de saúde e educação.

Referências

ANDE – Brasil. Equitação, um esquema para ajudar criança com deficiência. **Equoterapia**, Brasília, n. 8, dez 2003.

_____. **Curso básico de equoterapia**, Brasília, 2004a (Apostila).

_____. Aspectos pragmáticos do perfil comunicativo de crianças portadoras de necessidades especiais submetidas a equoterapia. **Equoterapia**, Brasília, n. 9, jun. 2004b.

_____. Equoterapia, a melhor das terapias. **Equoterapia**, Brasília, n. 15, jun. 2007a.

_____. O cavalo e sua contribuição como agente terapêutico. **Equoterapia**, Brasília, n. 16, dez. 2007b.

_____. **Curso avançado de equoterapia**, Brasília, 2008 (Apostila).

Clutton-Brock, J. **Horses**. Londres: Dorling Kindersley, 1995.

Pessoa Filho, N. **Larousse dos Cavalos**. São Paulo: Larousse do Brasil, 2006.

Fisioterapia aquática

Rafaela Okano Gimenes

Hidroterapia origina-se das palavras gregas *hydro* (*hydor*, hidratos = água) e *therapéia* (tratamento, cura) e pode ser definida como tratamento de doenças por meio da aplicação externa de água fria ou quente. Tem sido utilizada na prática clínica como forma alternativa de tratamento fisioterapêutico para pacientes portadores de deficiência física, incluindo-se aqueles com doenças neurológicas (Skinner e Thomson, 1984).

O professor austríaco Winterwitz (1834 – 1912) foi fundador da Escola de Hidroterapia e Centro de Pesquisa em Viena e é lembrado como um dos mais devotos profissionais no estudo da prática da hidroterapia. Seu instituto ficou conhecido como *Instituto de Hidroterapia* e seus estudos objetivavam descrever os fundamentos para a base fisiológica da hidroterapia (Ruoti, Morris e Cole, 1997).

Alguns dos discípulos de Winterwitz trouxeram contribuições importantes para o estudo dos efeitos fisiológicos da aplicação de calor e frio, da termorregulação do corpo humano e da hidroterapia clínica. Essa pesquisa inicial serviu de impulso para a instalação de banhos de turbilhão e exercícios subaquáticos. Essas técnicas de tratamento, no entanto, não entraram em uso regular até o começo do século XX (Lianza, 1985).

Um dos primeiros norte-americanos a se dedicar à pesquisa sobre hidroterapia foi o Dr. Simon Baruch. Ele viajou à Europa para estudar com o Dr. Winterwitz e conversar com aqueles que eram considerados charlatães, como Pressnitz, e publicou dois livros em 1893 sobre o assunto: *O uso da água na medicina moderna* e *Os princípios e a prática da hidroterapia*. Em 1907, foi o primeiro professor da Columbia University de Nova York (EUA) a ensinar hidroterapia. Embora a hidroterapia não fosse considerada tão importante, Baruch continuou seus estudos até 1930. Houve, então, em 1960, um declínio da hidroterapia, que Baruch atribuiu à própria comunidade médica, que, na época, consentia que indivíduos não médicos, ou seja, não treinados, como os "massagistas", utilizassem a hidroterapia como um recurso terapêutico da massagem (Baruch apud Cunha et al., 1998).

Durante o século XIX, as propriedades da flutuação começaram a ser estudadas para realizar exercícios em pacientes na água. Em 1898, o conceito de hidroginástica foi introduzido por Leydeen e Gold-Water, que incluíram a realização de exercícios na água e serviram como precursores do conceito de reabilitação aquática. Em 1920, a hidroginástica implicava a realização de exercícios na água, sendo realizados por um profissional da saúde (Baruch apud Cunha et al., 1998).

Por toda a história, o nome empregado para denotar o conceito do uso da água para finalidades de cura e reabilitação mudou muitas vezes. Alguns desses "títulos" foram usados como sinônimos: hidrologia, hidrática, hidroginástica, terapia pela água, terapêutica pela água e exercício na água. Os termos mais utilizados atualmente são *reabilitação aquática*, *hidroterapia* e *hidrocinesioterapia* (Becker e Cole, 2000), porém a literatura pesquisada ainda não aponta qual o termo mais indicado a ser utilizado. Considerando os objetivos do procedimento em si, utilizaremos o termo *fisioterapia aquática*, por entendermos ser o mais adequado (Gimenes, 2002).

A fisioterapia aquática possui uma longa história e é tão importante atualmente quanto foi no passado. Hoje, com o crescimento de sua popularidade, os fisioterapeutas são encorajados a utilizar a água, aproveitando ao máximo suas propriedades.

Os objetivos do tratamento para crianças portadora de síndrome de Down são proporcionar suporte para outros profissionais da equipe de reabilitação, adequação do tônus muscular, profilaxia para alteração cardiorrespiratória e circulatória, fortalecimento muscular e estimulação da motricidade voluntária, das fases do desenvolvimento neuropsicomotor, como o controle de tronco e a marcha, do equilíbrio e da autoestima (Guimarães et al., 1996).

Para que possamos compreender esse recurso fisioterapêutico no tratamento da síndrome de Down, faz-se necessário, inicialmente, discutirmos as propriedades hidrostáticas, hidrodinâmicas e termodinâmicas da água (mecânica de fluidos).

Viscosidade da água

A viscosidade da água promove resistência ao movimento, a qual aumenta com a velocidade do movimento, ou seja, com o fluxo turbulento, e permite um aumento do tempo de resposta para reações de equilíbrio do paciente.

Na água, a viscosidade previne quedas rápidas, podendo, assim, evitar acidentes em caso de a criança apresentar *deficit* de equilíbrio ou força muscular pela hipotonia. Dessa forma, o terapeuta tem um meio natural e seguro para eliciar altos níveis de reações de equilíbrio. No solo, sem o auxílio das propriedades da água, as respostas resultantes ao equilíbrio podem ser incompletas.

Pressão hidrostática

Segundo Degani (1998), a pressão hidrostática é a pressão exercida pelas moléculas de um fluido sobre um corpo imerso em repouso, a uma dada profundidade (Lei de Pascal). A pressão varia com a densidade do líquido e a profundidade. Juntamente com a viscosidade, favorece a manutenção das posturas na água, uma vez que auxilia no controle da postura.

Propicia maior trabalho respiratório, aumenta a expansibilidade torácica e a capacidade vital e desenvolve os músculos do tórax do nadador. Além disso, regulariza o estímulo tátil, ajudando a aumentar a defesa tátil (provavelmente em virtude do estímulo sensorial constante, permitindo a inibição do sistema reticular), colabora no fortalecimento da musculatura inspiratória e assiste a expiração. Um cuidado deve ser tomado nesse aspecto, pois, uma vez que haja alterações cardíacas na criança, pode se tornar uma precaução absoluta para a prática da fisioterapia na água.

Flutuação

Flutuação é o empuxo que age em direção oposta à força de gravidade. O empuxo é a força gerada para cima pelo volume de água deslocado e surge em virtude de a pressão de um fluido aumentar com a profundidade (Becker e Cole, 2000).

Os efeitos benéficos da flutuação, com base no seu efeito principal de minimizar os efeitos da gravidade sobre o corpo imerso, incluem diminuir a sustentação de peso corpóreo e, consequentemente, o medo da queda e parece melhorar as habilidades funcionais. Já os problemas relacionados à flutuação estão a dificuldade do terapeuta em se manter em posição estável para manusear o paciente; dificultar a estabilização do paciente; o paciente poder experimentar estímulo proprioceptivo diminuído; e a flutuação aumentada do membro flácido (Skinner e Thomson, 1984).

As forças (pressão hidrostática, flutuação, turbulência e viscosidade) que estão ausentes ou diminuídas podem agir para promover informações sensoriais adicionais, que podem ser integradas por meio do sistema nervoso, a fim de aumentar o *feedback* (resposta) proprioceptivo e, consequentemente, as respostas nas reações de equilíbrio (Becker e Cole, 2000).

Turbulência

De acordo com Bates e Hanson (1996), a turbulência ocorre quando um objeto está desalinhado do ponto de vista hidrodinâmico e move-se por um fluido em velocidade maior que a velocidade crítica. Por meio da resistência dada pela turbulência, podem-se trabalhar fortalecimento e equilíbrio.

Quanto mais rápido for o movimento realizado, maior a resistência encontrada pelo membro corpóreo. Essas forças resistidas podem aumentar com a utilização de aparatos como luvas, roupas ou equipamentos flutuadores que aumentam a área de superfície do membro ou do corpo.

Na criança com síndrome de Down, isso pode ser tornar interessante, uma vez que essa resistência pode trazer um aumento do trabalho muscular, melhorando a força dos membros.

A turbulência auxilia no trabalho de equilíbrio, fortalecimento e *endurance* muscular, além de aumentar o *feedback* proprioceptivo (Degani, 1998). O trabalho de manutenção de posturas, como sentada, ajoelhada, em pé e mesmo deambulando, pode ser incrementado quando o terapeuta gera um fluxo turbulento, que desafia o equilíbrio e trabalha a musculatura de tronco.

Temperatura

As variações da temperatura da água produzem diferentes efeitos fisiológicos. Teoricamente, os efeitos terapêuticos da água aquecida para se realizar um trabalho fisioterapêutico são: diminuição da rigidez das articulações, alívio da dor e do espasmo muscular e aumento localizado do fluxo sanguíneo.

Para Jegsothy (2000), a fisioterapia aquática será indicada ao paciente neurológico quando os objetivos de tratamento forem adequação tônica, estímulo da motricidade voluntária, restabelecimento e estimulação das reações de endireitamento e equilíbrio, estimulação e desenvolvimento do controle eficiente da respiração e da produção da voz, promoção de benefícios psicológicos, aumento do condicionamento cardiovascular e estimulação da recreação e da sociabilização.

De acordo com Lambeck (1999), a flutuação é a principal propriedade para o tratamento em piscina, pois favorece a liberdade de movimentos, e a fisioterapia aquática é uma escolha apropriada para problemas comumente associados aos distúrbios neurológicos, incluindo dor, tônus anormal e problemas perceptuais e espaciais.

Para Morris (2000), as propriedades únicas da água, particularmente o empuxo e a turbulência, favorecem o planejamento de programas de tratamentos efetivos e versáteis. Essas características permitem a exploração dos movimentos, o fortalecimento e o treinamento das atividades funcionais, frequentemente antes de o paciente estar apto a realizar essas ações no solo.

Harris (1978) relatou que a diminuição do tônus no tipo espástico da paralisia cerebral é uma das maiores vantagens de se realizar a fisioterapia aquática. Considerou que a propriedade da flutuação pode ser utilizada de várias maneiras quando aplicada a pacientes com paralisia cerebral, principalmente quando o corpo está em posição de flutuação, em que é permitida máxima liberdade de movimento no plano horizontal.

Johnson (1988) propôs que o programa de terapia aquática em pacientes com inabilidades físicas pode trazer benefícios em relação à força, à amplitude de movimento e à resistência, e que a propriedade da flutuação da água pode facilitar atividades funcionais, como o equilíbrio e a marcha.

Guimarães et al. (1996) consideraram que os objetivos de se trabalhar com portadores da síndrome de Down incluíam a estimulação do trabalho aeróbico, o fortalecimento global, a melhora da autoestima pelas atividades recreativas e o estímulo da marcha e do equilíbrio. Avaliaram a aceitação da fisioterapia aquática como coadjuvante no tratamento de crianças portadoras da síndrome de Down por meio de questionário para família e cuidadores. Puderam concluir que essa modalidade obteve grande aceitação entre os pacientes e suas famílias e que os resultados mais evidentes no questionário em relação à melhora foram para a melhora do equilíbrio, da postura e, consequentemente, do desenvolvimento motor.

Geigle et al. (1997) descreveram que a estimulação dos receptores térmicos durante os exercícios aquáticos contribuem para o relaxamento muscular e a diminuição da dor. Esses benefícios podem ter um efeito positivo na propriocepção e, posteriormente, no equilíbrio. Avaliaram os mecanismos da terapia aquática no equilíbrio de pacientes com distúrbios ortopédicos e neurológicos e concluíram que estudos futuros devem ser realizados envolvendo a fisioterapia aquática, visando ao equilíbrio, uma vez que o treino deste pode minimizar as limitações do paciente.

Para Mackinnon (1997), uma das vantagens de se trabalhar na água é que não importa quão severa é a incapacidade, mas o movimento poderá ser aprendido.

Marins (2001) realizou uma revisão bibliográfica sobre a influência dos efeitos da água na musculatura estriada esquelética e a postura na criança portadora de síndrome de Down, relata que a propriedade da flutuação facilita os movimentos, ao passo que a água oferece resistência ao movimento e o fisioterapeuta deve aproveitar-se disso para dar ênfase ao ajuste postural e sugere que estudos clínicos sejam realizados.

Peterson (2001) descreve que a propriedade da flutuação e a viscosidade da água podem assistir o movimento e permitir um aumento da força muscular durante o exercício. A flutuação pode auxiliar músculos fracos a realizarem movimentos difíceis de serem executados em solo.

Por meio da análise dos artigos mencionados, pudemos observar, por essas descrições, os aspectos positivos em relação à aplicação da fisioterapia aquática em pacientes com síndrome de Down. Porém, esses aspectos devem ser considerados relativos, pois, metodologicamente, nenhum dos trabalhos apresentou rigor científico necessário para evidenciar os reais efeitos da fisioterapia aquática em pacientes neurológicos com comprometimento motor.

Durante o tratamento hidroterapêutico, existem alguns efeitos fisiológicos proporcionados pela água, como vasodilatação periférica, aumento das frequências cardíaca e respiratória e da taxa metabólica geral, melhor condição para contração muscular e melhora da circulação, além de efeitos terapêuticos, como fortalecimento muscular, melhora das atividades funcionais e da marcha, e efeitos terapêuticos, como alívio da dor e espasmos musculares, manutenção ou aumento da ADM das articulações, fortalecimento dos músculos enfraquecidos, aumento da tolerância aos exercícios, reeducação dos músculos paralisados e fracos, encorajamento das atividades funcionais, manutenção e melhora do equilíbrio, coordenação e postura (Guimarães et al., 1996; Campion, 2000).

Para se trabalhar tanto o fortalecimento quanto o equilíbrio muscular e de determinadas posturas, utilizamos a turbulência da água, que pode ser provocada em diferentes velocidades, permitindo o desafio do equilíbrio para diferentes tipos de *deficits* motores.

A densidade corporal dessas crianças está diminuída pela hipotonia, fato que leva a uma facilitação da posição de flutuação, possibilitando a realização de atividades como o nado adaptado, trazendo diversos benefícios, como o fortalecimento muscular global e o treino respiratório.

O fato de a piscina ser aquecida não deve intimidar o profissional a realizar terapias com pacientes hipotônicos, uma vez que movimentos possam ser realizados contrarresistência, com maior velocidade e cocontrações, que estimulam o aumento do tônus muscular.

Para a adequação do tônus muscular, pode ser realizada cocontração por meio de exercícios resistidos contra a flutuação e a viscosidade da água, durante algumas atividades lúdicas (Guimarães et al., 1996).

A pressão hidrostática oferece estímulos proprioceptivos e táteis, que auxiliam na adequação do tônus, no trabalho sensorial e na resistência aos movimentos (Flinkerbusch et al., 1993).

Na síndrome de Down, pode haver diminuição da interação do indivíduo com o meio ambiente, limitando oportunidades derivadas de experiências sensoriais, como visuais, vestibulares, táteis e proprioceptivas, e a hidroterapia promove liberdade dos movimentos e aumenta a sociabilização, uma vez que representa ser um ambiente agradável e rico em estímulos, em que são realizadas atividades lúdicas que envolvem objetivos terapêuticos, de forma individual ou em grupo (Flinkerbusch et al., 1993; Campion, 2000).

Nas crianças com síndrome de Down, as atividades de sopro devem ser executadas em virtude de algumas características típicas, como hipotonia muscular, respiração predominantemente bucal, língua protusa e *deficit* na coordenação dos movimentos (Flinkerbusch et al., 1993).

A fisioterapia aquática pode ser benéfica ao fornecer métodos alternativos para estimular a reeducação dos padrões respiratórios. Por meio de atividades lúdicas, como realização de bolhas na água com a boca e utilização de canudos e diferentes objetos para soprar, estimula-se a musculatura orbicular da boca e favorece-se sua oclusão, além de a musculatura respiratória ser estimulada pela pressão hidrostática exercida constantemente sobre o corpo imerso (Guimarães, 1996).

No sentido científico, ainda devem ser conduzidos estudos acerca da fisioterapia aquática como uma modalidade de tratamento das crianças com síndrome de Down. Apesar disso, podemos apontá-la como sendo mais um recurso para essas crianças, com benefícios motores, emocionais e até sociais.

Referências

Baruch, B. apud Cunha, M. C. B. et al. Hidroterapia. **Rev. Neurociências**, v. 6, n. 3, p. 126-30, 1998.

Bates, A.; Hanson, N. **Aquatic Exercise Therapy**. Saunders, 1996. 320 p.

Becker, B. E.; Cole, A. J. **Terapia Aquática Moderna**. São Paulo: Manole, 2000. 186 p.

Boeheme, R. The hipotonic child Tucson. **Therapy Skills Bulders**, 1990.

Campion, M. **Hidroterapia**: princípios e prática. São Paulo: Manole, 2000.

Degani, A. M. Hidroterapia: os efeitos físicos, fisiológicos e terapêuticos da água. **Rev. Fisioterapia em Movimento**, São Paulo; v. 11, p. 91-107, 1998.

Flinkerbusch, A. E. et al. A importância das atividades de sopro em crianças com Síndrome de Down. **Fisioterapia em Movimento**, v. 5, n. 2, p. 47-63, 1993.

Geigle, P. R. et al. Aquatic Physical Therapy for Balance: The Interaction of Somatosensory and Hydrodynamics Principles. **The Journal of Aquatic Physical Therapy**, v. 5, n. 1, p. 4-10, mar. 1997.

Gimenes, R. O. **Análise crítica de raios clínicos radonizados de fisioterapia aquática aplicada ao paciente neurológico.** Dissertação (mestrado) – Universidade Bandeirante de São Paulo. São Paulo, 2002.

Guimarães, G. P. et al. Hidroterapia na síndrome de Down. **Fisioterapia em movimento**, v. 3, n. 2, p. 54-62, 1996.

Harris, S. R. Neurodevelopmental treatment approach for teaching swimming to cerebral palsied children. **Physical Therapy**, v. 58, n. 8, p. 979-83, ago. 1978.

Jegsothy, G. O paciente neurocirúrgico e o TCE. In: Campion, M. R. **Hidroterapia**: princípios e prática. Barueri: Manole, 2000. p. 187-200.

Johnson, C. R. Aquatic Therapy for an ALS patient. **The American Journal of Occupational Therapy**, v. 42, n. 2, p. 115-20, fev. 1988.

Lambeck, J. **Justifiable aquatic therapy**: scientific support for intervention, 1999 (no prelo).

Lianza, S. **Medicina da reabilitação**. Rio de Janeiro: Guanabara Koogan, 1985.

Mackinnon, K. An evaluation of the benefits of Halliwick swimming on a child with mild Spastic Displegia. **Journal APCP**, p. 30-9, dez. 1997.

Marins, S. R. Síndrome de Down e Terapia Aquática: possibilidades da influência dos efeitos físicos da água na musculatura estriada esquelética e na postura. **Reabilitar**, v. 10, p. 12-20, 2001.

Morris, D. M. Reabilitação aquática para o tratamento de desordens neurológicas. In: Becker, B.; Cole, A. **Terapia Aquática Moderna**. 1. ed. Barueri: Manole, 2000. p. 51-73.

Peterson, C. Exercise in 94°F water for a patient with Multiple Sclerosis. **Physical Therapy**, v. 81, n. 4, p. 1.049-58, abr. 2001.

Ruoti, R. G.; Morris, D. M.; Cole, A. J. **Aquatic Rehabilitation**. Lippincott, 1997. 417 p.

Skinner, A. T.; Thomson, A. M. **Duffield**: exercícios na água. 3. ed. Barueri: Manole, 1984. 208 p.

Wang, C. H. **Tratado de Neurologia**. 9. ed. Rio de Janeiro: Guanabara Koogan, 1997.

Reeducação postural global (RPG)

Tadeu Batista Dalla Déa

Histórico da RPG

Entre as diversas técnicas de terapia manual, a técnica por cadeias musculares vem ganhando notoriedade. Basicamente, existem cinco abordagens aceitas, uma vez que existem publicações a respeito delas. Entre elas, a principal é de sua precursora Françoise Mézières. Existem, ainda, as abordagens de Shouchard, Godelieve D. Struif e Michael Nisand.

O termo *cadeia muscular* foi descrito pela primeira vez por Mézières (fisioterapeuta francesa) em 1947, que o definiu como sendo um conjunto de músculos de mesma direção e sentido geralmente poliarticulares (músculos que passam por duas ou mais articulações). Esses músculos funcionariam como se fossem um.

Baseados em seus ensinamentos, muitos de seus ex-alunos adaptaram sua técnica e outros ainda vieram a criar novas técnicas.

A técnica de Mézières clássica possui quatro cadeias musculares: a posterior, a anterior do pescoço, a dos lombos e a anterior do ombro ou do braço.

Após Mézières, vieram outras abordagens, entre elas a de um ex-aluno, Shouchard. Ele adaptou a técnica Mézières, dando origem ao *campo fechado* (1981) que também, basicamente, possui cadeias musculares mesieristas.

A fisioterapeuta, professora e osteopata belga Godelieve D. Struif trouxe uma modificação conhecida como *método das cadeias musculares e técnicas articulares GDS*. Sua grande inovação é o aspecto psíquico e comportamental que ela traz pela primeira vez. Trata-se de uma inter-relação entre ossos, músculos e estrutura de vida do paciente, ou seja, para essa autora, o aspecto psíquico comportamental tem influência marcante e primordial na pessoa.

Ela diz que o indivíduo se estrutura sobre sua história de vida. Para ela, existem cadeias que moldarão o indivíduo de acordo com as suas necessidades de expressão corporal.

Leopold Busquet, também fisioterapeuta e professor de osteopatia, baseou-se no livro *A Coordenação Motora*, de Beziérs e Piret, que descreve não só uma análise biomecânica da coordenação motora, mas, também, uma forma de avaliação e tratamento dos pacientes.

Busquet traz um enfoque que relaciona cadeias musculares com coordenação motora e une, a essa visão, uma ideia que seria a inclusão do crânio e dos órgãos internos. Para esse autor, os órgãos internos e o crânio são indissociáveis dos ossos e dos músculos.

O livro publicado pela ex-aluna de Mézières, Therèsé Bertherat, intitulado *O corpo tem as suas razões*, trata dos ensinamentos de Mézières e é onde o público conhece pela primeira vez as possibilidades de um trabalho corporal por meio da chamada *cadeia muscular*.

A RPG no Brasil

Após um breve relato do início do desenvolvimento da terapia manual na França, seus principais precursores e estudiosos, veremos brevemente como o processo de caracterização da RPG se deu aqui no Brasil, baseando-nos nesses estudos.

Foi desenvolvido, então, pelos fisioterapeutas brasileiros Carlos Barreiros e Alexandre Victoni o método de RPG/RPM (reeducação postural global pelo reequilíbrio proprioceptivo e muscular), que se caracteriza por um conjunto de técnicas especializadas e direcionadas clinicamente para completa análise da morfologia (estrutura do corpo) e da funcionalidade humana, a fim de culminarmos nas causas das diversas patologias, isto é, na compreensão dos desequilíbrios biomecânicos e suas relações com o sistema orgânico do indivíduo. Portanto, um dos principais objetivos da RPG é o tratamento postural, bem como das possíveis dores provocadas por algum desalinhamento estrutural ou biodinâmico. Por meio de seu princípio de *globalidade*, a RPG procura corrigir desarmonias musculares e tencionais. Seu registro aqui no Brasil data de 21 de dezembro de 1999.

Os métodos e as técnicas de conscientização corporal usados na RPG geralmente trabalham em quatro direções complementares: conhecimento de si mesmo, ajuste corporal, re-harmonização energética e gestão das emoções.

- *Conhecimento de si mesmo*: é realizado pela tomada de consciência, a mais precisa, englobando os cinco sentidos básicos e o sentido postural ou o sinestésico (da sensibilidade). Deve-se desenvolver a memória do corpo para que, assim, desenvolva-se o esquema corporal por aprendizagens e técnicas de toques, automassagens, drenagens e, até mesmo, diferentes tipos de ioga;

- *Ajuste postural*: é realizado pelas técnicas e pelos métodos de cadeias musculares, como a RPG;
- *Rearmonização energética*: é uma associação de técnicas complementares e solidárias, como exercícios chineses de saúde, Do-In, Shiatsu, relaxamentos coreanos e reflexologia;
- *Gestão das emoções*: utilizam-se técnicas de liberação fascial (musculares), nas quais ocorre a libertação das tensões internas (emoções) dada pelo suporte da comunicação e das diferentes expressões de dinâmica de grupo. Baseia-se, ainda, nas ideias da sofrologia e nos suaves relaxamentos dinâmicos.

Esses quatro princípios juntos visam desenvolver o equilíbrio entre atitude mental e psíquica, gesto e intenção do gesto. Dessa forma, o corpo e a consciência se associam na procura de uma atitude globalmente mais adequada.

Tratamento

Inicialmente, o paciente que se utiliza da RPG é submetido por uma avaliação, em que serão identificados os principais desequilíbrios musculares e as possíveis alterações de postura. Em seguida, utilizando-se da orientação do fisioterapeuta, é realizada a execução de posturas estáticas (sem movimentos) e posicionamentos corporais, que podem ser feitos no chão ou com uso de uma mesa especial. Essas posturas têm o objetivo de fortalecimento e alongamento muscular específico e, além disso, tratar as consequências e as causas de dores. Todo esse processo é acompanhado de exercícios respiratórios.

Entre os principais problemas que podem ser tratados por essa modalidade de fisioterapia, podemos destacar as seguintes:

- *Escoliose*: desvio lateral para esquerda ou direita da coluna vertebral, que pode ocorrer formando um *S*;

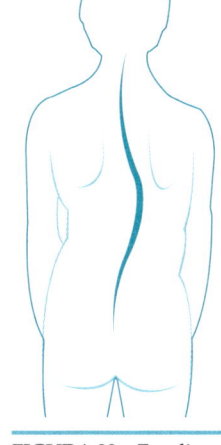

FIGURA 93 – Escoliose.

- *Hiperlordose*: aumento da curvatura fisiológica da coluna vertebral. Pode ocorrer nas regiões lombar e cervical;

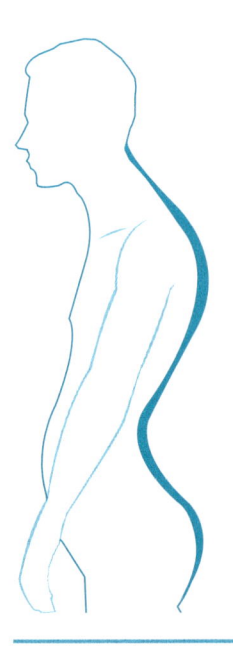

FIGURA 94 – Hiperlordose.

- *Hipercifose*: aumento da curvatura fisiológica da coluna vertebral no nível torácico.

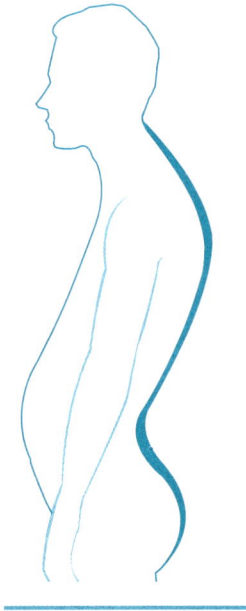

FIGURA 95 – Hipercifose.

Além desses desvios, a RPG é utilizado, também, no tratamento de hérnias de disco, lombalgias, torcicolos, cervicalgias, asma, bronquite, dores musculares, enxaquecas etc.

Na prática, as posturas adotadas na RPG são realizadas em tempo predeterminado pelo fisioterapeuta, dependendo da patologia e do quadro clínico do paciente, personalizando e objetivando, assim, o tratamento. A busca do paciente nesse tratamento é basicamente se adaptar cada vez mais com as posições estabelecidas e se acostumar ao "encaixe perfeito" nas posturas dadas.

Estimulação multidisciplinar

A seguir, são dados alguns exemplos de posturas utilizadas no tratamento de RPG.

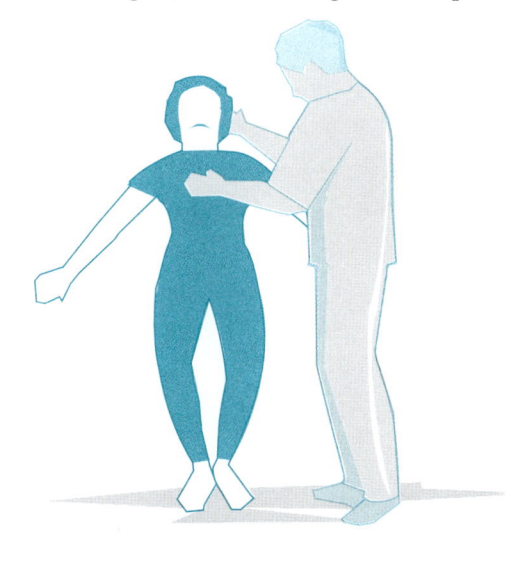

FIGURA 96 – Posição em pé contra a parede.

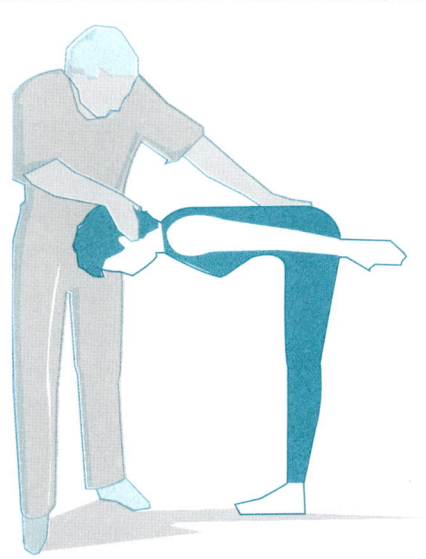

FIGURA 97 – Posição em pé com o tronco flexionado.

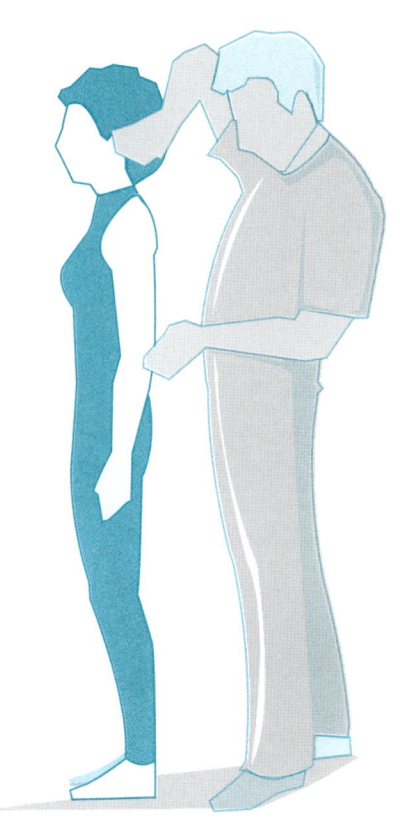

FIGURA 98 – Posição em pé.

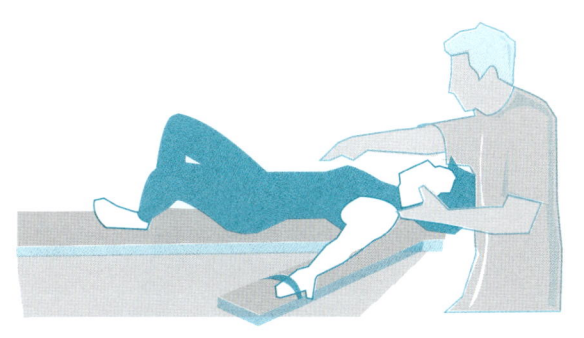

FIGURA 99 – Posição deitada no chão ou na mesa de braços abertos.

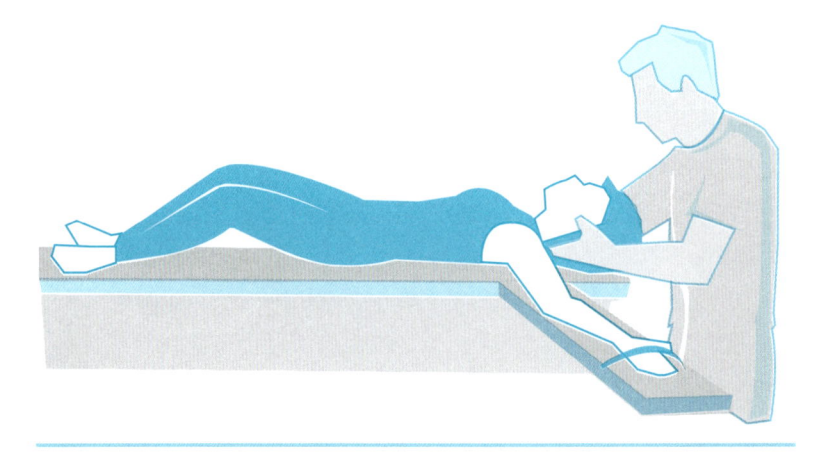

FIGURA 100 – Posição deitada no chão ou na mesa com braços abertos e abduzidos.

FIGURA 101 – Posição deitada na mesa com pernas elevadas e braços abertos.

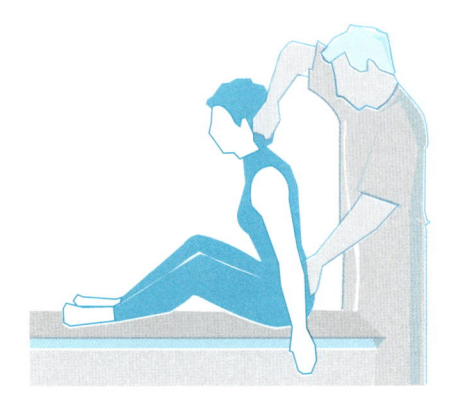

FIGURA 102 – Posição sentada sobre a mesa ou chão.

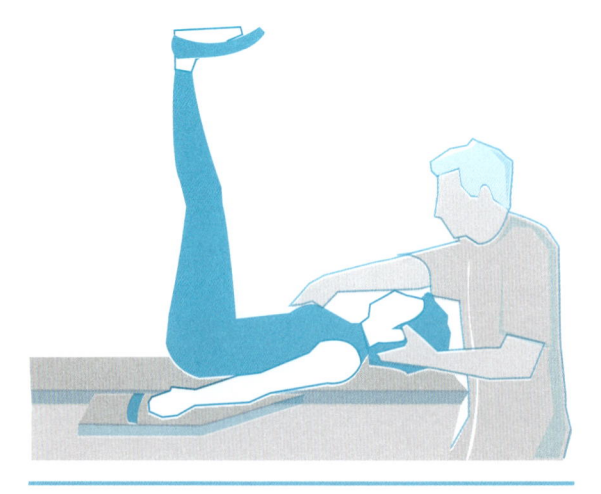

FIGURA 103 – Posição deitada sobre a mesa com pernas elevadas e braços aduzidos (fechados).

RPG e síndrome de Down

A RPG, por se tratar de uma modalidade fisioterápica específica, deve ser entendida como uma possibilidade de tratamento suplementar ou complementar além daqueles já conhecidos e convencionais, como a própria fisioterapia clássica, a hidroterapia etc. A alta especificidade dessa terapia deve fazer que cada paciente, levando em consideração, também, suas preferências particulares por atividades motoras, reflita e decida se realmente a RPG proporcionará, além de outros benefícios, o bem-estar e a satisfação esperados.

No caso dos indivíduos com síndrome de Down, a família tem um importante papel nessa decisão. Cabe aos familiares apresentar a maior diversidade que puder de atividades fisioterápicas, visando a uma maior gama de estímulos benéficos e positivos ao desenvolvimento do indivíduo. Não se pode esquecer que a RPG é um método avaliativo e de tratamento de problemas, principalmente relacionados à coluna vertebral. Nesse caso, é esperado que as crianças com Down encontrem, em algum momento, dificuldades e deficiências no seu desenvolvimento físico. Esse *deficit* pode ocorrer desde o nascimento, alguns com mais, outros com menos comprometimento. O fato é que todas essas crianças devem ser observadas de maneira enfática e especial, tarefa extremamente importante desempenhada pelos familiares com ajuda, logicamente, de profissionais capacitados.

A RPG, por associar posturas e posições juntamente com exercícios respiratórios específicos, é indicada na fase de desenvolvimento da criança, em que ela possa entender de forma clara esses requisitos básicos do tratamento. Sendo assim, colocamos que a fase adolescente é uma época em que o indivíduo com Down já tem uma percepção melhor do seu corpo e pode utilizar esse conhecimento em seu benefício. Isso não impede que crianças mais novas possam fazer a RPG. De regra, utiliza-se a RPG a partir dos 9 ou 10 anos de idade. Tudo dependerá da percepção dos pais quanto ao entendimento da criança e, principalmente, da adaptação que o fisioterapeuta usará nesse tratamento. Essa adaptação acontece com todos os pacientes, com ou sem comprometimentos físico-mentais, em virtude de a RPG ser uma atividade altamente individualizada. No caso de pacientes com síndrome de Down, essas adaptações devem ocorrer com maior frequência, o que não significa que o benefício da terapia se prejudique. Pode-se mencionar como tais adaptações a prática da terapia no chão em vez da mesa ou, ainda, a utilização de objetos terapêuticos, como a bola, para auxiliar nessa adaptação. Enfim, cabe ao fisioterapeuta utilizar-se de todos os seus conhecimentos e subsídios possíveis para oferecer ao paciente todos os benefícios esperados ou, pelo menos, aproximar-se dos ideais.

Mas como saber e reconhecer os sinais posturais de que a criança ou o adolescente com ou sem síndrome de Down deve procurar ajuda e avaliação de um profissional?

Existem algumas maneiras muito simples de observação que podem apontar a presença de alguns problemas de ordem física, postural ou, ainda, motora, e essa avaliação deve sempre acompanhar as crianças com síndrome de Down, como meio de prevenção do agravamento de algumas patologias.

Um exemplo disso é prestar atenção quando a criança para em pé. Se ela insiste em parar sempre colocando o seu peso sobre uma única e mesma perna, isso pode ser sinal de algum desvio postural e a criança está utilizando-se de um mecanismo de correção. Esse mecanismo pode, futuramente, acarretar desequilíbrios musculares, promovendo dores. Outra observação fácil de realizar é dos ombros da criança enquanto ela caminha. O correto é que os braços estejam alinhados e paralelos ao corpo, e, ainda, a distância deles do quadril deve ser a mesma dos dois lados. Isso pode indicar um bom alinhamento postural. Desconfie se a criança sentar-se sempre na mesma posição. Além da possibilidade de algum desconforto ou problemas com a coluna, essa postura viciosa pode estar relacionada a dificuldades visuais. Outro sinal é se a criança se entorta para ler ou brincar com um objeto.

É comum, em virtude da hipertonia em crianças com Down, ocorrer a protusão de pescoço, ou seja, a anteriorização da cabeça. Essa postura é bem identificada quando se observam crianças com ombros caídos e hipercifose torácica (corcunda). Isso faz que toda uma estrutura muscular se desalinhe, podendo prejudicar a fala e causar enxaquecas. Nesse e em outros casos, a RPG ajuda bastante o reequilíbrio muscular e o fortalecimento da musculatura específica, prevenindo, assim, futuros problemas.

O mais importante nisso tudo é criar e conscientizar um hábito de observação dessas crianças pelos pais e familiares e, toda vez que algo parecer não estar correto, procurar uma ajuda profissional. Isso é de extrema importância para a prevenção de complicações posturais, e, ainda, quanto mais rápido identificada a deficiência, mais fácil é o tratamento.

Além disso, a RPG deve ser encarada como mais um tipo de tratamento fisioterápico e somado a todos os tipos de atividades e terapias que existem hoje em dia em prol de crianças com Down. É fato que quanto mais estimulações a essas crianças forem apresentadas, melhor será seu nível de desenvolvimento não somente físico como, também, psíquico e social, e é certo que a RPG consegue integrar bem todos esses elementos na sua concepção.

A RPG visa amenizar e tentar corrigir o mais perfeitamente possível todos os desvios posturais advindos, principalmente, de desalinhamentos musculares e oferecer suporte de orientações para atividades de vida diária. É certo o benefício que essa terapia traz para o fortalecimento de cadeias musculares e alongamentos de outros grupos musculares que estejam dificultando a postura correta, e esse trabalho é um forte aliado na concepção e na formação sadia de uma criança portadora de síndrome de Down para sua fase adulta.

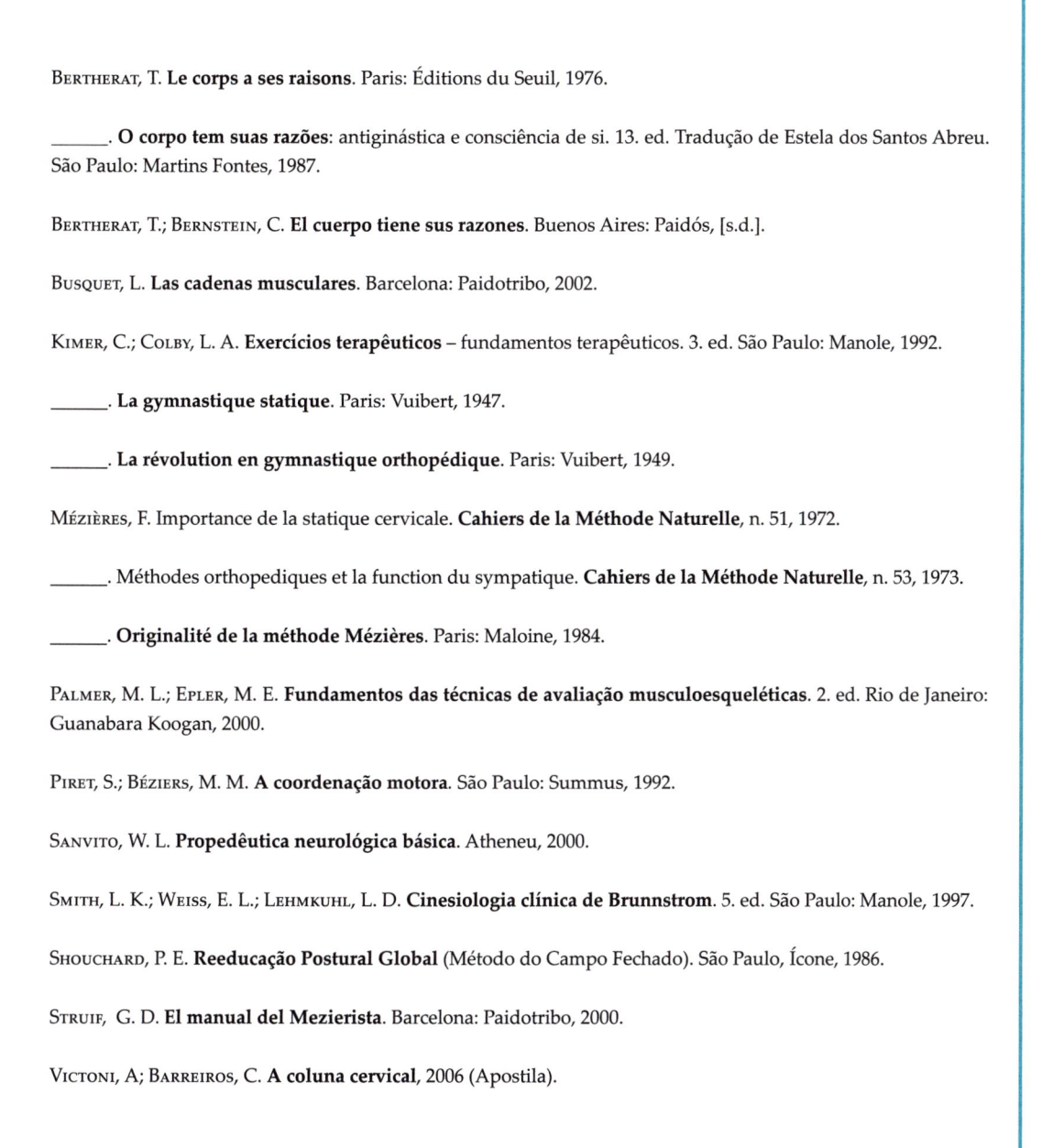

Referências

Bertherat, T. **Le corps a ses raisons**. Paris: Éditions du Seuil, 1976.

_____. **O corpo tem suas razões**: antiginástica e consciência de si. 13. ed. Tradução de Estela dos Santos Abreu. São Paulo: Martins Fontes, 1987.

Bertherat, T.; Bernstein, C. **El cuerpo tiene sus razones**. Buenos Aires: Paidós, [s.d.].

Busquet, L. **Las cadenas musculares**. Barcelona: Paidotribo, 2002.

Kimer, C.; Colby, L. A. **Exercícios terapêuticos** – fundamentos terapêuticos. 3. ed. São Paulo: Manole, 1992.

_____. **La gymnastique statique**. Paris: Vuibert, 1947.

_____. **La révolution en gymnastique orthopédique**. Paris: Vuibert, 1949.

Mézières, F. Importance de la statique cervicale. **Cahiers de la Méthode Naturelle**, n. 51, 1972.

_____. Méthodes orthopediques et la function du sympatique. **Cahiers de la Méthode Naturelle**, n. 53, 1973.

_____. **Originalité de la méthode Mézières**. Paris: Maloine, 1984.

Palmer, M. L.; Epler, M. E. **Fundamentos das técnicas de avaliação musculoesqueléticas**. 2. ed. Rio de Janeiro: Guanabara Koogan, 2000.

Piret, S.; Béziers, M. M. **A coordenação motora**. São Paulo: Summus, 1992.

Sanvito, W. L. **Propedêutica neurológica básica**. Atheneu, 2000.

Smith, L. K.; Weiss, E. L.; Lehmkuhl, L. D. **Cinesiologia clínica de Brunnstrom**. 5. ed. São Paulo: Manole, 1997.

Shouchard, P. E. **Reeducação Postural Global** (Método do Campo Fechado). São Paulo, Ícone, 1986.

Struif, G. D. **El manual del Mezierista**. Barcelona: Paidotribo, 2000.

Victoni, A; Barreiros, C. **A coluna cervical**, 2006 (Apostila).

Atividade física adaptada

Atividade física adaptada e o Programa de Educação Física Específico

José Irineu Gorla

Atualmente, ainda com pouca exploração, surgem alguns estudos que abordam as questões sobre avaliação e programas de Educação Física estruturados para pessoas com deficiência.

A cada dia que passa, cresce a preocupação entre os profissionais de Educação Física que atuam com pessoas com deficiência. Essa preocupação também se dá nas universidades, nas quais, em sua matriz curricular, constam disciplinas específicas, como Educação Física Adaptada ou Educação Física Especial e Esportes Adaptados.

Em face dessa premissa, faz-se necessária uma abordagem sobre os termos e as definições utilizadas para caracterizar a participação das pessoas com deficiências em programas de Educação Física.

Historicamente, a participação das pessoas com deficiências em Educação Física tinha um enfoque médico. Seu objetivo era remediar doenças, utilizando-se, portanto, exercícios preventivos e curativos (Seaman e DePauw, 1982).

O termo *Educação Física Adaptada* (EFA) surgiu na década de 1950 e foi definido pela Aahperd (American Association for Health, Phisical Education, Recreation and Dance) como sendo um programa diversificado de atividades desenvolvimentistas, jogos e ritmos adequados aos interesses, às capacidade e às limitações de estudantes com deficiências, que podem se engajar na participação irrestrita, segura e bem-sucedida de Educação Física geral.

Essa Educação Física compreende as mudanças educacionais e técnicas e/ou estruturas que deverão ser feitas em um programa de Educação Física, permitindo, assim, a participação de alunos com deficiências nas aulas de Educação Física e ou em competições esportivas (Duarte e Werner, 1995).

Em 1995, Duarte e Werner apresentaram a seguinte definição:

> é uma área da Educação Física que tem como objetivo de estudo a motricidade humana para as pessoas com necessidades educativas especiais adequando metodologias de ensino para o atendimento às características de cada portador de deficiência, respeitando as suas diferenças individuais.

A terminologia utilizada na denominação da disciplina está relacionada tanto à importância de modelos existentes quanto à falta de entendimento entre os profissionais sobre o que vem a ser Educação Física para pessoas com deficiência e quais os indivíduos que formam esse grupo (Ribeiro, 1996).

Outra definição apresentada por Seaman e DePauw (1982) é:

> Educação Física Adaptada é a educação física para pessoas com necessidades especiais. São consideradas atividades apropriadas e possíveis às atividades desenvolvimentistas, jogos, esportes e atividades rítmicas. Toda programação deve ser adequada aos interesses, capacidades e limitações dos estudantes.

Hoje em dia, também conhecida entre os profissionais que atuam com pessoas deficientes como Educação Física Adaptada, tem como objetivo um programa constituído de diversas atividades que visam atingir determinados objetivos de acordo com a idade cronológica e o grau de desenvolvimento dos indivíduos, visando a uma melhora nos rendimentos motor, de crescimento e de saúde (Gorla, 1997).

Programa de Educação Física Específico – PEFE

O objetivo primário de todos os métodos de intervenção para crianças que apresentam problemas de coordenação é melhorar suas habilidades motoras e para o funcionamento na vida diária (Henderson, 1992).

Sem uma intervenção, as dificuldades persistem até mais tarde em suas vidas e, quanto mais cedo realizar o diagnóstico e a intervenção, melhor será o desenvolvimento da criança.

Knigth et al. (apud Sugden e Wrigth, 1998) referem-se às atividades oferecidas às crianças que apresentavam distúrbios de coordenação e observaram que elas haviam melhorado, mas questionam a falta de pesquisas para que se possam embasar futuras decisões. Henderson (1992) concorda e afirma que não há um plano de gerenciamento com crianças apresentando distúrbios de coordenação com uma base de pesquisa sólida.

Quase todos os métodos de intervenção, segundo Sugden e Wrigth (1998), envolvem programas relativamente de curtos prazos, mas a literatura também não deixa claro qual o número de sessões "ideal" para solucionar esses distúrbios de coordenação.

Para Knigth et al. (1991) e Henderson (1992), há restrições na literatura quanto a pesquisas realizadas sobre intervenções aplicadas a uma população específica e, ainda, nota-se o mesmo quadro quanto ao consenso sobre as várias estratégias de intervenção.

Neste programa, são selecionadas algumas linhas-mestre que direcionaram o trabalho do grupo. Essas linhas envolvem variáveis, como equilíbrio, lateralidade, orientação espaço-temporal, velocidade, agilidade, ritmo e tarefas de concentração. A cada semana, linhas-mestre do programa são selecionadas, inicialmente pelo professor da turma.

A estratégia e a aplicação dos conteúdos não representam uma novidade, pois são comuns e largamente utilizadas nas aulas de EFA. A vantagem adicional que tem o método de tarefa especifica é a de lidar diretamente com os problemas de significância para os indivíduos.

Em estudo de Wright e Sugden (1996), é demonstrado que, em um programa de intervenção específica, as atividades tiveram efeitos positivos em relação às dificuldades apresentadas pelos indivíduos no pré-teste.

Método de intervenção orientada

O método de tarefa específica trabalha com as dificuldades apresentadas pelas crianças em determinadas habilidades, como equilíbrio. Esses aspectos são trabalhados em um programa simplificado de atividades, refinando-se de volta às tarefas mais básicas, pouco a pouco. A estratégia de intervenção foca-se nas tarefas que estão causando a dificuldade da criança e as relaciona ao contexto no qual a criança está. Wessel (1984) estruturou um projeto chamado *Eu Posso*, em que o objetivo do professor era desenvolver, selecionar e modificar o currículo existente para torná-lo flexível às necessidades que as crianças com dificuldades de movimento apresentavam. Neste método, cada semana são traçadas linhas-mestre para o programa, as quais consistem em três sessões: dificuldade vista, ação a ser tomada e atividades específicas.

Referências

Duarte, E.; Werner, T. Conhecendo um pouco mais sobre as deficiências. In: **Curso de atividade física e desportiva para pessoas portadoras de deficiência**: educação a distância. Rio de Janeiro: ABT/UGF, 1995. v. 3.

Gorla, J. I. **Educação Física Especial** – Testes. 1. ed. Rolândia: Physical-Fisio, 1997.

Henderson, S. E. Clumsiness or developmental coordination disorder: a neglected handicap. **Current Pediatrics**, v. 2, 1992. p. 158-62.

Knight, J. F. et al. **Clumsy at six-still clumsy at sixteen: the educational and social consequences of having motor difficulties at school**. Proceedings of the AIESEP Word convention, lough-borough. Universidade do Kansas, 1991.

Ribeiro, S. M. **A disciplina Educação Física Adaptada nas Universidades Estaduais do Paraná**: legalidade e improvisação. Uberlândia: Sobama, v. 1, n. 1, 1996.

Seaman, J. A.; De Pauw, K. **The new adapted physical education**: a developmental approach. Palo Alto: Mayfield, 1982. 408 p.

Sugden, D. A.; Wright, H. C. **Motor coordination disorders in children**. Londres: SAGE Publications, 1998.

Wessel, J. The "I can" project: a perspective. In: Brown, A. et al. (Org.). **Adaptive Physical Activities**. Universidade do Kansas: Jenny Lee Publishing Services, 1984.

Wright, H. C.; Sugden, D. A. The nature of developmental coordination disorder: inter-and intragroup differences. **Adapted Physical Activity Quarterly**, v. 13, 1996, p. 357-71.

Natação para bebês com síndrome de Down

Cláudia Foganholi

É só imaginar um bebê dentro de uma piscina ou de sua banheira cheia de água quentinha para que a ilustração nos chegue à mente carregada de sorrisos, gritos de alegria e muita água espalhada ao redor. Mais que isso, essa imagem pode ser acompanhada, ainda, de uma atmosfera de aprendizagens e descobertas realizadas no contato com o ambiente aquático.

Proporcionar momentos prazerosos de aprendizagem às crianças é apenas um dos fatores que impulsionam os pais a matricularem seus filhos nas chamadas aulas de *natação para bebês*. Porém, muito além de objetivar o deslocamento autônomo na água, a aquisição de um conjunto de habilidades fundamentais ou o domínio de técnicas eficientes de movimentação própria de cada estilo de nado, a natação para bebês deve estimular o desenvolvimento das crianças nas mais diversas dimensões humanas, como afetiva, social, intelectual e motora, consistindo em uma prática de estimulação sensório-motora no meio líquido.

Se, para todas as crianças, encontramos na estimulação em meio líquido um ambiente de descobertas de experiências e sensações, para bebês e crianças com síndrome de Down, as aulas na piscina são importantes aliadas na busca de seu maior potencial de desenvolvimento.

Este capítulo tem o propósito de tentar esclarecer as principais dúvidas de pais e professores de Educação Física que intencionam e se comprometem com o oferecimento da deliciosa experiência da natação para bebês e crianças com síndrome de Down. Para melhor organizar essa tensão e, na tentativa de abordar os itens essenciais para o sucesso da inserção de bebês e crianças com síndrome de Down em um programa de natação, as informações, as sugestões e os esclarecimentos sobre o assunto, serão apresentadas em correspondência a três momentos distintos: antes da entrada, durante a permanência e após a saída da piscina.

Hora de escolher o maiô

Sejam quais forem os motivos que levem os pais à decisão de proporcionar a experiência da natação aos seus filhos, é papel do profissional de Educação Física informá-los sobre os objetivos da prática e seus possíveis benefícios. Os objetivos gerais da natação para bebês com síndrome de Down podem ser tanto a melhora ou a manutenção das suas capacidades funcionais e seu desenvolvimento psicomotor quanto proporcionar segurança em ambientes aquáticos ou incentivar um estilo de vida ativo.

Entre os possíveis objetivos específicos de uma aula adequadamente elaborada, podemos identificar estímulo, socialização, melhora da propriocepção, aquisição da consciência respiratória e corporal, aumento do tônus muscular em alguns casos, melhora da coordenação motora, obtenção de noções de ritmo e estímulo ao desenvolvimento da fala. A discussão dos objetivos propostos pela natação para bebês entre pais e professores é importante para assegurar a adesão e uma boa frequência ao programa. Além disso, o esclarecimento da proposta poderá satisfazer ou não as expectativas dos pais com o trabalho que será realizado, auxiliando-os na organização das várias necessidades de atendimentos que geralmente compõem a rotina de seu filho (fonoaudiologia, fisioterapia, terapia ocupacional etc.). É importante esclarecer que a natação para bebês não constitui uma intervenção terapêutica, mas pode complementar os atendimentos desse caráter. Os pais devem ser informados sobre as diferenças entre o trabalho realizado pelas áreas de Educação Física e Fisioterapia, sendo ambas importantes no processo de estimulação precoce. A abordagem dos fundamentos da natação é, no entanto, prerrogativa do profissional de Educação Física e, embora possa sugerir um quadro diversificado de possibilidades de estímulos ao desenvolvimento de bebês e crianças com síndrome de Down, ao entrar no programa de natação para bebês, os pais não devem abandonar outros atendimentos profissionais, pois cada um oferecerá subsídios específicos de sua área de intervenção.

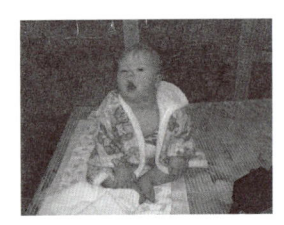

Assegurados os objetivos da natação pelo profissional de Educação Física, a próxima dúvida refere-se à definição do melhor momento ou idade para iniciar as aulas de natação. Como todos os bebês, os que possuem síndrome de Down podem apresentar características muito diferentes uns dos outros e ainda ter consequências diferentes da trissomia do cromossomo 21. Dessa forma, os cuidados médicos com os bebês nos primeiros meses de vida podem, também, exigir situações distintas. Pais, professores e médicos devem estar seguros na decisão de iniciar as aulas, pois, geralmente, a liberação médica para a prática é o fator determinante. É recomendável, portanto, que, antes deste início, os bebês passem pelas aplicações das primeiras vacinas e pelos exames clínicos para a identificação de quaisquer fatores complicadores de sua saúde, que podem, inclusive, contraindicar temporariamente a prática da natação. Assim, os bebês com síndrome de Down podem nadar tão logo o médico pediatra julgar conveniente. Na ausência de complicações mais sérias, há possibilidade de essa liberação ocorrer por volta dos quatro ou seis meses de idade, período que corresponde à aquisição do controle de cabeça, tronco, mãos e braços e de uma maior resistência do organismo a agentes patológicos. É, também, o período em que os bebês começam a manipular objetos, interagindo com os materiais disponibilizados nas aulas.

Diante da liberação médica para o início da natação, cabe ao profissional de Educação Física orientar e solicitar aos pais que, antes da primeira aula, apresentem os exames clínicos ou os atestados médicos que indiquem a investigação de instabilidade atlantoaxial (IAA), como a radiografia da região cervical da coluna vertebral e de possíveis defeitos cardíacos congênitos. Embora a presença de IAA ocorra na minoria das pessoas com síndrome de Down, oscilando, na literatura médica, de 8% a 30% dos casos, seu diagnóstico é fundamental para a prática de atividades físicas em segurança.

Conhecer, em uma entrevista inicial, a história da gestação do bebê e de sua rotina diária, assim como identificar quais foram as posturas adotadas pela família ao receberem o bebê e o nível de informação dos pais a respeito da síndrome de Down, pode auxiliar na intervenção do profissional de Educação Física. Essas informações, relatadas e documentadas em fichas (anamneses) com todos os dados dos participantes, podem orientar não apenas a elaboração de estratégias pedagógicas, mas justificar as escolhas de informações a serem transmitidas aos pais no decorrer das aulas.

Entre tantas informações, é conveniente identificar qual a relação dos pais com o ambiente aquático e informá-los da importância de sua presença dentro da água para proporcionar ao bebê a segurança física e afetiva necessária à sua adaptação ao novo ambiente. É adequado, se for preciso, realizar um período de adaptação ao meio líquido com os pais, sem os bebês, para que, na primeira aula, o contato inicial do bebê com a piscina seja realizado pelas mãos dos pais, com o oferecimento de alegria, conforto e confiança.

Mergulhando em novas sensações

Envolvidos pela sensação acolhedora de estar dentro d'água, algumas posturas devem ser acordadas entre pais e professores para que o planejamento das aulas não seja comprometido. Uma postura muito comum, porém aqui entendida como inadequada, é a imersão forçada do bebê ou da criança na água. Entre pais e professores, deve haver um consenso para a realização das atividades propostas, que se resume em respeitar o momento dos bebês ou das crianças para a realização de novas tarefas. Isso nos remete ao princípio de que os processos de aprendizagem e maturação (orgânica e psicológica) estão interligados, mesmo quando, como na maioria dos casos de síndrome de Down, não seguem um padrão geral de desenvolvimento. Para o estudo do desenvolvimento motor (Gallahue e

Ozmun, 2003, p. 18), a "maturação refere-se a alterações qualitativas que capacitam o indivíduo a progredir para níveis mais altos de funcionamento".

Certamente, qualquer tarefa será realizada pelo bebê nas aulas de natação desde que ele sinta segurança para fazê-la, mesmo que estrategicamente estimulado pelo processo de imitação, próprio do período sensório-motor em que estão, em geral, segundo a teoria piagetiana, as crianças até os 24 meses de idade. Essa postura está diretamente ligada ao controle das nossas expectativas, sejamos pais ou professores, pois, ao entrar na água, queremos logo ver os bebês mergulhando, saltando e nadando de forma independente, mas não podemos perguntar diretamente a eles se estão prontos para isso. Podemos perceber alguns sinais de satisfação ou não diante das oportunidades oferecidas, e oferecer oportunidade de realização é diferente de forçar a efetivação da tarefa.

Fazer a imersão forçada do bebê ou da criança na água é uma postura baseada na garantia da presença do reflexo da glote, um mecanismo de defesa dos pulmões, funcionando como uma fenda que se fecha ao nível das cordas vocais por qualquer estímulo, impedindo que líquidos ou outras substâncias cheguem inadequadamente até os pulmões. Ocorre que esse reflexo pode, em alguns casos, não estar presente no bebê após o quarto ou o sexto mês de idade, fazendo do bloqueio da glote uma ação voluntária. Nesses casos, o risco de uma sensação desagradável de sucção de água para as vias respiratórias pode, desnecessariamente, gerar indisposição do bebê com o ambiente aquático e, dependendo da situação, atrapalhar seu processo de adaptação às aulas de natação.

Os cuidados com a temperatura da água e a assepsia do local e dos materiais utilizados devem receber a mesma atenção que o plano de aula. Mesmo que a temperatura da piscina esteja adequada (acima de 32°C), um período prolongado de imersão pode promover a perda de calor corporal dos bebês. Portanto, a duração das aulas não deve ultrapassar 35 minutos, estando o professor sempre atento a sinais externos da termorregulação que indiquem hipotermia, como lábios trêmulos e levemente arroxeados e pele arrepiada. Vale lembrar, que, muitas vezes, diante de um ambiente agradável e divertido, as crianças insistem em ficar um pouco mais na água. Mesmo para crianças mais velhas ou que apresentem maior resistência às temperaturas baixas, situação muito frequente em crianças com síndrome de Down, é importante respeitar os períodos preestabelecidos de duração da aula.

O uso de toucas que evitem a queda de cabelos na água é indispensável aos cuidados com a limpeza da piscina, assim como a utilização de fraldas apropriadas para o ambiente aquático.

Para os diversos materiais presentes na aula, como bolinhas, brinquedos de borracha e cornetas, vale lembrar que, frequentemente, são levados à boca pelos pequenos alunos, o que requer uma higienização constante, evitando que fiquem molhados e expostos no ambiente da piscina durante a semana toda.

As atividades propostas nas aulas de natação para bebês e crianças com síndrome de Down não diferem de qualquer outra aula para bebês e crianças sem a síndrome. Exige-se apenas o cuidado com situações de mergulho ou saltos que possam causar qualquer impacto na região cervical da coluna vertebral, diante do diagnóstico positivo de IAA.

Para o planejamento de qualquer programa de estimulação sensório-motora em meio líquido, é conveniente que as tarefas tentem incitar todas as possíveis dimensões do desenvolvimento. Para tanto, além da exploração das propriedades hidrostáticas e dinâmicas da água, também são importantes instrumentos pedagógicos, como música e materiais diversificados. Todas as possibilidades de estímulos cinestésicos, táteis, gustativos, visuais, auditivos ou olfativos podem e devem compor as propostas de aulas.

Enrolando-se no roupão

Ao final das aulas de natação, é interessante que o professor utilize uma rotina indicativa do término das atividades, principalmente para as crianças mais velhas que eventualmente resistam em se despedir da água. Esse momento pode ser caracterizado por uma música, uma brincadeira ou, por exemplo, pela presença de bolinhas de sabão, associando elementos lúdicos ao momento da saída da piscina.

O cuidado mais específico a ser tomado pelos pais ao sair da piscina, no entanto, refere-se a evitar a exposição dos bebês e das crianças a correntes de ar frio, assim como promover rapidamente, com o auxílio de toalha ou do roupão, o aquecimento do corpo. Geralmente, nas pessoas com síndrome de Down, as manifestações de resfriados e pneumonias são muito comuns. Seu caráter crônico deve-se à sua estruturação imunológica e à presença da hipotonia dos músculos respiratórios.

Outra atenção especial que deve ser orientada é a secagem dos ouvidos, pois a otite média crônica também tem uma ocorrência muito comum na presença da síndrome de Down.

Após as aulas de natação em piscinas aquecidas, bebês, crianças e adultos tendem a manifestar um relaxamento muscular generalizado no corpo, que combina perfeitamente com o aconchego do colo e, provavelmente, alguns minutos de sono, posteriores aos necessários momentos de alimentação e hidratação de bebês e crianças.

Muitos benefícios adquiridos com a prática da natação e os avanços no desenvolvimento integral dos bebês são percebidos pelos pais nas atividades diárias de seus filhos. No ambiente doméstico, os pais devem, sempre que possível, dar continuidade aos estímulos propostos na piscina, por exemplo, explorando a presença da água na hora do banho. Depois, para cada ganho em aprendizagem, sensação descoberta e sorriso, é só comemorar.

Referências

Gallahue, D. L.; Ozmun, J. C. **Compreendendo o desenvolvimento motor**: bebês, crianças, adolescentes e adultos. 2. ed. São Paulo: Phorte, 2003. p. 18.

Lepore, M.; Gayle, W.; Stevens, S. **Adapted aquatics programming:** a professional guide. Champaign: Human Kinetics, 1998.

Mauerberg-Decastro, E. **Atividade Física Adaptada**. Ribeirão Preto: Tecmed, 2005.

Payne, V. G.; Isaacs, L. D. **Desenvolvimento motor humano**: uma abordagem vitalícia. Rio de Janeiro: Guanabara Koogan, 2007

Winnick, J. (Org.). **Educação Física e Esportes Adaptados**. Barueri: Manole, 2004.

Atividades aquáticas: natação e hidroginástica

Venicia Elaine Santana
Vanessa Helena Santana Dalla Déa

Os primitivos nadavam como forma de sobrevivência: para pescar, fugir de predadores e chegar a locais onde se tinha que atravessar rios ou lagoas.

Os arqueólogos calculam que a mais antiga ilustração atualmente conhecida da arte de nadar remonta de nove mil anos antes da nossa era.

Os romanos, por volta de 300 a.C., já tinham o hábito de nadar em rios e lagos, e foi em Roma que surgiram as primeiras piscinas dentro de termas. Logo, para os primitivos nadar era questão de sobrevivência, para os romanos era educação. Quando os romanos queriam referir-se à falta de educação das pessoas, diziam: *Não sabe ler nem nadar*.

Na Idade Média, a prática da natação ficou restrita à nobreza, mas, no final desse período, nadar era uma obrigação, e quem não soubesse era considerado ignorante. Os professores eram aqueles que apresentavam a melhor *performance* na água. Ao longo da Idade Média, a natação se difundiu, mas ainda sem caráter esportivo.

O primeiro manual de natação é datado de 1513 e foi publicado por Nicolas Wynmann. Nicolas queria mudar as técnicas da chamada *natação utilitária* e observou que o uso de equipamentos utilizados para auxiliar a flutuação, como o cinto de couro, dificultava a movimentação correta dos nadadores.

Em 1798, surge Guts Muths, alemão que insiste no método com o uso de artefatos para flutuação. Seu método era dividido em três partes: adaptação do indivíduo na água, exercícios fora da água e exercícios específicos de natação dentro da água. Ele organizou uma competição que tinha como regra nadar carregando, com um braço fora da água, uma folha de papel que devia ser mantida enxuta.

A primeira competição oficial foi organizada pela Sociedade Britânica de Natação, na Inglaterra, em 1837, na qual o estilo adotado pelos atletas era o nado peito.

Em 1870, Arthur Trudgeon, um instrutor inglês de natação, viajou para a América Latina e observou o estilo alternado de nadar, levando para a Inglaterra o nado *trudgeon*, hoje conhecido como nado *crawl* com perna tesoura.

A natação já estava incluída nas Olimpíadas desde a primeira disputa, em Atenas, em 1896, na qual foram disputados os nados *crawl* e peito. O nado costas foi incluído nos Jogos de 1904, e o borboleta surgiu da evolução do nado peito, na década de 1940.

Os benefícios que podemos encontrar nas atividades aquáticas, tanto na milenar natação quanto na mais recente hidroginástica, são inúmeros, os quais proporcionam aos participantes progresso e desenvolvimento nos aspectos fisiológico, cognitivo, psicológico e social. Atividades aquáticas são atividades que trabalham o ser com um todo.

A água é uma substância agradável ao corpo humano. A pressão, a viscosidade e o atrito da água na pele massageiam o corpo, proporcionando maravilhosa sensação de bem-estar. A atividade aquática vem se mostrando uma eficiente estratégia para a busca do bem-estar físico, psíquico e social de muitas pessoas que buscam qualidade de vida e age proporcionando atenção à apropriação de uma imagem do corpo específica no indivíduo, no sentido de construir um processamento sensorial diferenciado, que coloque em jogo o surgimento de respostas adaptativas às múltiplas condições e situações do meio aquático, proporcionando o ajustamento do corpo e do cérebro na água.

Há muitas vantagens em realizar atividade física em meio líquido. Na água, a resistência enfrentada para executar qualquer movimento é mil vezes maior que fora; assim, o exercício executado tem uma sobrecarga natural que poderá ser muito eficiente no ganho de tônus e da força muscular. Além disso, nesse meio, o peso corporal sofre redução de 90%, aproximadamente; se a água estiver até o pescoço do praticante, essa redução faz que se vivencie uma facilitação do movimento e diminuição de impacto nas articulações. Ao entrar na piscina, a pressão da água realiza uma melhora no retorno sanguíneo, proporcionando melhor distribuição do sangue, que favorecerá o fornecimento de oxigênio para o movimento. Ainda, no meio líquido, executamos movimentos em flutuação durante os quatro estilos da natação e alguns exercícios da hidroginástica. Quando em flutuação, sofre-se ação contrária à da gravidade; dessa forma, além de se experimentar uma diferente vivência motora, protege-se o organismo da ação da gravidade e facilita-se a movimentação de quem tem algum problema motor.

Graças a todas essas modificações que ocorrem no meio aquático, podemos utilizar duas ênfases no exercício aquático: movimentos que usam as características hidrodinâmicas, indo ao mesmo sentido desta, e movimentos que vão ao sentido contrário, beneficiando-se da resistência hídrica. Os quatro estilos da natação fazem parte do primeiro caso, utilizando-se movimentos que facilitem o deslocamento em meio líquido. Já a maioria dos movimentos na hidroginástica utiliza a turbulência da água como sobrecarga positiva para o exercício, utilizando-a para a melhora das capacidades físicas.

A adaptação à atividade aquática proporciona importantes e diferentes experiências psicológicas. Enquanto a adaptação terrestre exige a integração tônica da gravidade, o que decorreu de uma das mais relevantes adaptações hominídeas – a postura bípede –, a adaptação aquática atenua a função da gravidade, razão pela qual algumas pessoas com deficiência motora atingem na água uma profunda sensação de liberdade e expandem a autoestima e a autossegurança; quando em terra, a gravidade os aprisiona e impede de se locomoverem com autonomia. Grupos muito heterogêneos procuram a atividade aquática pela busca da autoestima, por indicação médica, para fugir do sedentarismo, para fazer amizades etc. O que espanta é a capacidade dessa atividade de suprir tantos desejos e ainda se mostrar um caminho seguro para se alcançar o amor, o conhecimento pelo corpo e os equilíbrios psicológico e motor. A imagem do corpo representa uma forma de equilíbrio entre as funções psicomotoras e a sua maturidade. Portanto, a atividade aquática pode ser considerada um fator agente na imagem corporal de seus praticantes.

Acredita-se que a atividade aquática, com todas as suas qualidades, possa ser um fator estimulante para as descobertas corporais e, consequentemente, para a formação da imagem corporal. Nota-se que grupos de pessoas com dificuldades físicas e cognitivas permanecem na atividade aquática durante mais tempo do que permaneceria em uma atividade terrestre. Este fato pode ser atribuído, primeiramente, às propriedades físicas da água, já mencionadas, que facilitam os movimentos e os deslocamentos, e, posteriormente, aos benefícios psicológicos proporcionados pelo meio líquido, que agem diretamente na imagem corporal dessas pessoas. Diversos autores da psicologia afirmam que o indivíduo só será um corpo inteiro quando ele se movimentar e descobrir suas deficiências e eficiências. Transferindo esse pensamento às pessoas que têm dificuldades de mobilidade e à maioria da população sedentária, é preciso que se movimentem e descubram que, apesar de suas limitações, são muito eficientes e precisam somente de um meio que as permita explorar-se: o meio aquático.

O corpo é apresentado à própria pessoa por meio de sensações. Na piscina, está-se imerso e acolhido pela água por todos os lados, sendo esta um meio estimulador de sensações, e, pelo fato de o meio líquido permitir vivenciar um corpo mais leve, ágil e com suas imperfeições escondidas pelo movimento da água, uma pessoa com dificuldades motoras e cognitivas passa a ver seu corpo mais eficiente. Sentir o carinho e o relaxamento que um meio aquecido e aconchegante pode proporcionar causa impressão de bem-estar físico.

Natação

A natação é considerada um esporte completo, trabalha quase todas as musculaturas do corpo, pode ser praticada desde os primeiros meses de vida, não tem limite de idade para parar e é uma das mais saudáveis atividades, já que a probabilidade de sofrer uma lesão é praticamente nula com a amortização do impacto dos movimentos físicos pela água. Pode ser encarada como um esporte estruturado e regulamentado que busca obter registros de tempo cada vez mais inferiores por meio de um treinamento metódico, individualizado e específico, exigindo domínio das técnicas, conhecimento de ritmo e adequada preparação física e motora ou pode ser considerada habilidade de autopropulsão e autossustentação em meio líquido. Dessa forma, a atividade se torna inclusiva e qualquer pessoa com qualquer habilidade física e intelectual é capaz de praticá-la. As técnicas dos estilos da natação são importantes para facilitar a movimentação em meio líquido; no entanto, as condições físicas e cognitivas do praticante devem ser consideradas e as devidas adaptações aos estilos, ser respeitadas.

Vários motivos podem levar à procura por esse esporte: diversão, terapia, profilaxia, cuidados com a segurança, competição e condicionamento físico.

Na natação, podem-se observar alterações de prevalência para o equilíbrio, a propulsão e os movimentos respiratórios em relação à maioria daqueles realizados no solo. Para a manutenção do equilíbrio enquanto se está nadando, utilizam-se predominantemente os membros inferiores e, no solo, os superiores. Na propulsão no solo, na maioria das vezes, são utilizados os membros inferiores e, na natação, os grandes responsáveis pelo deslocamento são os superiores. A realização dos movimentos respiratórios nos exercícios no solo tem como predominância a respiração nasal, enquanto na natação a respiração bucal é mais utilizada, para que se tenha melhor controle deste movimento e não se inspire água. No exercício em solo, a inspiração é reflexa, ou seja, não é preciso raciocinar para executá-la e a expiração é passiva, bastando o relaxamento dos músculos respiratórios para que esta aconteça. Já quando se está nadando, a inspiração é automática, isto é, necessita de aprendizagem e de um período de treinamento para que se execute de forma automática. Como já foi dito, a resistência da água é muito superior que a do ar; sendo assim, para executar a expiração submersa em meio líquido, o indivíduo terá que realizar determinada força, assim, executa-se uma expiração ativa, o que trará diversos benefícios para pessoas com problemas respiratórios.

Quando se inicia a atividade aquática, é muito importante que a fase da adaptação seja bem explorada, pois, além de ser a base para a aprendizagem dos estilos, será a grande responsável pela segurança do indivíduo em meio líquido. O Brasil apresenta temperatura alta na maior parte do ano e é fácil o acesso a locais com piscina, mar, lagoas, rios e represas; assim, o número de afogamentos é muito alto, sendo a segunda maior causa de mortes na maior parte das faixas etárias. Está adaptado ao meio líquido o indivíduo capaz de sustentar-se e deslocar-se em meio líquido, das mais diversas formas, que tem liberdade de movimentação nesse meio e está menos propenso ao risco de afogamento. Nessa fase, a utilização de maior número possível de diferentes vivências aquáticas é muito bem-vinda, além da aprendizagem progressiva de ida, volta e permanência da posição horizontal do corpo e do treinamento, também progressivo, dos movimentos respiratórios mais indicados para a natação.

Após a adaptação, inicia-se o ensino dos estilos da natação: *crawl*, costas, peito e borboleta, o qual deve ser realizado de forma progressiva, com exercícios que vão do mais fácil ao mais difícil, e, de preferência, partindo sempre de alguma habilidade física já conhecida a uma desconhecida. A técnica dos estilos passou e passa por muitos estudos, com o objetivo de facilitar o movimento em deslocamento no meio líquido, realizando-o com economia de energia e maior velocidade de deslocamento possível. Sendo assim, conhecer a técnica dos estilos é de fundamental importância para facilitar a movimentação em meio líquido; no entanto, é muito pertinente ressaltar que as características individuais, tanto as eficiências quanto as deficiências, cognitivas e motoras devem ser consideradas e respeitadas no resultado final do movimento apresentado pelo praticante em cada um dos estilos. Dessa forma, será apresentada, a seguir, a técnica dos quatro estilos como facilitador da movimentação, contudo o bom-senso do profissional que respeita as características do aluno validará qualquer modificação dessa movimentação.

Para apresentar o melhor movimento para a melhora da velocidade do deslocamento, a descrição de cada estilo será dividida em posição corporal, movimentos para respiração, movimentos de membros superiores, movimentos de membros inferiores e coordenação geral.

Descrição do nado *crawl*

Coordenação geral

O nado *crawl* consiste em movimentos alternados tanto de membros superiores quanto inferiores. Existem alguns tipos de classificação em relação a essa coordenação:

- *Crawl dois tempos*: para cada ciclo de braçada, isto é, a realização do movimento completo dos dois braços, são realizados dois movimentos de perna (semelhante ao andar);
- *Crawl quatro tempos*: para cada ciclo de braçada, são realizadas quatro pernadas;
- *Crawl seis tempos*: para cada ciclo de braçada, são realizados seis movimentos de perna (mais utilizado em provas de fundo).

Posição corporal

Em decúbito ventral, o corpo permanece o mais horizontalmente possível, realizando movimentos de rolamentos laterais em seu eixo longitudinal.

Movimentos para respiração

Na expiração, o rosto permanece em contato com a água, mantendo o nível da água na parte superior da testa, direcionando o olhar à frente e ao fundo da piscina. A expiração é realizada pela boca, pelo nariz ou por ambos. A expiração pelo nariz auxilia o nadador para que execute a virada evitando a entrada da água por ele. O movimento para a inspiração é executado por meio da rotação lateral do tronco e de uma pequena rotação de pescoço. A inspiração deve ser realizada pela boca e na onda de proa, mantendo a boca o mais próximo possível da água, e acontece no momento em que um braço estiver na fase de apoio e o outro, na finalização da braçada. A respiração é classificada de acordo com o número de braçadas (2 x 1, 3 x 1 ou bilateral, 4 x 1 etc.).

Movimentos de membros superiores

O movimento dos braços do *crawl* consiste em circundução ântero-posterior alternada desses. Para entender melhor o movimento, dividiremos a braçada em entrada, apoio, tração, finalização e recuperação.

Entrada

Deve ser feita à frente da cabeça, entre a linha central desta e a linha da direção do ombro. O braço deve estar ligeiramente flexionado, com o cotovelo acima da mão, de modo que as pontas dos dedos sejam a primeira parte do braço a entrar na água; a mão deve deslizar para dentro da água, à frente, de lado, com a palma ligeiramente voltada para fora.

Apoio

Consiste em uma puxada para baixo, em direção ao fundo, com o braço estendido, não deixando haver uma abertura significativa. Nesse momento, acontece uma pequena rotação do tronco, posicionando um dos ombros à frente e, assim, colocando o braço em uma posição em que terá maior apoio na água.

Tração

É o momento em que começará a haver maior eficiência da braçada, em que se pode observar uma flexão do antebraço em relação ao braço, fase em que a mão, o cotovelo e o ombro deverão estar alinhados sob o corpo. A mão irá até o antebraço e chegará na direção do umbigo. Nesse movimento, a mão estará voltada, primeiramente, para fora, até passar a direção do ombro, e para dentro, em direção à linha Alba, ou seja, perto do umbigo.

Finalização

Consiste em um empurrão final realizando uma aproximação do braço e do cotovelo ao tronco, por meio de uma quase extensão do antebraço em relação ao braço, retirando-se a mão da água próxima ao quadril.

Recuperação

Deverá ser feita por meio da elevação do cotovelo, flexionando o antebraço e projetando a mão à frente. Os braços e as mãos deverão estar o mais relaxados possível. O cotovelo estará mais alto que a mão durante todo o percurso, e a mão passará próxima à água.

Na direção do movimento durante a fase aquática do braço (entrada, apoio, tração e finalização), a mão percorrerá um trajeto chamado *movimento em S*. Segundo pesquisas na área de hidrodinâmica, este é o movimento que proporciona maior apoio do braço, do antebraço e da mão na água.

Movimentos de membros inferiores

Os movimentos das pernas do nado *crawl* são realizados alternadamente, com trajetórias descendentes, ascendentes e laterais (de acordo com o rolamento do tronco). A fase descendente é iniciada quando o calcanhar está alinhado à superfície da água, momento em que acontecerá uma pequena flexão da articulação coxofemoral e do joelho, fazendo que haja um pequeno abaixamento do joelho para uma posterior extensão rigorosa da perna. Os pés deverão estar em flexão plantar e em inversão. Este movimento deverá ter profundidade de, aproximadamente, 30 a 35 cm abaixo da superfície da água. No movimento ascendente, o pé estará, ainda, em flexão plantar, e a perna retornará à posição inicial estendida, porém relaxada.

Descrição do nado costas

Coordenação geral

O nado costas, como o *crawl*, consiste de movimentos alternados tanto de membros superiores quanto inferiores. Para cada ciclo de braçada (duas braçadas), são realizados seis movimentos de pernas.

Posição corporal

O corpo permanece o mais horizontalmente possível, em decúbito dorsal, realizando movimentos de rolamentos laterais em seu eixo longitudinal.

Movimentos para respiração

A cabeça deverá permanecer apoiada na água, com o nível desta passando por sua parte posterior ou mediana das orelhas. A inspiração do nado costas deverá ser feita pela boca, no momento em que um dos braços estiver iniciando a recuperação e o outro, o apoio. A expiração deverá ser feita, de preferência, pelo nariz, evitando o desconforto de possível entrada de água neste, e, geralmente, a expiração é realizada quando um dos braços estiver na direção do rosto.

Movimentos de membros superiores

O movimento dos braços do nado costas consiste em circundução pôstero-anterior alternada desses. Da mesma forma, como no nado *crawl*, dividiremos a braçada em entrada, apoio, tração, finalização e recuperação.

Entrada

Deve ser feita entre a direção da cabeça e do ombro. O braço deve estar estendido, com a palma da mão voltada para fora, de modo que a ponta do dedo mínimo seja a primeira parte a entrar na água.

Apoio

Consiste em uma puxada para baixo e ligeiramente para o lado, em direção ao fundo da piscina, e com o braço estendido.

Tração

É um momento em que começará a haver maior eficiência da braçada, no qual podemos observar uma flexão do antebraço em relação ao braço (em torno de 90°), fase em que a mão e o cotovelo deverão estar alinhados, com o braço perpendicular ao corpo, e o cotovelo apontando para o fundo da piscina.

Finalização

Da passagem da tração para o empurrão final, haverá uma aproximação do braço e do cotovelo ao tronco, com extensão do antebraço, projetando a mão em direção ao fundo, fazendo que haja um rolamento do corpo para o lado oposto a esse braço e uma consequente saída do ombro, do mesmo lado.

Recuperação

Deverá ser feita por meio da retirada do braço estendido da água, e o dedo polegar será o primeiro a deixar a água. Os braços deverão estar estendidos, mas relaxados. Aproximadamente acima do rosto, realizamos a rotação do braço para que este esteja pronto para iniciar um novo ciclo.

Movimentos de membros inferiores

Os movimentos de pernas do nado costas são realizados alternadamente, com trajetórias descendentes, ascendentes e laterais (de acordo com o rolamento do tronco).

Movimento descendente

A fase descendente é iniciada quando o dorso de um dos pés está alinhado à superfície da água, com a perna estendida, posição em que permanecerá até o final da fase descendente, em que acontecerá pequena flexão da articulação coxofemoral e do joelho, fazendo que haja pequena elevação do joelho. Os pés deverão estar em flexão plantar e em inversão.

Movimento ascendente

Na fase ascendente, a perna realizará uma extensão rigorosa, os pés deverão estar em flexão dorsal e em inversão, procurando aproveitar bem a pressão realizada pelo dorso de pé e perna.

Descrição do nado peito

Posição corporal

No nado peito, o corpo permanecerá em decúbito ventral, na horizontal; no entanto, as pernas ficam mais baixas que o tronco, em uma posição em que as pernas e os pés encontrem apoio suficiente e eficiente para um movimento que leve ao deslocamento, já que este é o único estilo em que os membros inferiores têm maior eficiência que os superiores para o deslocamento do corpo na água.

Coordenação geral

No nado peito, tanto os movimentos de membros superiores quanto de inferiores são executados simultaneamente. A coordenação entre membros superiores e inferiores será importante para o melhor deslocamento do corpo e caracteriza-se alternando os seguintes movimentos:

- *Apoio da braçada*: pernas permanecem estendidas;
- *Tração da braçada*: pernas permanecem estendidas;
- *Início da recuperação da braçada*: início da ação das pernas;
- *Final da recuperação da braçada*: final da ação das pernas (extensão).

Movimentos para respiração

Durante o apoio da braçada, isto é, a fase inicial da abdução dos braços, o nadador realizará a elevação frontal da cabeça até a retirada da boca da água e realizará a inspiração pela boca. A expiração será realizada na recuperação dos braços, ou seja, enquanto estão se estendendo à frente da cabeça, podendo ser bucal, nasal ou bucal/nasal.

Movimentos de membros superiores

O movimento dos braços do nado peito é simultâneo e caracteriza-se por haver maior ênfase na lateralidade dos movimentos. Dividiremos o movimento em apoio, tração e recuperação.

Apoio

Partindo com os braços estendidos à frente da cabeça, com as mãos juntas, o início da braçada é realizado com pressão para os lados e ligeiramente para o fundo, sem grande abertura, para que, no momento da tração, as mãos não ultrapassem a linha dos ombros.

Tração

É a fase em que acontece o movimento de aproximação dos braços ao corpo. Nesta fase, o antebraço é o grande responsável pela pressão na água, com abdução dos braços e flexão do antebraço sobre o braço, até um ângulo aproximado de 90°, alinhando ombro, cotovelo e mão. Depois, o braço realizará uma adução unindo mãos e, posteriormente, cotovelos.

Recuperação

As mãos permanecerão unidas com os cotovelos o mais próximo possível, estendendo os braços para a posição inicial (estendidos à frente da cabeça).

Movimentos de membros inferiores

O movimento da perna do nado peito é conhecido como *chicotada*, em razão de sua trajetória; é realizado em um movimento em que os pés desenham a seguinte figura:

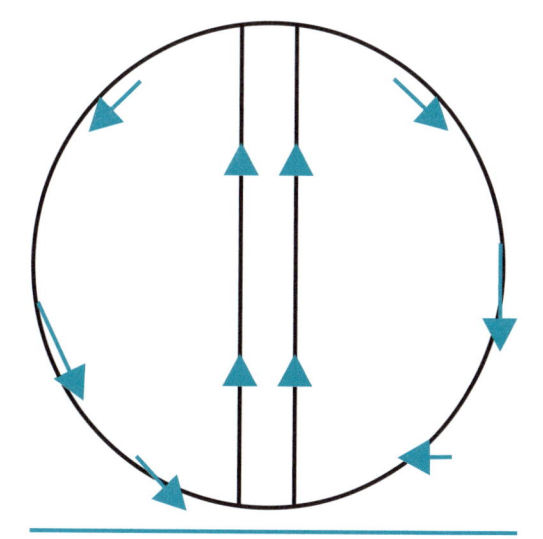

FIGURA 104 – Trajetória das pernas no nado peito.

O início do movimento se dará com as pernas estendidas e os pés em flexão dorsal e em inversão. A pernada do nado peito requer boa flexibilidade tíbio-társica, já que, para um bom posicionamento dos pés, no momento da flexão máxima das pernas e no decorrer da extensão, é necessário realizar dorsiflexão com eversão, para que os pés realizem um eficiente apoio na água, com as plantas. A flexão da coxa sobre o tronco deve ser o suficiente para que os pés não saiam da água, já que, se houver um abaixamento grande das pernas, ocorrerá grande resistência frontal ao deslocamento, prejudicando a propulsão. A flexão da perna sobre a coxa deve ser a máxima possível, aproximando os pés dos glúteos, obtendo, assim, maior amplitude do movimento. Na flexão máxima das pernas, os joelhos devem se posicionar apontados para o fundo da piscina, e não muito para os lados, ou seja, deve haver uma rotação medial das coxas para evitar grande afastamento dos joelhos. A trajetória dos pés no movimento de extensão é:

- A primeira fase da extensão, que é a fase de maior apoio, na abdução das pernas, ao mesmo tempo em que os pés se dirigem para o lado, também estarão aprofundando;
- Na segunda metade da extensão, os pés estarão se dirigindo para dentro e, ainda, para o fundo (adução das pernas);
- Na finalização da pernada, quando as pernas se estenderem, os pés se unirão com as plantas uma voltada para a outra por meio da flexão plantar e da inversão dos pés, pressionando, assim, a massa de água presente no interior das pernas. O movimento de flexão das pernas (recuperação) deverá ser realizado mais descontraído (com menor gasto calórico), e a extensão, na qual se realiza o apoio necessário para o deslocamento, deverá ser executada com vigor e maior potência.

Descrição do nado borboleta

Coordenação geral

No nado borboleta, como no peito, tanto os movimentos de membros superiores quanto inferiores são executados simultaneamente. O movimento dos braços e das pernas é muito parecido com os movimentos do nado *crawl*, porém não são alternados. No nado borboleta, a cada ciclo de braçadas, realizam-se duas pernadas: uma no início (apoio) da braçada e outra em seu empurrão final.

Posição corporal

O corpo permanece na horizontal, em decúbito ventral.

Movimentos para respiração

O rosto fica em contato com a água, mantendo o nível da água na parte posterior da cabeça, com maior aproximação do queixo no peito que no nado *crawl*.

Durante o momento em que o rosto permanece na água, o nadador executa a expiração através da boca e/ou do nariz. A inspiração deve ser feita logo após a expiração, com uma ligeira elevação frontal da cabeça, mantendo-se o queixo apoiado na água.

A respiração pode ser classificada com o número de braçadas: 1 x 1, 2 x 1 ou 3 x 1.

Movimentos de membros superiores

Os braços realizam uma circundução ântero-posterior simultaneamente.

Entrada

Deve ser feita à frente da cabeça, entre sua linha central e a linha da direção do ombro. Os braços devem estar ligeiramente flexionados, com rotação medial, com os cotovelos um pouco acima das mãos, de modo que as pontas dos dedos sejam a primeira parte a entrar na água. As mãos devem deslizar para dentro da água, à frente, de lado, com a palma das mãos voltadas para fora.

Apoio

Consiste em uma puxada para o lado, com os braços estendidos, não deixando haver abertura exagerada.

Tração

Podemos observar uma flexão dos antebraços em relação aos braços, com uma trajetória das mãos em direção à linha mediana do corpo, e para o fundo.

Empurrão

É o momento em que começará a existir maior eficiência da braçada, quando podemos observar uma flexão do antebraço em relação ao braço, fase em que mãos, cotovelos e ombros deverão estar alinhados, sob o corpo. A partir daí, haverá uma aproximação do braço e do cotovelo ao tronco, passando a existir maior pressão de movimento em relação às fases anteriores.

Finalização

No empurrão final, haverá vigorosa extensão do antebraço, retirando-se, logo em seguida, as mãos da água, próximas ao quadril.

Recuperação

Deverá ser feita por meio da elevação dos cotovelos, flexionando os antebraços e projetando as mãos à frente, com os braços passando pela lateral, paralelos à superfície da água. Os braços e as mãos deverão estar o mais relaxados possível.

Como no nado *crawl*, durante a fase aquática dos braços (entrada, apoio, tração e finalização), as mãos percorrerão um trajeto chamado *movimento em S*. Segundo pesquisas na área de hidrodinâmica, este é o movimento que proporciona maior apoio do braço, do antebraço e da mão na água.

Movimentos de membros inferiores

Os movimentos de perna são realizados simultaneamente, com trajetórias ascendentes e descendentes.

Movimento descendente

A fase descendente é iniciada quando o calcanhar está alinhado à superfície da água, momento em que acontecerá uma pequena flexão da articulação coxofemoral e do joelho, fazendo que haja um pequeno abaixamento do joelho para uma posterior extensão rigorosa da perna. Os pés deverão estar em flexão plantar e em inversão, procurando aproveitar bem a pressão realizada pelo dorso dos pés e pelas pernas na água. Este movimento deverá ter uma profundidade de, aproximadamente, 40 a 50 cm abaixo da superfície da água.

Movimento ascendente

O pé ainda estará em flexão plantar, e a perna retornará à posição inicial estendida, porém relaxada.

A ordem do ensino dos estilos deve considerar preferências, capacidades físicas, motivação, facilidades, eficiências e deficiências cognitivas e motoras do praticante, assim como a exigência pela técnica perfeita dos estilos.

Alguns benefícios da natação:

- *Segurança*: aprender a nadar é a regra básica para prevenir afogamentos; em um país com o nosso, repleto de rios, mares, piscinas etc., a natação se torna imprescindível;
- *Melhora das funções* motoras: velocidade, agilidade e propriocepção;
- *Auxílio no treinamento da resistência cardiovascular*: proporciona ao coração, ao pulmão e ao sistema circulatório excelente capacidade de esforço, força muscular, potência e flexibilidade;
- *Melhora do desenvolvimento cognitivo*: capacidade de reação, assimilação e coordenação;
- Controle de peso corporal;
- *Redução dos riscos de diabetes*: controla a taxa de colesterol e triglicérides;
- Controle da pressão sanguínea;
- Retorno sanguíneo facilitado;
- *Alívio da dor e do espasmo muscular*: a pressão hidrostática auxiliada pela ação de bombeamento exercida pelos músculos garante a redução da pressão articular e da dor;
- Ajuda na prevenção e no tratamento de doenças respiratórias, como asma e bronquite;
- Diminuição do impacto, diminuindo o risco de problemas em articulações e ligamentos;
- *Auxílio para a manutenção da postura correta*: a natação ajuda a alongar os músculos e contribui para o alinhamento corporal;
- *Autoestima nas atividades aquáticas*: as propriedades da água atuam como facilitadoras para inúmeras atividades que, em solo, não podem ser realizadas, fazendo que os participantes vivenciem o sucesso. A liberdade de movimento proporcionada pela água valoriza não somente o autoconhecimento dos participantes como os incentiva a encontrar seus potenciais;
- *Prevenção do estresse*: a grande concentração exigida na hora da respiração e nos movimentos faz que o participante alivie as tensões e esqueça um pouco dos problemas do dia-a-dia;

- Aumento do bem-estar e da perspectiva de vida;
- Socialização.

Hidroginástica

A hidroginástica é uma atividade mais recente, que vem ganhando um número cada vez maior de adeptos pela eficiência, pelos benefícios e pelo fato de poder ser praticada por todos, inclusive grupos especiais, como obesos, hipertensos, idosos, gestantes, pessoas com deficiências etc.

Na hidroginástica, os mais diversos exercícios são realizados, ao contrário dos realizados no solo, sem o incômodo de transpiração aparente, dores e sensação de exaustão. Dentro da água, o participante tem a redução no peso, o que reduz, de maneira importante, a tensão nas articulações, como já mencionado. Com isso, os exercícios realizados dentro da água são desenvolvidos com maior facilidade, aumentando o rendimento do aluno e possibilitando a prática de atividade por um período de tempo maior.

Quando o indivíduo se desloca pela piscina, movimenta determinada massa de água que estava em inércia, na mesma direção do deslocamento; se mudar de direção, terá de vencer novamente a inércia dessa massa, que tenderá a continuar se deslocando para a direção anterior. Isso acontece com o deslocamento de todo o corpo, assim como na movimentação de um de seus segmentos. Sabendo desse fato, o profissional que trabalha com a hidroginástica poderá utilizar essa resistência do fluxo turbulento como uma sobrecarga a mais ao exercício, auxiliando o ganho de força, a resistência de força ou a resistência.

É importante ressaltar que, na natação, os movimentos com o corpo na posição horizontal visam diminuir a resistência ao avanço e aumentar a velocidade durante todo o tempo, enquanto, na hidroginástica, podemos utilizar o princípio contrário para aumentar a intensidade do movimento. Assim, quanto maior a superfície do corpo que movimentar a água, maior será a massa de água movimentada; portanto, a resistência oferecida será relativamente maior. Levando esse fato em consideração, podemos utilizar determinadas posições dos segmentos corporais, como mãos abertas ou fechadas, e materiais apropriados, como luvas, aquafins, halteres etc., para intensificar ou suavizar o trabalho.

A velocidade e a amplitude de execução do movimento também devem ser observadas e controladas. Quanto maior a velocidade do movimento, maior será o esforço exigido, desde que não se diminua a amplitude do movimento.

Na ginástica fora da água, um exercício, tanto na saída da posição inicial quanto no retorno do movimento, utiliza-se a mesma musculatura. Por exemplo, a flexão e a extensão do braço sobre o antebraço trabalham o bíceps braquial e as musculaturas auxiliares, tanto na fase concêntrica quanto na excêntrica. Na hidroginástica, nesse mesmo movimento, ao flexionar o braço, a resistência oferecida exige o trabalho mais intenso da musculatura flexora, do bíceps braquial e das musculaturas auxiliares, e, na extensão, serão mais exigidos os músculos extensores do braço, o tríceps braquial e as musculaturas auxiliares, isto é, na hidroginástica sem material, na saída da posição inicial, os músculos motores primários farão papel de agonistas e, no retorno, os antagonistas assumirão essa função. Podemos acentuar o trabalho de um dos grupos musculares utilizando-se equipamentos. No exemplo utilizado, se acrescentarmos o uso de halteres flutuantes, estaremos dando ênfase ao trabalho do tríceps braquial e seus auxiliares, e se utilizarmos um halter cheio de areia ou água, estaremos enfatizando o bíceps braquial e seus auxiliares.

Utilizando o recurso da música, pode-se tornar a aula extremamente agradável e motivadora. O tipo musical pode determinar um tema específico para a aula, diferenciando-a e dando-lhe uma característica especial. O profissional não pode esquecer que existe uma tendência do praticante em tentar realizar o movimento no ritmo da música utilizada; assim, uma música com o ritmo por minuto demasiadamente elevado para o movimento no meio líquido pode tornar a aula desmotivadora ou estimular uma lesão. A utilização correta do ritmo e do tipo musical pode ser um grande aliado para um trabalho eficaz e motivador.

Não tem idade certa para iniciar na atividade, mas recomenda-se que o participante tenha o mínimo de condições para acompanhá-la no aspecto da coordenação, da concentração e da disciplina, ou seja, é praticada por jovens, adultos e idosos.

A hidroginástica oferece uma quantidade muito grande de variedade de movimentos e, se o profissional souber utilizar-se dessa variedade, terá aulas motivadoras e eficazes. Para isso, devem-se utilizar as quatro posições básicas para exercícios no meio líquido, descritas a seguir.

Saltitamentos

Nestes movimentos, em determinado momento de sua execução, os dois pés encontram-se fora do chão, por exemplo, o polichinelo. Ao contrário do que muitos pensam, o saltitamento não é necessariamente a forma mais intensa de movimento.

Posição neutra

Nesta categoria, estão os movimentos em que os pés permanecem todo o tempo em contato com o chão. A flutuação é um fator que auxilia os movimentos nesta posição. Neste caso, o corpo não é impulsionado para cima e para fora da água, arrastando os pés no chão, proporcionando movimentos mais suaves e com menor impacto. Um exemplo de exercício na posição neutra é a adução e a abdução das pernas, arrastando os pés no chão, como um polichinelo sem saltitamento.

Posição suspensa

Nestes movimentos, os pés não tocam o chão em momento nenhum. Esta posição pode acontecer com ou sem o auxílio de materiais flutuantes. O corpo pode permanecer em posição vertical, em decúbito dorsal, ventral ou lateral, trabalhando-se toda a musculatura postural, anterior e posterior, e eliminar o impacto sobre as articulações. Um exemplo de exercício nesta posição é a simulação de andar em uma bicicleta com ou sem o auxílio de um "macarrão flutuador" entre as pernas.

Posição ancorada

Para esta posição, um dos pés estará sempre em contato com o chão, enquanto a outra perna executa o movimento. Por exemplo: realizar a abdução e a adução de uma das pernas.

Alguns benefícios da hidroginástica:

- Se realizada regularmente e com o devido acompanhamento, proporciona um condicionamento cardiovascular e muscular, por meio do treinamento em flexibilidade, coordenação motora e relaxamento;
- Um benefício bastante agradável da hidroginástica é a massagem proporcionada pela água, por meio da pressão e da resistência. Isso garante um efeito agradável sobre a musculatura, ajuda a aumentar a circulação periférica de sangue e alivia as tensões;
- Na piscina, o impacto é reduzido, portanto as dores e os espasmos musculares pós-atividades praticamente não ocorrem;
- Há melhor irrigação, ativando veias, artérias e vasos capilares e garantindo elasticidade, que tem como consequência maior estabilidade na pressão sanguínea, além de evitar e/ou retardar o aparecimento de varizes;
- O exercício na água produz sobrecarga necessária, o que acarreta um gasto de energia ainda maior. Aliado a isto, devemos lembrar que o trabalho na água estimula a produção de calor, ocasionando mais consumo de energia e, então, transformação do peso de gordura em peso muscular;

- Estimula o sistema termorregulador (vasodilatação e vasoconstrição);
- Extremamente eficaz no combate ao estresse, além de contribuir para uma melhor qualidade de vida dos indivíduos;
- Aumento da autoestima e do autoconhecimento;
- Aumento do bem-estar e da perspectiva de vida;
- Socialização.

Natação e hidroginástica para pessoas com síndrome de Down

Ao iniciar qualquer atividade física, sendo a pessoa com ou sem síndrome de Down, deve-se realizar uma avaliação física e médica para que o profissional saiba a situação do participante e, assim, tenha segurança em sua atividade. A pessoa com síndrome de Down, algumas vezes, apresenta excesso de peso, e tanto a natação quanto a hidroginástica podem ser aliados importantes na tarefa de controle de peso corporal. Além disso, 12% das pessoas com Down possuem uma disfunção que se chama *instabilidade atlantoaxial*, o que se deve requerer a devida atenção. Um raio-x da área cervical do participante e uma entrevista com a família podem esclarecer essa situação, que deve ser informada antes do início do programa, pois, caso o diagnóstico seja positivo, segundo Castro (2005) o mergulho deve ser proibido, assim como o ensino do nado borboleta deve ser evitado.

As atividades aquáticas podem proporcionar, em diversos contextos, oportunidade de inclusão das pessoas com síndrome de Down com as outras pessoas. As atividades aquáticas quase sempre são realizadas em grupos, o que favorece a socialização.

É importante ressaltar que qualquer atividade física deve ser acompanhada por um profissional habilitado, capaz de adaptar seu trabalho às características do grupo envolvido, proporcionando ao participante um trabalho eficiente, agradável e seguro.

Referências

BRANDER, N. **Autoestima**: como aprender a gostar de si mesmo. Trad. de Ricardo Gouveia. São Paulo: Saraiva, 2000.

CASE, L. **Condicionamento físico na água**. São Paulo: Manole, 1998.

CASTRO, E. M. **Atividade Física Adaptada**. Ribeirão Preto: Tecmed, 2005.

COLWIN, C. M. **Nadando para o século XXI**. São Paulo: Manole, 2000.

Galdi, E. H. G. et al. **Aprender a nadar com a extensão universitária**. Campinas: IPES Editorial, 2004.

Kerbej, F. C. **Natação** – algo mais que quarto nados. São Paulo: Manole, 2002.

Maglischo, E. W. **Nadando ainda mais rápido**. São Paulo: Manole, 1999.

Massaud, M. G. **Natação, 4 nados**: aprendizado e aprimoramento. Rio de Janeiro: Sprint, 2004.

Palmer, M. L. **A ciência do ensino da natação**. São Paulo: Manole, 1990.

Paulo, M. N. **Ginástica Aquática**. Rio de Janeiro: Sprint, 1994.

Rocha, J. C. C. **Hidroginástica**: teoria e prática. Rio de Janeiro: Sprint, 1994.

Santana, V. H.; Tavares, M. C.; Santana, V. E. **Nadar com segurança**. São Paulo: Manole, 2003.

Schilder, P. **A imagem do corpo** – As energias construtivas da psique. São Paulo: Martins Fontes, 1980.

Velasco, C. G. **Natação segundo a psicomotricidade**. Rio de Janeiro: Sprint, 1997.

Pedagogia do esporte e os jogos com bola

Roberto Rodrigues Paes
Hermes Ferreira Balbino

O propósito deste capítulo é apresentar possibilidades de procedimentos pedagógicos para jogos com bola, em formas de estímulos à atividade física, como primeiro plano. Em um plano seguinte, orientar a construção de tais atividades, de forma que elas possam estimular competências múltiplas mediante a participação de um facilitador, na medida em que permitem a adequação ao contexto de *jogo possível*, formado pelos indivíduos que jogam, pelos regentes da atividade e pela organização do ambiente com suas características próprias nas dimensões física, emocional, mental e social.

Os jogos com bola são muito conhecidos na área da Educação Física. Compõem as modalidades coletivas e precisam de um elemento comum a todos os jogadores, a fim de que se relacionem em torno do espaço delimitado para o jogo e que suas ações estejam organizadas por regras livremente concebidas. O elemento que viabiliza essas relações é a bola. Por meio das relações que criam, os jogadores são conduzidos a perceber, elaborar e solucionar problemas relativos a determinado objetivo, que envolve possível finalização à meta ou cumprimento de tarefa. Em síntese, a lógica técnico-tática dos jogos com bola se repete, ou seja, de posse da bola, os problemas resumem-se em manter a posse de bola ou caminhar em direção a um alvo; sem a posse de bola, as principais situações-problema estão a evidenciar as ações que impedem a finalização da equipe que tem a posse de bola e procuram retomar a sua posse. Assim, configura-se de forma clara a afirmação anterior de que a bola é o elemento facilitador das relações de quem joga. Nesse contexto, os jogos com bola, de maneira geral, se compõem do conjunto de ações que transitam entre momentos em que se tem a posse de bola e momentos em que não se a tem. É possível, dessa maneira, jogar o tempo todo. Em muitos momentos, os jogos que serão aqui apresentados lembram algumas modalidades coletivas de esporte, em estruturas menores de dificuldade ou complexidade.

Sugestões de atividades com bola

Pega simples

- *Situação inicial*: os alunos estão espalhados na quadra e um deles é indicado como pegador;
- *Ação*: iniciado o jogo, o pegador tentará alcançar um aluno que, uma vez pego, substituirá o pegador.

Pega Pinóquio

- *Situação inicial*: os alunos estão espalhados na quadra e um deles é indicado como pegador, representando Pinóquio. Este deverá segurar com uma mão a ponta do nariz, enquanto o outro braço deverá passar entre o braço cuja mão está segurando o nariz e o ombro;
- *Ação*: iniciado o jogo, o Pinóquio tentará pegar os demais alunos que fugirão livremente. Todo aluno pego passará a ser Pinóquio, caracterizando um pega-ajuda.

Pega com salto

- *Situação inicial*: os alunos estão espalhados na quadra, sentados, com as pernas fechadas e estendidas. Dois alunos ficarão em pé e serão, respectivamente, pegador e fugitivo;
- *Ação*: iniciado o jogo, o pegador tenta alcançar o fugitivo que, para se safar, saltará por sobre as pernas de um dos alunos sentados. Este é o sinal para uma troca de posições: o aluno que estava sentado passa a ser o pegador; o aluno pegador é, agora, o fugitivo e aquele que se safou senta-se na quadra.

Nunca três (em pé)

- *Situação inicial*: os alunos, dois a dois de mãos dadas, estão parados e espalhados pela quadra. Somente dois não deverão estar de mãos dadas: o fugitivo e o pegador;

- *Ação*: iniciado o jogo, o pegador deverá tentar alcançar o fugitivo que, para se salvar, deverá segurar a mão de um dos alunos das demais duplas. Nesse momento, o segundo aluno da dupla deverá fugir.

Nunca três (sentado)

- *Situação inicial*: os alunos, dois a dois, estão sentados um atrás do outro. Dois alunos deverão estar em pé; um deles será o pegador e o outro, o fugitivo;
- *Ação*: iniciado o jogo, o pegador deverá alcançar o fugitivo que, para escapar, deverá sentar-se atrás de uma das duplas espalhadas pela quadra. Nesse momento, haverá uma inversão no jogo: o aluno pegador passará a ser fugitivo e o sentado na frente da nova dupla, o pegador.

Par e ímpar

- *Situação inicial*: os alunos estão divididos em dois grupos, com o mesmo número de alunos em cada grupo. A posição inicial do jogo poderá ser a linha central da quadra ou qualquer local previamente escolhido. As equipes deverão formar duas colunas paralelas no centro da quadra com os alunos sentados de costas para seus respectivos correspondentes, estando voltados para o fundo da quadra.
- *Ação*: o jogo terá início quando o professor, ou algum aluno escolhido pelo grupo, falar um número; se o número for par, os alunos da coluna ao lado direito do professor deverão fugir e os da outra coluna tentarão pegá-los, havendo um limite de espaço preestabelecido. O jogo se desenvolve com a inversão das funções das equipes ocorrendo de acordo com o número cantado.

Este jogo permite algumas variações. Mencionaremos alguns exemplos entre vários existentes na literatura:

- Pode ser trabalhado algum tipo de operação matemática;
- Os números poderão ser substituídos por cores, dia/noite etc.

Pega corrente

- *Situação inicial*: os alunos estão espalhados na quadra; um deles será escolhido para ser o pegador;
- *Ação*: iniciado o pega-pega, cada aluno pego deverá dar a mão ao pegador, formando uma corrente para ajudá-lo.

Pega trio

- *Situação inicial*: os alunos deverão formar grupos de três, segurando um na cintura do outro; um trio será escolhido para ser o pegador;
- *Ação*: dado o sinal para começar, os alunos deverão correr livremente pelo espaço disponível para o jogo. Cada trio pego deverá juntar-se ao trio pegador, formando, assim, um grupo cada vez maior de pegadores.

Pega americano

- *Situação inicial*: os alunos estão espalhados pela quadra; um deles será escolhido pegador;
- *Ação*: iniciado o jogo, todos os alunos que forem pegos deverão ficar parados com as pernas em afastamento lateral e só poderão retornar ao jogo se algum colega passar por entre suas pernas.

Pega rabo

- *Situação inicial*: os alunos deverão estar correndo livremente pela quadra ou campo, cada um com um rabo (corda individual ou tiras de jornal);
- *Ação*: iniciado o jogo, o aluno pegador deverá estar sem rabo e tentar roubar o rabo de algum colega, que, então, passará a ser o pegador.

Pega de 1 x 1

- *Situação inicial*: os alunos, espalhados, deverão formar duplas, um na frente e outro atrás;
- *Ação*: ao sinal do professor, o aluno da frente deverá fugir e o de trás deverá pegá-lo. A continuidade deste jogo ocorrerá com a inversão do posicionamento inicial.

Correr para trás da bola

- *Situação inicial*: divide-se o grupo de alunos em duas equipes e o professor deverá estar de posse de duas bolas, cada uma correspondendo a uma equipe;
- *Ação*: este jogo possível terá início quando o professor jogar as bolas aleatoriamente para qualquer direção. Cada equipe deverá buscar sua bola e será considerada vencedora aquela que primeiro conseguir fazer que todos os seus componentes sentem-se em fila atrás da bola correspondente.

Bola ao túnel

- *Situação inicial*: dividir o grupo de alunos em duas equipes. Cada uma deverá formar uma coluna e o primeiro aluno de cada equipe deverá estar de posse de uma bola;
- *Ação*: o jogo é iniciado após um sinal do professor quando o aluno, de posse da bola, deverá passá-la por entre as pernas para o de trás e assim sucessivamente, até a bola chegar ao último aluno da coluna. Vence o jogo a equipe que fizer o percurso da bola mais rapidamente (esta é apenas uma opção de bola ao túnel; existem diferentes formas para este tipo de jogo, facilmente encontradas na literatura).

Futebol americano

- *Situação inicial*: divide-se o grupo de alunos em duas equipes, e cada equipe deverá estar em uma metade da quadra;
- *Ação*: os alunos trocarão passes entre si, em progressão, na direção do fundo da quadra, com o objetivo de fazer o *touchdown*. Cada vez que uma equipe alcançar o objetivo proposto, marcará um ponto.

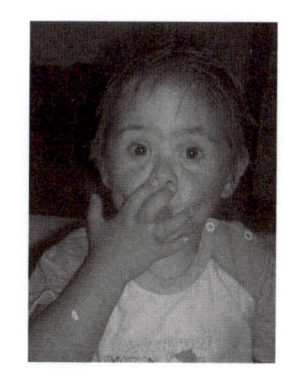

Passa dez

- *Situação inicial*: para sua realização, é preciso dividir o grupo de alunos em duas equipes;
- *Ação*: cada equipe terá como objetivo trocar dez passes ininterruptos entre si.

Pega passe

- *Situação inicial*: os alunos deverão estar espalhados na quadra e dois deles serão escolhidos como pegadores;
- *Ação*: de posse da bola, esses alunos deverão trocar passes entre si e, ao mesmo tempo, tentar pegar os demais alunos. Cada aluno pego passará a pegador, caracterizando um pega-ajuda. O jogo terá sequência até que todos os alunos sejam pegos. O número de bolas, bem como o espaço determinado para o jogo, poderá ser ampliado à medida que aumenta o número de pegadores.

Bola no chão

- *Situação inicial*: os alunos deverão ocupar meia quadra ou outro espaço previamente determinado e demarcado;
- *Ação*: para seu início, os alunos deverão correr livremente, ocupando os espaços da quadra, enquanto o professor procurará jogar a bola nos espaços vazios. Os alunos, executando toques ou manchetes, tentarão impedir que a bola caia no chão. Cada vez que a bola cair, o professor marca um ponto.

Este jogo permite algumas variações, como:

- Ampliar o número de bolas;
- Dividir o grupo em duas equipes, e uma delas realiza o papel do professor.

Estafeta

- *Situação inicial*: os alunos estão divididos em equipes com o mesmo número de alunos. Cada equipe deverá estar disposta em coluna com seus componentes de pé. O primeiro aluno de cada equipe deverá estar de posse da bola;
- *Ação*: os alunos de posse da bola deverão conduzi-la, por meio do drible, até um marco previamente determinado e, em seguida, retornar, driblando até o ponto de partida, e entregando a bola ao primeiro companheiro de sua equipe, que deverá executar o mesmo procedimento até que todos de uma mesma equipe tenham cumprido a tarefa. Vencerá o jogo a equipe que terminar primeiro.

Rua e avenida

- *Situação inicial*: os alunos, de mãos dadas, deverão formar quatro colunas, posicionando-se uma do lado da outra;
- *Ação*: quando o professor disser *rua*, os alunos deverão estar voltados para sua frente, de mãos dadas; quando disser *avenida*, deverão soltar as mãos e virar de lado para o professor, segurando, agora, nas mãos dos colegas que ficaram ao seu lado nessa nova disposição. Entre as *ruas* e as *avenidas*, deverão estar dois alunos, cada um de posse de uma bola de futebol, e um será o pegador e o outro, o fugitivo, e ambos devem conduzir a bola com os pés.

Pega drible

- *Situação inicial:* os alunos deverão estar espalhados pela quadra e um deles será escolhido para ser o pegador;
- *Ação*: o aluno pegador tentará pegar os demais driblando com a bola de handebol. Cada aluno pego passará a ajudar o pegador, também de posse de uma bola e executando o drible. Neste jogo, o professor poderá limitar o número de pegadores de acordo com o número de bolas existentes.

Basquetebol com pontuação diferente

- *Situação inicial*: os alunos deverão estar dispostos na quadra, divididos em duas equipes;
- *Ação*: o jogo deverá ocorrer de forma normal, apenas sendo modificada sua pontuação, obedecendo aos seguintes critérios: quando a bola bater na tabela, valerá 1 (um) ponto; quando a bola tocar no aro, valerão 2 (dois) pontos; quando uma cesta normal for convertida, valerão 3 (três) pontos; e quando for convertida uma cesta de trás da linha de 6,25 m, valerão 4 (quatro) pontos. Esse procedimento permitirá uma contagem maior, tornando-se um agente de motivação, podendo intervir positivamente no processo de iniciação.

Futebol de duplas

Trata-se de um jogo possível que dá aos alunos a oportunidade de execução dos fundamentos da modalidade.

- *Situação inicial*: os alunos deverão estar divididos em duas equipes, em duplas e de mãos dadas;
- *Ação*: o jogo desenvolve-se de maneira normal, apenas observando que as mãos não podem se soltar. Outras variações são possíveis, como jogar com uma bola maior. Essas variações e adaptações podem ocorrer sempre, mas é importante observar a intenção, o interesse e a necessidade do professor e dos alunos em realizá-las.

Na modalidade handebol, citaremos como exemplo de jogo possível o *handebol de quartetos*.

- *Situação inicial*: o grupo deverá ser dividido em duas equipes, A e B, e cada equipe deverá ser subdividida em quartetos, que serão identificados por números, e terá um goleiro. O local adequado para o jogo deverá ser uma quadra, e os alunos deverão se posicionar de forma que cada equipe esteja no fundo e nas laterais da quadra correspondente;

- *Ação*: o professor deverá estar de posse de uma bola de handebol, no centro da quadra, e o jogo terá início com a chamada feita pelo professor de um quarteto de cada equipe. O professor passará a bola para o quarteto que chegar primeiro ao centro da quadra, que deve atacar com o objetivo de finalizar, ou seja, fazer o gol contra o quarteto adversário. A cada gol convertido, o jogo é recomeçado com outros dois quartetos. Este jogo atua como facilitador para finalizações e, consequentemente, permite que trabalhemos os fundamentos do goleiro.

A partir do exposto, prosseguimos com a apresentação de princípios orientadores para o tratamento pedagógico das atividades, considerando o processo de estimular constantemente competências ou habilidades diversas, denominadas por Howard Gardner (2000) como *inteligências múltiplas*. A construção e a consequente execução das atividades requerem senso de adequação do facilitador, em respeito ao nível de desenvolvimento e à capacidade para executar as atividades propostas aos participantes. No contexto dos jogos com bola como facilitadores pedagógicos, construir atividades à luz das diversas competências a serem desenvolvidas significa explorar de diversas maneiras e em múltiplas possibilidades o que ainda é desconhecido ou pouco explorado.

Partindo do ponto de perspectiva do participante que possui os elementos para compor a competência para jogar, que aprende e pode compreender, o contexto torna-se facilitador para o estímulo e o desenvolvimento das competências que se desenvolvem para habilidades, por meio das tarefas construídas pelo facilitador pedagógico, que se constituem em dinâmicas, exercícios e jogos. É relevante a qualidade dos estímulos provocados, que se relacionam diretamente à motivação para a prática dos participantes. A construção de um ambiente alegre e amistoso para a participação das atividades pode contribuir para a aceitação e a assimilação dos estímulos gerados.

Corporal cinestésica

Manifestada pelo homem em movimento, esse tipo de competência representa corpo e mente integrados para fins de qualquer tipo de desempenho, sustentado pela condição de que é base do conhecimento humano, pois é por meio de experiências de sensações e movimentos que o indivíduo experimenta a vida.

Verbal linguística

Envolve a linguagem. Manifesta-se em ambiente motivado pelo desafio das palavras e por conversações, com a utilização dos diversos meios de manifestação e assimilação da linguagem, como ouvir, falar, ler e escrever.

Lógico-matemática

Essa competência envolve o raciocínio lógico e as operações numéricas. O constante exercício de buscar a lógica das coisas ou a possibilidade de encontrar eventos simples e cotidianos que ocorrem durante o jogo e que possam ser traduzidos em números constituem operações mentais estimuladoras dessa competência.

Espacial

A partir da percepção de localização, de forma genérica, a inteligência espacial pode ser estimulada com atividades em que seja importante utilizar-se da capacidade de perceber formas e objetos de diferentes ângulos e de perceber e administrar a ideia de espaço.

Musical

Essa competência se manifesta pela facilidade em identificar sons diferentes, perceber alternância em sua intensidade. Especificamente na música, a inteligência percebe o tom ou a melodia, o ritmo ou a frequência e o agrupamento dos sons e suas características particulares.

Interpessoal

A inteligência interpessoal baseia-se na capacidade de perceber distinções nos outros, no que se refere aos estados de ânimo, motivações, intenções e temperamentos. Na sua estimulação, estão as estratégias que levam as pessoas ao relacionamento com outras para produzir movimentos de equipe durante os jogos.

Intrapessoal

Estabelecer um ambiente para nutrir a percepção de identidade é fundamental para estimular o desenvolvimento da inteligência intrapessoal. Criando atmosfera afetiva e protetora, utilizando procedimentos democráticos, alimentando a dignidade humana e promovendo a diversidade cultural, o contexto das atividades pode ajudar os indivíduos a serem bem-vindos e aceitos. A autoestima torna-se importante na medida em que os indivíduos acreditam em si mesmos e em suas capacidades.

Naturalista

Essa competência diz respeito ao relacionamento do indivíduo com os mais diversos elementos do ambiente. Aqui, os jogos podem aguçar a curiosidade do participante em relação à Natureza, de forma a interagir de maneira concreta ou metafórica com seus elementos.

A partir do exposto, indicamos alguns procedimentos pedagógicos para os jogos com bola, com base na teoria de Gardner (2000), independentemente de estímulos específicos para determinada competência, pois diversas delas podem estar orientando a resolução do desafio proposto.

- Estimular a aprendizagem das habilidades de se deslocar de maneiras variadas, evidenciando e tornando conscientes as percepções e as sensações captadas nas atividades propostas;
- Identificar situações que indicam algum tipo de sentimento físico que traga a sensação de prazer ao jogar. Identificar no corpo onde se localiza;
- Propor atividades com objetos que exigem atenção e movimentos de precisão para seu manuseio, como diferentes tipos de bola, tendo em conta seu tamanho e o material de que é feita;
- Elaborar atividades com estímulos musicais, adaptando a execução de movimentos com ritmos diferenciados de música;
- Explorar o espaço de atividades por meio de movimentos possíveis da modalidade, buscando vivenciar no espaço de jogo a noção de pequeno e amplo, alto e baixo;
- Desenvolver a aprendizagem das habilidades do jogo por meio de atividades rítmicas em sintonia com a música;

- Selecionar histórias com conteúdos relacionados a esportes. Promover rodas de conversa a partir dos relatos das histórias;
- Estimular a descrição verbalizada dos movimentos aprendidos e executados nas práticas, permitindo a utilização de diversos materiais para descrever gestos e movimentações;
- Afixar periodicamente em quadro exposto informações relativas aos temas desenvolvidos nas atividades, em linguagem acessível e compatível aos conhecimentos desenvolvidos e o possível nível de aprendizagem dos participantes. Incentivar o grupo a tomar conhecimento das atividades que serão executadas. Enriquecer as informações com figuras relativas aos temas desenvolvidos;
- Aplicar regras e regulamentos nas atividades e traduzir esse tipo de compreensão na ação e na participação em jogos. Transferir para situações de vida cotidiana a necessidade do respeito às regras e valores humanos para a convivência em comunidade;
- Estimular operações com números durante os jogos que estimulem respostas com utilização de números, compatíveis ao nível de desenvolvimento do participante;
- Vivenciar variadas intensidades de velocidade de deslocamento no campo de jogo, podendo-se fazer analogias das vivências com a rapidez de diferentes animais ou mesmo de fenômenos da natureza;
- Organizar espaços visuais, como quadros e murais, para a exposição de mensagens, fotos e outros elementos visuais;
- Organizar atividades para elaboração, com material de artes diversificado, de sessões de desenhos que representam movimentos relativos ao esporte, partindo da simples cópia de fotos até a elaboração de desenhos;
- Escolher com o grupo as músicas que podem ser executadas em determinados exercícios durante as atividades, buscando similaridade entre os sentimentos que a música desperta e os objetivos do exercício proposto;
- Estabelecer sentido de comunidade ao grupo de trabalho, ao distribuir funções para a operacionalização das atividades entre todos os participantes, indistintamente;
- Promover ambiente de interação extensiva e positiva entre os indivíduos do grupo;
- Eleger nos exercícios objetivos comuns ao grupo;
- Organizar círculo de elogios, dispondo os indivíduos de forma que um membro do grupo receba elogios a respeito de qualidades que possui e que são dispostas ao grupo durante as atividades. Buscar elogios (*feedbacks* positivos) diferentes;

- Validar verbalmente a presença do participante no ambiente de atividades, de maneira que ele se sinta importante para o desenvolvimento das práticas do grupo como um todo;
- Estimular os indivíduos a identificar qualidades nos companheiros, tanto no desenvolvimento esportivo quanto em qualidades pessoais de comportamentos e valores;
- Identificar por meio de verbalizações as diversas emoções manifestadas pelos indivíduos durante as práticas, em relação à execução de determinado exercício ou participação em jogos, antes, durante e depois das atividades;
- Organizar aulas sobre saúde e em linguagem acessível e adequada ao nível de conhecimento do grupo e integrar ao tema inicial os aspectos de conhecimentos relativos à prática de esportes, com noções básicas do funcionamento do organismo durante as práticas esportivas;
- Associar, metaforicamente, o desenvolvimento corporal e as capacidades físicas ou de jogo ao crescimento de uma planta, por exemplo, que pode fazer parte do ambiente de atividades. Tornar o grupo responsável pelos cuidados e pela manutenção da planta, criando similaridades entre o excesso e a falta de cuidados ao excesso e à falta de atividades de diversos tipos para o indivíduo. Relacionar o *nutrir construtivo da planta* ao *nutrir construtivo da atividade*.

O jogo, nessa perspectiva, tem um objetivo claro: contribuir com o processo de transformação permanente de quem joga. Podemos mencionar como vantagem do jogo a promoção dessas transformações em plano exterior quando contribui para o desenvolvimento de capacidades físicas e habilidades motoras. No plano interior, contribui para a melhor compreensão de valores, princípios, comportamentos e desenvolvimento por meio dos estímulos das competências consideradas pela ideia de múltiplas inteligências e, em especial, para os participantes desse cenário. Os encontros provocados em um jogo com bola, sendo a bola um facilitador do jogo no plano individual e coletivo, contribui para que se eleve a autoestima de quem joga, culminando ao indivíduo com a possibilidade de jogar para vivenciar estados de integração a diversas dimensões da vida cotidiana, oferecendo-lhe um ambiente facilitador para construir processos de descoberta de novas possibilidades de realização que culminem nas oportunidades de integração e harmonia com o ambiente em que vive.

Referências

GARDNER, H. **Inteligências**: um conceito reformulado. Rio de Janeiro: Objetiva, 2000.

PAES, R. R.; BALBINO, H. F. **Pedagogia do esporte**: contextos e perspectivas. Rio de Janeiro: Guanabara Koogan, 2005.

Dança para a pessoa com síndrome de Down

Grazielli Aparecida Cerroni
Jaqueline Bonicelli Santiago

Todos nós somos diferentes, não existem duas pessoas iguais, até mesmo os gêmeos univitelinos apresentam diferenças, suas impressões digitais não são iguais. Existem vários fatores que nos tornam uns diferentes dos outros, como fatores físicos, culturais, psicológicos, existenciais etc. Cada pessoa, embora preserve suas identificações e semelhanças de espécie, é uma pessoa única.

A exclusão de quem necessita de atividade física infelizmente ainda é uma prática comum, pois a privação de experiências motoras entre pessoas com deficiência aparece de forma marcante. Todas as atividades podem ser adaptadas, visando a necessidades e níveis de habilidades de todos os participantes; se o objetivo for ação, o sucesso e a participação com segurança de todos os alunos.

As capacidades e as habilidades motoras dos dançarinos, em geral, com deficiência podem ser mascaradas ou escondidas pelas limitações da deficiência. Portanto, seria necessário oferecer situações de autoexpressão e descobrir junto deles suas reais possibilidades.

Desde que a criança nasce, desenvolve experiências por meio do seu próprio corpo, utilizando-se disso para explorar e interagir no espaço em que vive, expressando, ainda, suas emoções. O movimento corporal é de vital importância para o desenvolvimento da criança, pois, por suas habilidades motoras, ela expande seus conhecimentos.

A dança é como uma atividade que prioriza a educação motora consciente e global, além de buscar a harmonia no comportamento da criança. Proporciona diversos benefícios no que se refere aos aspectos físicos, intelectuais, sociais e emocionais.

Dentro do programa técnico e artístico, as crianças são despertadas para os valores culturais, aprendem a importância do cuidado com o corpo e a saúde e da formação do senso crítico, na qual elas crescem compreendendo suas ações particulares e coletivas no tempo e no espaço em que atuam.

A dança contribui para a melhora da memória, do raciocínio, da curiosidade, da observação, da criatividade, da exploração e do poder de crítica, despertando a disciplina e a responsabilidade da criança.

Oferece, ainda, situações muito ricas para promover a inclusão, expressando uma linguagem própria, de sentimentos individuais praticados pela expressão corporal de movimentos. Assim se faz na aula de balé clássico, que seria a base de formação para qualquer criança ingressante em uma escola de dança a partir dos 3 anos de idade.

O balé beneficia na socialização, gerando novas amizades para as crianças, na disciplina física e no autoconhecimento do corpo, como confiança física e mental, boa postura e habilidade corporal, fazendo uma relação entre música, ritmo e movimento controlado e auxiliando em todos os demais aspectos da vida.

Assim como Maria Fux (1983) fez para ensinar a técnica em seu trabalho com surdos, com a criança com síndrome de Down seria basicamente a mesma coisa. A técnica não muda, o que se diferencia é a didática da aula, ou seja, a criança com síndrome de Down terá a mesma oportunidade que as demais crianças em uma aula de dança.

A dança e o movimento, segundo Fux (1983), ajudam uma profilaxia terapêutica que deveríamos realizar diariamente. É tão grande a necessidade de se utilizar o corpo que, mesmo aquelas pessoas totalmente impossibilitadas, podem, pelo influxo do movimento dado, mobilizá-lo.

Contribui, também, na prática motora para com as pessoas com deficiência. E, referindo-se à criança com síndrome de Down, o balé clássico a beneficiaria no que se refere a fortalecimento do tônus muscular, coordenação motora, socialização, disciplina, independência, autoestima; estado de humor; autoconfiança; diminuição da ansiedade; evita depressão; e ajuda na resistência anaeróbica, na eficiência cardiorrespiratória etc.

Fux (1983) diz que dançar faz fluir sensações de alegria provenientes da forma lúdica de se movimentar. A dança na infância produz efeitos terapêuticos que proporcionam formas de expressar alegria, tristeza e euforia, permitindo que a criança lide com seus problemas, aumentando seu repertório e possibilitando identificar e nomear seus próprios sentimentos e pensamentos.

Dentro do programa técnico e artístico correspondente, as crianças da segunda infância são despertadas para os valores culturais e artísticos, aprendem a importância do cuidado com o corpo e a saúde e sobre a formação do senso crítico, em que crescem compreendendo suas ações particulares e coletivas no tempo e no espaço em que atuam.

Não se pode deixar de ser compreendido que cada criança tem seu processo e sua individualidade para serem respeitados, sendo ou não uma criança com síndrome de Down.

Existem alguns cuidados especiais para serem levados em consideração pelo(a) professor(a) que tenha em sua turma uma criança com síndrome de Down. Portanto, é de extrema importância que o(a) professor(a) de dança saiba todas as características possíveis da criança com síndrome de Down, evitando qualquer tipo de acidente durante a aula por falta de informação.

Especificamente falando na aula de balé, deve-se levar em consideração que a criança possa ter um problema de *instabilidade atlantoaxial*, que, talvez, seja a complicação mais grave em virtude do tônus muscular baixo e da frouxidão ligamentar (dois ossos superiores do dorso – as duas primeiras vértebras da coluna vertebral), que ocorre em 12% de crianças e adultos com síndrome de Down. As estruturas frouxas possibilitam movimentos excessivos entre essas duas vértebras superiores, especialmente quando o pescoço está esticado ou encurvado. As crianças que possuem essa instabilidade correm o risco de lesar a medula espinhal, pois essas duas vértebras superiores permitem demasiado encurvamento dessa estrutura.

Alguns sintomas poderão caracterizar essa instabilidade, como fadiga, dificuldades durante a caminhada, inabilidade progressiva, dor no pescoço, inclinação da cabeça e contração dos músculos do pescoço, mas deve-se lembrar que são poucas as crianças com instabilidade atlantoaxial que apresentam esses sintomas. As crianças com instabilidades devem evitar esportes de contato, saltos, trampolim ou atividades que podem causar excesso de estresse no pescoço. É necessário que a criança com síndrome de Down leve sua radiografia para o(a) professor(a) certificar-se da existência ou não da instabilidade.

Outro problema ortopédico comum entre as crianças com síndrome de Down são o apoio anormal dos dedos do pé (pé metatarso varo) e os pés planos, podendo causar dificuldade para caminhar, e são consequências da frouxidão das articulações.

Em relação ao tônus muscular baixo, a hipotonia, muito comum nas crianças com esta síndrome, seus músculos são frouxos e flácidos. O grau da hipotonia varia de criança para criança, mas, em geral, afeta todos os músculos. Como a consequência disso influi no desenvolvimento da criança, é importante um trabalho para reduzir a hipotonia; além disso, com a idade, tende a ter uma diminuição da hipotonia. O tônus muscular baixo pode contribuir para atrasos e menos coordenações no desempenho de habilidades motoras importantes.

Quanto mais cedo houver estimulação para a melhora da hipotonia, melhor para a criança. O trabalho pode começar nas primeiras semanas de vida, o que beneficiará, também, a qualidade de habilidades motoras e linguística. Melhorando o tônus nessas áreas, a criança terá um trampolim correto para o desenvolvimento da linguagem e para uma aparência melhor. Assim, na aula de dança, a criança pode ter melhoras significativas, minimizando os efeitos da hipotonia, já que na dança se trabalha bastante a musculatura geral do corpo.

Já com o problema da flexibilidade articular, quando as articulações são extraordinariamente flexíveis, são chamadas de *hiperextensíveis*. Em consequência dessa característica, pode-se notar que os quadris e as pernas das crianças com síndrome de Down giram facilmente para fora ou podem se curvar na cintura mais facilmente. As articulações hiperextensíveis influem no desenvolvimento, reduzindo a instabilidade dos membros. É importante que o(a) professor(a) de dança saiba dessa característica e de suas consequências, caso não sejam respeitadas.

Como na aula de dança há alguns exercícios que fazem que exista a extensão ou até a hiperextensão dos membros inferiores, as crianças com síndrome de Down terão mais facilidade para a realização deles, mas o(a) professor(a) deve estar atento(a) para não prejudicar a criança. Ocorre muito de a criança com síndrome de Down fazer certos exercícios e exceder as articulações, o que vem a prejudicar mais tarde.

O profissional da dança deverá estar sempre atento nesses exercícios, ilustrados nas figuras a seguir, pois são movimentos que, se não forem devidamente executados e corrigidos, poderão causar danos à criança com síndrome de Down no futuro, já que, para ela, haverá a facilidade de amplitude de suas articulações em virtude da hipotonia que possui.

FIGURA 105 – *Arabesque*.

FIGURA 106 – *Cambré*.

FIGURA 107 – *Developpé*.

FIGURA 108 – *Grand Jeté*.

Na dança contemporânea, há o aspecto de os movimentos serem mais livres, naturais e sem as imposições estabelecidas pelo balé clássico. Os movimentos são espontâneos e, muitas vezes, trabalha-se com o auxílio de bolinhas terapêuticas, instrumentos de percussão e outros recursos que fazem que o aluno experimente novos movimentos, adquirindo novas formas expressivas e ampliando seu vocabulário motor, que é de grande importância tanto para a criança com síndrome de Down quanto para as demais.

Brincadeiras dançantes e cantigas de roda podem ser formas de desenvolver coreografias ritmadas de forma criativa e alegre. O local para esse tipo de aula deve estar devidamente adequado para que a criança possa experimentar alguns movimentos acrobáticos, como saltos, rolamentos, cambalhotas e pequenas quedas sem maiores problemas. No caso de o(a) professor(a) ter em sua turma uma criança com síndrome de Down, deverá ter os mesmos cuidados que na aula de balé. Há, ainda, a preocupação com a postura, e, para esse fim, são feitos exercícios específicos para o fortalecimento da musculatura responsável pela manutenção das costas eretas.

A dança contemporânea é vista como uma excelente alternativa de atividade física, pois, junto com ela, proporciona-se o amadurecimento do ritmo, a coordenação, a sensibilidade musical e o condicionamento para as crianças, baseado em um projeto moderno e alegre. Como as demais modalidades da dança, apresenta uma série de benefícios adicionais, como melhora funções biológicas, postura, disciplina e autodomínio, auxilia na diminuição da timidez e no ritmo, reforça a inclusão social, proporciona o convívio com diversas outras artes e exercita atenção, imaginação, memória e raciocínio, tornando-se uma forma de lazer e satisfação para a criança.

Referências

ABBAGANANO, N. **Dicionário de Filosofia**. 2. ed. São Paulo: Mestre Jou, 1962.

CAMPBELL, J. (Org.). **Construindo um futuro comum**: educando para a integração na diversidade. Brasília: Unesco, 2002.

FONTES, C. **Educação Inclusiva**: algumas questões prévias. Disponível em: <http://educar.no.sapo.pt>. Acessado em: 03 nov. 2005.

FUX, M. Dança: **Experiência de vida**. Tradução de Norberto Abreu e Silva Neto. São Paulo: Summus, 1983.

MANUEL SERGIO. **Para uma espistemologia da motricida humana**. Lisboa: Compedium, 1989.

_____. **Para um novo paradigma do saber e do ser**. Coimbra: Ariadne, 2005.

MIROSLAV, M. **Comunidade da diferença**. Rio de Janeiro: Relume Dumará, 2004.

SZASZ, T. S. **A fabricação da loucura**. 3. ed. Rio de Janeiro: Guanabara Koogan, 1984.

UNESCO. **World cultural report**. Paris: Unesco, 1998.

Atividades lúdicas e síndrome de Down: possibilidades em forma de alegria

Mey van Munster

Diante da vasta literatura e das inúmeras teorias que buscam desvelar o significado do elemento lúdico e explicar suas múltiplas manifestações, surge uma inquietação: pouco se encontra sobre essa temática relacionada às crianças com deficiências e, mais especificamente, à síndrome de Down.

Negligência acadêmica ou o brincar é universal? Será que todas as crianças, independentemente de sua condição, brincam da mesma forma? As oportunidades de brincar são as mesmas para todas as crianças? São necessários estímulos específicos para que as crianças com síndrome de Down possam brincar? O que deve se alterar ou se preservar na estrutura da brincadeira voltada a essas crianças? Os objetos de suporte à brincadeira, os brinquedos, devem ser diferenciados? O brincar pode constituir um elemento facilitador no processo de inclusão social de crianças com síndrome de Down?

Não temos a pretensão de responder a todos esses questionamentos, mas, a partir deles, estabelecer como objetivos deste capítulo: compreender o papel do elemento lúdico no desenvolvimento perceptivo-motor, cognitivo e afetivo-social de crianças com síndrome de Down; demonstrar a necessidade de se assegurarem tempo, espaço e oportunidades para que as crianças com síndrome de Down possam brincar; fornecer subsídios e orientações que permitam que as crianças com síndrome de Down desfrutem de jogos, brinquedos e brincadeiras em situação de inclusão.

O lúdico: em busca de um entendimento

São tantas as abordagens relacionadas ao elemento lúdico, que o desafio de tentar compreendê-lo torna-se complexo. A esse respeito, Marcellino (1999, p. 11) afirma que:

"percorrer os verbetes dos dicionários na busca do significado do lúdico é uma experiência interessante, mas pouco esclarecedora, sobretudo se for considerado que a tarefa de especificar um conceito implica a restrição do uso das palavras com ele relacionadas". Ao ressaltar a imprecisão terminológica e o caráter abrangente do lúdico como manifestação, o autor esclarece que a restrição ou a delimitação da compreensão do lúdico a uma dezena de substantivos pode ser problemática. Marcellino (1999) opta por uma abordagem do lúdico não *em si mesmo* ou de forma isolada nessa ou naquela atividade (brinquedo, jogo, brincadeira etc.), mas como um componente da cultura, entendida em sentido amplo, historicamente situada.

Outros autores, no entanto, preferem distinguir alguns de seus elementos – jogo, brinquedo e brincadeira – buscando a definição dos traços constitutivos de cada uma dessas manifestações.

A definição de Kishimoto (1994) pode ser considerada a mais didática e adequada aos propósitos deste capítulo. Para a autora, o *brinquedo* pode ser definido como objeto, suporte da brincadeira; a *brincadeira* tem a definição de uma conduta estruturada, envolvendo regras; o *jogo* pode designar tanto o objeto quanto a ação envolvida.

No mesmo sentido, Aufauvre (1987, p. 31) completa:

> A propósito das atividades lúdicas, os termos jogo e brinquedo devem ser precisados: o termo jogo pode aplicar-se a certos objetos que servem de suporte à atividade lúdica, mas também cobre diferentes tipos de comportamentos, tendo em comum a gratuidade em relação aos imperativos da vida. (...) O termo brinquedo designa os objetos naturais, construídos ou manufaturados, que servem de suporte à atividade lúdica. Brincar consiste, então, em aplicar-se aos tipos de comportamentos evocados acima e, geralmente, num clima de relativa liberdade.

Ao discorrer sobre alguns aspectos fundamentais nos quais o lúdico deve ser considerado, Olivier (1999, p. 21) expõe algumas das características desse componente:

- É espontâneo, diferindo de toda e qualquer atividade imposta ou obrigatória;
- Pertence à dimensão do sonho, da magia e da sensibilidade, associando-se à fantasia e distanciando-se da dos princípios da racionalidade;
- Baseia-se na atualidade, valorizando a vivência do momento presente; ocupa-se do aqui e do agora;
- Privilegia a criatividade, a inventividade e a imaginação, por sua própria ligação com os fundamentos do prazer;

- É um *fim em si mesmo*, ou seja, não é um meio pelo qual alcançamos outro objetivo, pois sua essência é a vivência gratuita e prazerosa da atividade.

O último aspecto levantado pela autora pode gerar controvérsias. De fato, não deveria ser necessário recorrer a quaisquer subterfúgios ou explicações racionais para justificar a importância do lúdico; sua essência prazerosa é suficiente para torná-lo inquestionável.

Todavia, para outros autores (Aufauvre, 1987; Cunha, 1992; Lorenzini, 2002), algumas das manifestações do componente lúdico, especialmente quando vinculadas a crianças com deficiência, também podem consistir um "meio". Além de *essenciais*, o jogo, o brinquedo e a brincadeira podem ser *funcionais*, constituindo poderosos instrumentos quando associados a outras finalidades, como a pedagógica (educacional) e a terapêutica (reabilitação).

Conforme retrata Cunha (1992), os primeiros trabalhos acerca da utilização pedagógica de brinquedos surgiram em função de crianças com deficiências: "todas as crianças precisam brincar, todas as crianças precisam de estimulação, mas as crianças deficientes *dependem* dessa estimulação para se desenvolverem". Assim, caso a criança com síndrome de Down não seja capaz de estabelecer, inicialmente, uma relação espontânea e gratuita com o elemento lúdico, deve ser incentivada e estimulada a interagir com ele, a fim de alcançar o desenvolvimento máximo de suas capacidades.

Em alguns casos, o *lúdico funcional* poderá, inclusive, constituir uma alternativa para a descoberta do *lúdico essencial*; o lúdico deve dispensar adjetivos. Portanto, ao invés de criar uma situação de oposição entre o lúdico essencial e o funcional, defende-se a possibilidade de conciliação entre essas abordagens, uma vez que a criança e o brincar devem ser considerados em sua totalidade, independentemente de sua condição.

Atividades lúdicas e a criança com síndrome de Down

As crianças se desenvolvem por meio da interação com o ambiente; entretanto, a qualidade dessa relação depende diretamente de sua capacidade para interagir. As crianças, em geral, são motivadas a agir porque extraem do meio os estímulos mais interessantes e provocadores de ação; contudo, a criança com deficiência talvez não consiga captar esses estímulos ou não saiba como reagir a eles, ficando, assim, privada das melhores oportunidades de desenvolvimento. "Essa é a razão pela qual pode precisar de ajuda até para brincar" (Cunha, 1992, p. 117).

A criança deficiente[1] é antes de tudo uma criança e tem as mesmas necessidades básicas de qualquer outra. Cabe a nós descobrir essas necessidades em suas formas particulares, em

---

[1] A despeito das recentes discussões acerca da terminologia mais adequada para se referir às pessoas com deficiências, respeitou-se a nomenclatura empregada pela autora.

sua expressão rudimentar, a fim de fornecer à criança materiais e situações que lhe permitam explorar da melhor maneira possível suas capacidades. (Aufauvre, 1987, p. 65)

Em consonância com a citação anterior, a excessiva preocupação com algumas peculiaridades decorrentes da presença do cromossomo 21 extra nas (ou em algumas das) células das crianças com a síndrome de Down pode encobrir suas reais necessidades e seus interesses.

Ao buscar as características de crianças com síndrome de Down na literatura especializada, é comum encontrar referências à descrição dos problemas, das dificuldades ou daquilo que o indivíduo nessa condição não consegue realizar. Ao invés de estabelecer generalizações pautadas na incapacidade e nas dificuldades das crianças com síndrome de Down, é preferível que o profissional direcione o seu olhar àquelas que são as possibilidades do indivíduo em questão, mudando o foco das *incapacidades* para as *potencialidades* latentes. Observar e constatar o que a criança não pode ou não consegue fazer é um tanto óbvio: o desafio é descobrir novas formas de superar as dificuldades apresentadas.

Face ao exposto, seguem algumas características de crianças com síndrome de Down, descritas em publicações anteriores (Munster, 2004):

- Gostam de estar perto de outras crianças e pessoas;
- Gostam de ser ouvidas e se sentirem aceitas;
- Adoram participar das atividades, mesmo demonstrando uma timidez inicial;
- Esperam incentivo e oportunidades de participação;
- Merecem investimento em suas capacidades.

Resumindo: são crianças, e cada criança é, ao mesmo tempo, diferente e única, portanto não há um protocolo com procedimentos padronizados a serem seguidos, mas alguns indicativos e sugestões que podem auxiliar em suas descobertas lúdicas.

A criança com síndrome de Down, assim como outras crianças com deficiências, talvez se diferencie e, possivelmente, seja prejudicada em um único aspecto: a disponibilidade para brincar.

A partir de estudos realizados e da experiência profissional junto a pessoas com deficiência mental e suas famílias, Blascovi-Assis (1999) observa que, inicialmente, as expectativas sociais e, consequentemente, as dos pais em relação ao desenvolvimento da criança com deficiência mental centram-se nas aquisições motoras e de linguagem. Uma vez que a criança passa a ter domínio sobre habilidades como sentar, engatinhar, caminhar, falar etc., os anseios voltam-se para o desenvolvimento intelectual, com base na capacidade de compreensão da leitura e da escrita, domínio de operações e cálculos matemáticos etc. A partir da adolescência, as preocupações voltam-se para a profissionalização e a convivência social desse indivíduo.

A mesma autora prossegue demonstrando que, de forma a atender as expectativas sociais que prezam a produtividade e a utilidade social, família e criança com deficiência se empenham em suprir um possível *deficit* ou um pequeno atraso no desenvolvimento, que podem ou não estar associados a determinados tipos de deficiências. A ênfase recai sobre os aspectos relacionados à reabilitação, à educação e à profissionalização desse indivíduo; para tanto, a rotina da criança com deficiência e, consequentemente, de seus responsáveis, torna-se repleta de tratamentos e atendimentos especializados.

Segundo Blascovi-Assis (1997, p. 21), a criança com deficiência "acaba por ser bombardeada de atividades e compromissos que supostamente irão beneficiar seu desenvolvimento, dando à família uma certa esperança de que possa vir a ser útil um dia".

As obrigações comuns a qualquer outra criança, associadas à sobrecarga de atividades e terapias especializadas para otimizar a estimulação, sem dúvida, trazem benefícios ao seu desenvolvimento. Todavia, a preparação para o futuro rouba momentos preciosos da infância dessa criança e podem constituir o que Marcellino (1999) denominou de *impacto da obrigação precoce*, desencadeando o que Blascovi-Assis (1992) chamou de *impacto no tempo livre*. Portanto, há que se avaliar cada situação e tentar buscar um equilíbrio, de forma que as reais necessidades da criança com síndrome de Down sejam atendidas, sem sobrecarregá-la de compromissos. A maioria dos programas voltados à estimulação e à educação de pessoas com deficiência utiliza uma abordagem exclusivamente funcionalista e instrumental, pautada na preocupação com a produtividade e a utilidade social. Ainda são poucos os programas que reconhecem a importância do lúdico em sua essência e preocupam-se em garantir, também, a realização pessoal, o bem-estar social e a alegria de viver.

Características da atividade lúdica em associação aos diferentes estágios de desenvolvimento infantil

Na concepção de Piaget (1990), o desenvolvimento infantil distingue-se em três estágios: período sensório-motor; período da inteligência representativa (subdividido em período pré-operatório e operatório-concreto); e período das operações formais. A criança pode permanecer maior ou menor período de tempo em cada uma dessas fases, considerando-se a faixa etária, o contexto socioeconômico e, sobretudo, a qualidade dos estímulos recebidos. Todavia, independentemente da existência ou não de alguma necessidade especial, a ordem de sucessão desses estágios não se altera.

Vale ressaltar que a faixa etária relacionada a cada uma das características lúdicas descritas neste capítulo funciona apenas como referencial e indicador da evolução do brincar. Portanto, determinada criança pode perfeitamente vir a se interessar por um jogo com características lúdicas recomendado para uma faixa etária diferente da sua ou, ainda, uma mesma brincadeira pode envolver mais de uma destas características simultânea ou associadamente. "Se a idade mental pode condicionar as possibilidades no nível cognitivo, a idade cronológica e as experiências vividas influenciam o interesse e podem determinar a motivação" (Cunha, 1992, p. 118).

Sob a perspectiva de Piaget (1990), as crianças que estão no período sensório-motor (com até 1 ano e meio, 2 anos de idade) remetem-se à atividade lúdica como uma forma de explorar a si mesmo e ao mundo. Nessa fase, a atividade lúdica tem como característica essencial o *exercício*, pois a criança se exercita por meio da ação de brincar; interessam-lhe objetos e ações particularmente associadas ao desenvolvimento do esquema sensório-motor. Recomenda-se a utilização de brinquedos e materiais que estimulem os órgãos dos sentidos (visual, auditivo, tátil-cinestésico etc.) ou que a incentive nas capacidades motoras de manipulação e locomoção. Observar um móbile, produzir sons com a boca, com o corpo ou outros objetos, balançar-se e esconder-se são algumas atividades lúdicas frequentemente observadas nessa fase. Embora as brincadeiras e os jogos de exercício possam prolongar-se até a vida adulta, com o passar do tempo, tendem a diminuir em intensidade e importância.

Durante o período pré-operatório da inteligência representativa (entre 2 e 7 anos, aproximadamente), a atividade lúdica adquire o caráter simbólico: a criança representa seu mundo e recorre ao *símbolo* para evocar a realidade. O faz-de-conta, a imaginação e a fantasia preenchem sua existência. Conversar com a boneca, brincar de casinha e imitar bichos são brincadeiras de grande intensidade afetiva. "Pouco a pouco o símbolo começa a aproximar-se e a representar a realidade, imitando-a: a criança cria histórias nas quais há grande preocupação em seguir a sequência que ela conhece na sua realidade" (Friedmann et al., 1992, p. 70). Os jogos e as brincadeiras que envolvem representação de papéis manifestam-se com frequência, e não há limites para a criatividade e a imaginação infantil.

Entre a fase simbólica e a de regras, a atividade lúdica atravessa um período transitório, caracterizado pelos chamados *jogos de construção*; por meio deles, a criança começa a se inserir no mundo social e a se desenvolver rumo a níveis mais elevados de cognição. Esse é um período de transição marcado pela passagem da fantasia para a realidade; a criança se utiliza de diversos materiais para representar a realidade, construindo prédios, castelos, casas e utensílios. Blocos de madeira, tampinhas e peças de Lego servem de matéria-prima para a imaginação e a construção de sua visão de mundo, em que as relações sociais passam a ser intensificadas.

No período das operações concretas da inteligência representativa (entre 7 e 12 anos), a atividade lúdica passa a incorporar a presença de *regras* como característica importante. A partir da representação de papéis evidenciada na fase anterior, são incentivadas as relações interpessoais, que agora fazem emergir a socialização. Os jogos de regras baseiam-se nas relações sociais e as normas são impostas pelo grupo; violá-las representa uma falta. Muitas vezes, as regras são herdadas ou transmitidas de uma geração a outra; em outros casos, são estabelecidas espontaneamente ou improvisadas e acordadas, conforme o contexto lúdico. O jogo de regras caracteriza-se por ser uma combinação sensório-motora (corrida, jogo de bola etc.) ou intelectual (cartas, xadrez), envolvendo competição entre os participantes e regulamentado por um código específico.

Ao brincar com uma criança com síndrome de Down, o conhecimento das características da atividade lúdica em associação aos diferentes estágios de desenvolvimento infantil é uma referência importante, pois pode auxiliar no processo de escolha e seleção de brinquedos e brincadeiras mais indicados a cada situação.

> A utilização de um brinquedo inadequado à etapa de desenvolvimento na qual a criança se encontra pode provocar mais frustração ao deficiente. (...) Às vezes é necessário selecioná-los com mais cuidado porque precisam ser coerentes com as necessidades e o nível de desempenho da criança. (Cunha, 1992, p. 117)

Várias sugestões de jogos, brinquedos e brincadeiras, respeitando as fases do desenvolvimento infantil e considerando as necessidades especiais da criança com deficiência, podem ser encontradas em Aufauvre (1992).

A estrutura da atividade lúdica

Por ser dinâmica, a forma ou a *estrutura da atividade lúdica* pode variar ou se transformar durante o seu desenrolar: por vezes, um brinquedo com determinadas características pode ser utilizado com uma finalidade distinta à que foi concebido originalmente, adquirindo um novo significado perante a criança. Por exemplo: as peças de um dominó, que, a princípio, constituiriam um jogo de regras (associação), podem ser empregadas como um jogo de construção, com o qual a criança pode montar uma "torre" ou um "castelo"; é a criança quem atribui o sentido lúdico ao objeto (brinquedo) ou à ação de brincar (brincadeira).

Partindo das colocações de Friedmann et al. (1992, p. 27), destacamos cinco aspectos associados à estrutura da atividade lúdica:

- *Espaço*: relacionado ao espaço de tempo disponível para a brincadeira no cotidiano da criança e associado aos diferentes espaços físicos aos quais ela possui acesso. A forma de brincar é definida e delimitada em virtude do tempo e do espaço existentes;

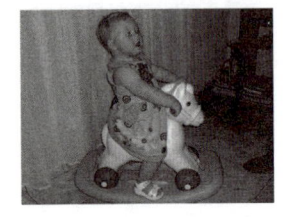

- *Participantes*: baseado nas interações sociais que a criança estabelece no decorrer da atividade lúdica, é possível trocar experiências com um número diferenciado de crianças, de ambos os sexos, faixa etária diferenciada e condições sociais heterogêneas;
- *Objetos e/ou materiais envolvidos*: nem sempre o objeto envolvido em uma atividade lúdica é um brinquedo concebido especificamente para esta finalidade. Muitas vezes, elementos da natureza ou objetos do mundo adulto servem como suporte à brincadeira infantil;
- *Ações do sujeito*: o desenvolvimento da atividade lúdica depende de forma significativa das ações empreendidas pelas crianças, pois, sem elas, a brincadeira não acontece. A brincadeira solicita o indivíduo em diferentes níveis e requisita diferentes tipos de envolvimento, ora privilegiando o aspecto físico ou motor, ora privilegiando o aspecto mental ou cognitivo;
- *Finalidades*: é importante discernir se a atividade lúdica se constitui em um meio para atingir objetivos externos a ela (como um recurso pedagógico ou terapêutico) ou se a brincadeira acontece com um fim em si mesma e a criança dedica-se a ela por puro prazer e diversão.

Inicialmente, há a possibilidade de manipular essas características da atividade lúdica, pois a combinação e a conjugação de diferentes elementos em uma mesma variável constitui uma possibilidade riquíssima de intervenção.

> Pela sua dificuldade em abstrair, estas crianças (com deficiência mental) têm menos possibilidades de aproveitar as situações à sua volta; podem mesmo ficar alheias aos acontecimentos que as cercam e não demonstrar interesse por brincar. Nesses casos a intervenção estimuladora é necessária. Apresentar o brinquedo, mostrar como ele funciona, iniciar a brincadeira, são formas de convidá-las a participar. (Cunha, 1992, p. 118)

À medida que a criança com síndrome de Down adquire domínio e autonomia sobre tais características, é interessante observar e permitir que ela mesma organize sua brincadeira, definindo o local e o ritmo, escolhendo os brinquedos, os parceiros e a maneira como pretende interagir com estes.

O material lúdico

Assim como as crianças são diferentes entre si, os valores que buscam no brinquedo também se distinguem e variam conforme as experiências. Aufauvre (1992) destaca alguns valores que constituem referências importantes para a escolha adequada do brinquedo, ressaltando que, como o brinquedo pode estar sujeito a diferentes tipos de experiências, dada a multiplicidade de formas de interação entre sujeito e objeto, essa escala de valores também pode variar.

- *Valor funcional*: o brinquedo deve corresponder às possibilidades de cada criança e as formas de utilização devem estar adequadas às suas capacidades;
- *Valor experimental*: o brinquedo deve possibilitar experiências e descobertas que coincidam com seu nível de compreensão do mundo;
- *Valor de estruturação*: o brinquedo deve colaborar com a formação da personalidade do indivíduo, na dimensão interna, facilitando a conscientização de si mesmo;
- *Valor de relação*: o brinquedo permite que a criança se situe melhor em suas relações com o outro, percebendo a diversidade de papéis existentes.

Segundo Cunha (1992, p. 117), embora não exista isso que se chama brinquedo *para* crianças com deficiências, certos casos requerem algumas adaptações no material lúdico para que ele se torne viável. A autora argumenta que os brinquedos são exatamente os mesmos que qualquer criança usa, sendo necessária uma seleção mais cuidadosa e criteriosa para que haja coerência com as necessidades e o nível de desempenho da criança. Entretanto, Aufauvre (1992, p. 7) afirma que existe um consenso entre pais e educadores de crianças com deficiência no que diz respeito ao material lúdico: os brinquedos usuais dificilmente correspondem às possibilidades dessa clientela.

Em uma perspectiva mais abrangente, a autora propõe algumas possibilidades de abordagem do material lúdico que podem favorecer as crianças com deficiência:

- *Seleção de jogos e brinquedos usuais, complementada pela experimentação*: consiste em procurar, entre jogos e brinquedos "comuns", aqueles que sejam adequados às necessidades especiais da criança com deficiência. Boa parte dos brinquedos existentes no mercado pode ser empregada sem adaptações; todavia, quanto maior o nível de comprometimento apresentado pela criança, menores as chances de se aproveitarem os jogos e os brinquedos convencionais;

- *Adaptação de jogos e brinquedos usuais às possibilidades da criança com deficiência*: é necessário tornar o material lúdico perceptível, compreensível e manipulável pela criança com deficiência. Para tanto, pode-se recorrer à substituição e à compensação das informações imprescindíveis para que a criança possa brincar; à transformação das características físicas do jogo ou do brinquedo; ou, ainda, à adequação nas modalidades de utilização deste. Por exemplo: em um jogo de raquetes, substituir a bola convencional por uma mais leve ou de trajetória mais lenta, como uma bexiga;
- *Ajuda técnica para o jogo*: uma situação próxima à precedente consiste em criar mecanismos de apoio para que a criança possa obter êxito nas brincadeiras propostas. Por exemplo: no jogo de boliche, modificar a distância de posicionamento entre a criança e os pinos a serem derrubados;
- *Material de jogo específico*: voltado ao atendimento de necessidades específicas relacionadas a determinadas deficiência. Algumas instituições especializadas no atendimento dessa clientela chegam a desenvolver catálogos de materiais específicos. Em virtude do mercado restrito, os fabricantes de brinquedo em escala industrial ainda não se engajaram nessa proposta, que tem se limitado à produção artesanal;
- *Material de jogo semibruto*: desenvolvido e confeccionado diretamente pelos educadores, para suprir as limitações e as restrições peculiares a crianças com um maior nível de comprometimento.

Cabe acrescentar que, ainda que um jogo ou brinquedo seja concebido especialmente para atender às necessidades de crianças com determinada deficiência, este material lúdico pode e deve permitir e envolver a participação de outras crianças.

É necessário ressaltar que, em uma perspectiva da inclusão, espera-se que os materiais lúdicos aproximem-se o máximo possível dos convencionais, evitando a criação de uma categoria de brinquedos *para* crianças com deficiência X ou Y.

A classificação de jogos e brinquedos indicados para determinadas categorias de deficiências seria uma abordagem muito limitada, simplista e reducionista. A escolha do brinquedo deve ser feita *em função da criança*, e não do tipo de deficiência ou dificuldade que ela apresenta. Preferencialmente, deve ser feita pela própria criança, como reforça Cunha (1992, p. 118):

> Sempre que for possível, a escolha deve partir da criança. O brinquedista, se julgar necessário, fará uma seleção prévia para que a escolha da criança seja mais oportuna, mas é ela quem deve escolher. A seleção prévia é necessária para que a exploração do brinquedo seja mais enriquecedora e não cause frustração para a criança.

Quanto menos modificações forem necessárias, maiores as possibilidades de interação da criança com as demais. Todavia, em alguns casos, é preferível recorrer a adaptações e, em última instância, à concepção de jogos e brinquedos específicos, que privar a criança com síndrome de Down de situações lúdicas.

Oportunidades lúdicas

Como quaisquer outras, as crianças com síndrome de Down necessitam de oportunidades lúdicas e precisam ser respeitadas em sua maneira de brincar e interagir com os brinquedos. Com base em critérios estabelecidos pelo International Council for Children's Play,[2] Aufauvre (1992, p. 27-58) chama a atenção para a importância de considerar a individualidade da criança com deficiência mental e relaciona algumas sugestões que podem favorecer a apreciação de jogos e brinquedos por parte desta.

- A criança com deficiência mental precisa de brinquedos que correspondam a seu efetivo desenvolvimento intelectual, independentemente da idade cronológica;
- Deve-se estimular a criança com deficiência mental para as diferentes possibilidades de utilização e exploração de um mesmo brinquedo. Inicialmente, sugere-se introduzir jogos com menor nível de complexidade, que transmitam a segurança necessária para que ela se interesse pela atividade proposta;
- A criança com deficiência mental possui mais facilidade para compreender e interagir com os jogos e as brincadeiras decorrentes de experiências concretas com o meio. Recomenda-se evitar, em um primeiro momento, conceitos abstratos, que ela tenha que completar com a própria imaginação;
- A criança com deficiência mental pode demonstrar fixação por determinados brinquedos e dificuldade de interagir com novas brincadeiras.[3] Embora a repetição seja necessária para melhor assimilação, gradualmente, ela deve ser estimulada a diversificar seus jogos e suas brincadeiras;
- A criança com deficiência mental apresenta mais facilidade em manipular brinquedos com dimensões ampliadas, pois estes favorecem a capacidade de preensão e a precisão do movimento. É necessário ensiná-la a manejar, com habilidade e

---

[2] O Conselho Internacional para o Jogo da Criança foi fundado em 1959 por um grupo de pedagogos, psicólogos, pediatras e pesquisadores interessados em defender o direito de brincar da criança.
[3] Nesse sentido, Cunha (1992, p. 118) ressalta que um fator que limita a capacidade de exploração da criança com deficiência mental é o medo do novo, o temor pelo fracasso, face às dificuldades que podem surgir. O receio de insucesso pode levar a criança a desistir antes mesmo de interagir com a novidade ou ser responsável pela vontade de permanecer brincando com o que já se acostumou a brincar.

precaução, as peças e o elementos dos jogos e dos brinquedos de menor tamanho e pequenas proporções;
- Apresentar um jogo ou brinquedo por vez, visando otimizar a capacidade de concentração da criança com deficiência mental. A oferta simultânea de vários jogos e brinquedos pode distrair ou dispersar sua atenção;
- Privilegiar brinquedos e objetos que ofereçam estímulos e possuam características (textura, forma, consistência, temperatura etc.) que gerem sensações agradáveis;
- Efeitos causados pela cor e pelos sons produzidos por objetos e brinquedos promovem fascínio em crianças com deficiência mental. Utilizar esses recursos e estímulos audiovisuais com moderação para evitar interferências indesejáveis e não sobrecarregar os sentidos visual e auditivo;
- Privilegiar jogos e brinquedos com formas típicas, figuras e contornos nítidos, que facilitem a interpretação do que efetivamente representam. Gradualmente, introduzir, figuras e formas mais complexas;
- Proporcionar maior tempo de interação com os brinquedos e materiais de jogo, para que a criança tenha oportunidade de analisá-los detalhadamente;
- Permitir que a criança observe e participe da montagem, da construção e da organização dos jogos e das brincadeiras, para que possa visualizar e compreender seu mecanismo de funcionamento, incentivando a sua capacidade de reprodução e recriação;
- A criança com deficiência mental, assim como qualquer outra, explora os brinquedos e objetos de várias formas. É comum levar os objetos à boca para testar sua solidez, descobrir o gosto/ sabor. Por isso, os materiais lúdicos devem ser laváveis e não tóxicos, com dimensões razoáveis que não permitam que sejam engolidos;
- A criança com deficiência mental pode apresentar maior dificuldade em compreender algumas situações de risco ou o perigo decorrente de objetos que possam quebrar e machucar. Deve-se orientá-la quanto a determinadas propriedades de um brinquedo ou à forma correta de manipulação de elementos do jogo, na tentativa de maximizar as condições de segurança durante a realização das atividades lúdicas.

Considerações finais

A partir da compreensão do lúdico em seus aspectos fundamentais e do entendimento de suas características principais, balizados pelo conhecimento acerca das necessidades e dos interesses das crianças com síndrome de Down e seus diferentes níveis de envolvimento, espera-se que seja possível reconhecer a importância desse elemento e de suas diferentes manifestações (o jogo, o brinquedo e a brincadeira). Sobretudo, deseja-se que essas crianças, como quaisquer outras, tenham assegurados em suas vidas o direito e as oportunidades necessárias para brincar e desenvolver seu potencial, em qualquer contexto ou situação em que o lúdico seja possível.

Referências

AUFAUVRE, M. R. **Aprender a brincar, aprender a viver**: jogos e brinquedos para a criança deficiente. São Paulo: Manole, 1987.

BLASCOVI-ASSIS, S. M. Deficiência mental e lazer. **Revista Brasileira de Ciências do Esporte**, v. 12, n. 1-3, p. 309-12, 1992.

_____. **Lazer e deficiência mental**. Campinas: Papirus, 1997.

_____. Lazer para deficientes mentais. In: MARCELLINO, N. C. **Lúdico, educação e Educação Física**. Ijuí: Unijuí, 1999.

CUNHA, N. H. S. Brincando com crianças excepcionais. In: FRIEDMANN, A. et al. **O direito de brincar**: a brinquedoteca. São Paulo: Scritta, 1992. p. 115-21.

FRIEDMANN, A. et al. **O direito de brincar**: a brinquedoteca. São Paulo: Scritta, 1992.

KISHIMOTO. T. M. **O jogo e a Educação Infantil**. São Paulo: Pioneira, 1994.

LORENZINI, M. V. **Brincando a brincadeira com a criança deficiente**: novos rumos terapêuticos. São Paulo: Manole, 2002.

MARCELLINO, N. C. (Org.). **Lúdico, educação e educação física**. Ijuí: Unijuí, 1999.

MUNSTER, M. A. Atividades recreativas e deficiência: perspectivas para a inclusão. In: SCHWARTZ, G. M. **Atividades recreativas**. Rio de Janeiro: Guanabara Koogan, 2004.

OLIVIER, G. G. F. Lúdico e escola: entre a obrigação e o prazer. In: MARCELLINO, N. C. (Org.). **Lúdico, educação e Educação Física**. Ijuí: Unijuí, 1999.

PIAGET, J. **A formação do símbolo na criança**: imitação, jogo e sonho, imagem e representação. 3. ed. Rio de janeiro: LTC, 1990.

Conhecendo histórias

A importância de o profissional conhecer a realidade

Vanessa Helena Santana Dalla Déa

Tão importante quanto as informações técnicas para o trabalho do profissional envolvido com o desenvolvimento da pessoa com síndrome de Down é conhecer a realidade dessas pessoas e de suas famílias. Diversas áreas da saúde têm sofrido modificações em sua intervenção, direcionando-se a uma atividade mais humanizada. Trabalhos desse tipo preocupam-se com o verdadeiro bem-estar do envolvido e proporcionam os resultados mais satisfatórios. Assim, conhecer histórias como a nossa permite que o profissional reflita um pouco sobre as vivências tristes e felizes das pessoas com síndrome de Down e de seus familiares e realize um trabalho mais humano, com o carinho e o amor que a pessoa com síndrome de Down merece.

A descoberta de que a criança que se está esperando é diferente e necessitará de cuidados especiais é um momento difícil e de muitas dúvidas. No entanto, quando se conhece a criança com síndrome de Down, suas necessidades e possibilidades, descobre-se que este ser é um grande presente.

Como soubemos que nossa filha viria com síndrome de Down antes de sua chegada, foi possível conhecer os profissionais que a estimulariam precocemente e convidá-los para conhecê-la ainda na maternidade. Com o objetivo de apresentar nossa filha com todo ambiente acolhedor e com amor, preparamos uma mensagem que foi entregue a quem a fosse visitar-nos (profissionais, parentes e amigos). Essa mensagem é de autor desconhecido; no entanto, quem a escreveu conhece profundamente o amor que une pais e filhos, independentemente de estes terem ou não alguma deficiência:

Presente dos Anjos

Era uma vez três anjos que trabalhavam na fábrica de milagres. Eles eram responsáveis por embrulhar todos os pequenos milagres e enviá-los aos seus donos. Normalmente, eles embrulhavam cada pequeno milagre em um papel luminoso, com fitas grandes e brilhantes. Também anotavam em um bilhete a data de entrega e os enviavam aos pais que esperavam ansiosamente sua chegada. As coisas aconteciam tranquilamente.

Um dia, porém, aconteceu uma coisa com um dos pequenos milagres que fez que os anjos parassem: *Oh!* – disse o primeiro anjo – *uhm... bem... este é um pouco diferente. Sim, ela é única* – disse o segundo anjo. *Bem, eu acho que ela é bastante especial* – disse o terceiro anjo. Os outros rapidamente concordaram. *Sim, definitivamente ela é especial* – disse o primeiro anjo – *mas eu não acho que ela se ajustará aos nossos tipos de embrulho.* E o segundo anjo acrescentou: *É, nós sabemos que ela é especial, mas será que todo mundo sabe? Isso não é problema.* – disse o terceiro anjo – *Naturalmente, um milagre especial merece um embrulho especial, e é claro que nós a enviaremos com as nossas bênçãos mais sinceras. Então, todo o mundo verá o quanto ela é especial. Que ideia maravilhosa!* – responderam os outros. Assim, eles procuraram nas estantes o melhor papel e as fitas mais delicadas.

Quando acabaram, eles admiraram o trabalho e disseram: *Lindo!*

Agora as nossas bênçãos – disse o terceiro anjo – *porque é tempo de ela ir. Eu a abençoarei com inocência e felicidade* – disse o primeiro anjo. *E eu a abençoarei com força para enfrentar os muitos desafios que cruzarem à sua frente* – disse o segundo anjo. *E eu a abençoarei com uma beleza interna que iluminará a todos aqueles que a olharem* – disse o terceiro anjo. Antes de enviá-la, o terceiro anjo, que era muito sábio, gentilmente colocou um bilhete no embrulho que dizia:

Queridos pais:
Hoje vocês receberam um presente muito especial. Pode não ser o que vocês estavam esperando, e vocês podem ficar desapontados, bravos e feridos. Mas, por favor, saibam que ela vem com muitas bênçãos e, quando houver dor, ela trará muita alegria a vocês e os levará em uma jornada

muito diferente. Vocês conhecerão muitas pessoas maravilhosas. Ela lhes ensinará a ter paciência e compreensão e lhes fará alcançar lá no fundo uma fonte de fé e força que vocês nunca souberam que tinham. Ela enriquecerá suas vidas e tocará os corações de todos que a conhecerem.

Ela pode ser frágil, mas terá uma grande força interna. Então, por favor, tratem-na com cuidado, dando a ela muita atenção. Acolham-na com abraços e beijos, amem-na de todo coração e ela florescerá diante de seus olhos e o seu espírito os iluminará como a estrela mais clara, para que todos vejam, e vocês saberão que são verdadeiramente abençoados.

A todos os profissionais que acompanharão ou acompanham pessoas com síndrome de Down, apresentamos alguns depoimentos de muito amor e aceitação. Esperamos que eles os sensibilizem e sirvam como base para um trabalho humanizado, fruto de uma visão diferenciada.

História da Ana Beatriz

O sonho de ser mãe

Meu nome é Vanessa. Ser mãe sempre foi um sonho! Trabalho com crianças desde os 15 anos ensinando a nadar. Sempre me realizei transmitindo meus conhecimentos e, principalmente, meu carinho aos filhos dos outros.

Logo que me casei, dizia ao meu marido que queria ter um bebê o mais rápido possível. Desde que namorávamos sentia que ele também nasceu para ser pai, e ele gostou da ideia.

Como grande parte das mulheres de hoje, fui primeiro atrás de minha realização profissional para depois me casar. Terminei a graduação em Educação Física e fiz mestrado na área de Adaptada, isto é, área que estuda as particularidades dos deficientes. Até então, não sabia direito o porquê de ter ido parar nessa área, já que trabalhava com crianças ditas "normais".

Além de minha vontade de ser mãe, havia o fato de eu já estar com 31 anos. Sabia que a partir dos 35 há maior dificuldade para engravidar e correm-se mais riscos. Então, queria começar logo para dar tempo de ter os dois filhos que estavam sempre em meus sonhos.

Um ano antes do planejado para o casamento, fui a uma médica ginecologista, fiz todos os exames e tomei as devidas vacinas, planejando minha maternidade.

Casamos em 9 de novembro de 2002. A cerimônia e a festa foram lindas, nós nos amamos muito e as pessoas que compareceram compartilharam de nossa emoção.

Como era combinado, parei de tomar anticoncepcionais e começamos as tentativas. Passou o Natal, o Ano Novo e, no Carnaval, percebi que meu corpo estava diferente. Meus seios haviam aumentado, junto com eles, a fome e o sono. Não tomei nenhuma gota de álcool naquele Carnaval, nem por isso fiquei menos alegre, parecia que algo estava diferente.

Em 8 de março de 2003, eu estava em Campinas, na casa de minha mãe, e comentei com ela e minhas irmãs que achava que dessa vez eu estava grávida. Então, combinei com minha irmã que no dia seguinte, na hora em que a primeira farmácia estivesse aberta, compraríamos o exame e eu o faria.

Não dormi a noite toda e, quando eram 6 horas da manhã, estávamos na porta da farmácia. O primeiro exame deu positivo! Ficamos eufóricas. Todos na casa dormiam, mas antes de dar o alarme fiquei insegura e quis ir novamente à farmácia e comprar outro exame para confirmar. Novamente deu positivo. Eu dizia: – *Ai, meu Deus, será que é verdade mesmo?*

Voltei à farmácia e comprei duas chupetas. Embrulhei-as para presente separadamente. Bati na porta do quarto de minha mãe e disse – tenho um presente para a senhora. Ela, logo que abriu o embrulho, saiu pulando e comemorando a primeira netinha.

Depois fui ao quarto onde dormia meu marido. Quando o chamei, ele se assustou e, como não esperava, disse que queria dormir um pouquinho, mas eu disse que tinha um presente muito especial para ele, e, ao abrir o embrulho, não entendeu direito o que estava acontecendo. Parecia que estava anestesiado e, como havia acontecido comigo, parecia não acreditar.

Era muita felicidade! Nós, há um segundo, éramos dois e agora, três! Foi um dos melhores momentos de minha vida!

A confirmação e o início das complicações

Chegando à cidade onde moramos, São Carlos, procurei o médico para fazer um exame de sangue de gravidez e todos os exames necessários. Ele nos disse que hoje os exames de gravidez de farmácia são muito fidedignos e que faríamos o de sangue só para confirmar. E foi isso que aconteceu: positivo!

Eu estava dando aulas de ginástica, então diminui meu ritmo para que nada acontecesse com meu bebezinho, mas não foi suficiente. Um dia, fui para a academia e, quando tirei a roupa para me trocar, observei um sangramento. Fiquei desesperada com a chance de perder meu maior sonho. Fui rapidamente ao médico, quem me internou na Santa Casa de São Carlos para fazer repouso absoluto e realizar os exames para saber se meu bebê ainda estava bem. Foi detectado um pequeno descolamento de placenta, que merecia cuidados.

Não, eu não podia perder meu bebezinho, e fiz tudo o que pude para segurá-lo. Tomei medicação durante um tempo, fiz repouso, alimentei-me muito bem e até abandonei as aulas de ginástica. Não conseguia nem pensar na hipótese desse sonho não se realizar. Fiquei praticamente dois meses fazendo o mínimo de esforço possível.

Em 2 de maio de 2003, fui realizar um ultrassom de rotina, que detectou uma pequena alteração na transnussência nucal (medida realizada pelo médico na região cervical) e uma impressão de higromas císticos (presença de pequeno acúmulo de líquido na nuca). A médica pediu para que retornássemos ao obstetra.

Bom, ficamos um pouco apreensivos, mas acreditávamos que nada de mal poderia estar acontecendo com o nosso bebê. Rezávamos muito, e eu tentava não ter pensamentos ruins, pois acreditava que tudo que eu sentia meu bebê sentia também. Não queria, de forma alguma, que ele sofresse por minha causa. Sendo assim, tinha que me segurar, dar muito carinho para ele através da barriga, cantar, conversar e rezar.

No dia 6 de maio fizemos outro exame, que detectou um aumento maior da medida da nuca e a impressão de higromas císticos nesse local. Ficamos desesperados. O obstetra nos pediu para procurar uma equipe especializada em ultrassonografia em Ribeirão Preto para reavaliarmos. No entanto, ele dizia que a alteração era tão pequena que poderia não ser nada. No mesmo dia fomos para Ribeirão, onde foi observado um edema subcutâneo generalizado, que é um pequeno acúmulo de líquido em todo o corpo do bebê, e aquele acúmulo de líquido na nuca havia aumentado, estando com 8 mm. A médica nos disse que o bebê poderia não aguentar. Era horrível ver meu bebê na televisão enquanto fazíamos os exames, um serzinho tão pequeno com uma bolsa de água em volta do corpo (Figura 109). Meu Deus, será que ele está sofrendo? Voltamos para casa arrasados, chorei o caminho todo, não queria de forma nenhuma que meu filho sofresse.

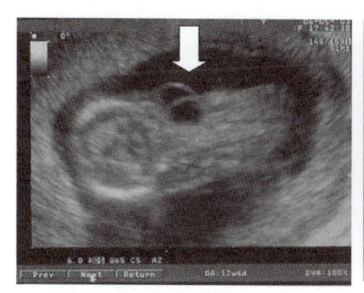

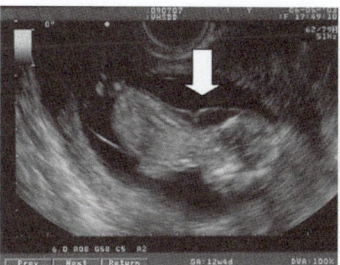

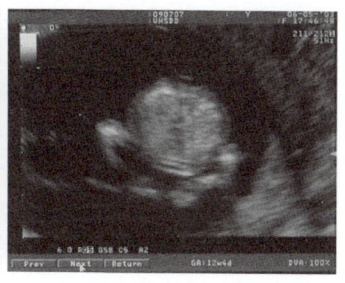

FIGURA 109 – Ultrassonografia da Ana Beatriz com higromas císticos.

Apegamo-nos mais ainda a Deus, rezávamos juntos todos os dias. Apesar de estarmos passando por um momento muito difícil, tínhamos certeza de que Ele não nos abandonaria. Íamos à igreja de Brotas, onde o padre Marcos, uma pessoa muito especial, rezava e abençoava o bebê que estava dentro da barriga. Isso nos confortava.

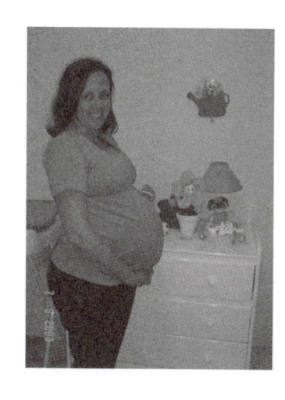

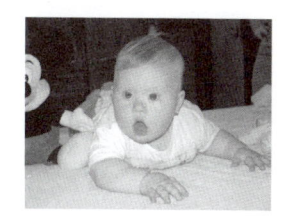

No dia 15 de maio voltamos a Ribeirão Preto para realizar a amniocentese, um exame em que se penetra uma agulha pela barriga, monitorando o bebê, para retirar líquido amniótico e realizar o cariótipo. O cariótipo é um exame genético que pode detectar diversas síndromes genéticas. A médica disse que se tratava de uma menininha, mas que achava que ela não iria sobreviver. Disse, também, o nome de algumas síndromes que são mais comuns em meninas e que, pesquisando mais tarde, descobri que traziam deficiências severas com poucos anos de vida. Não sabíamos nem o que pensar... Qual será o futuro de nossa princesinha?

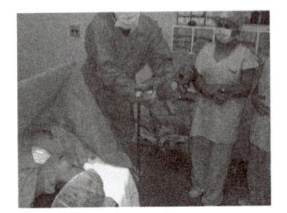

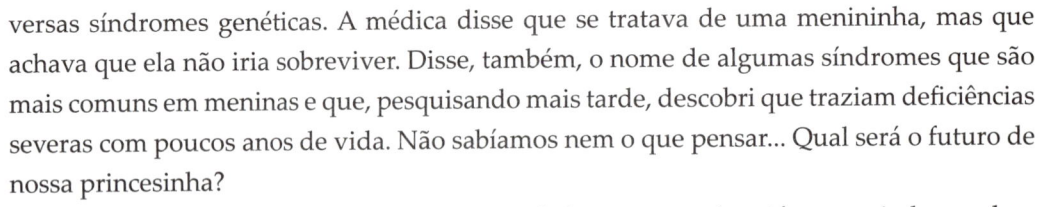

Em 22 de maio de 2003, recebemos um telefonema quando estávamos ainda acordando. Era o médico de Ribeirão dizendo que já tinha um resultado: – *Realmente é uma menina e tem trissomia 21 simples*. Perguntamos o que era isso. Ele disse que é síndrome de Down. Depois de chorar um pouco, abraçada ao meu marido e companheiro, resolvemos que, depois daquele dia, não iríamos mais chorar. Nós fizemos a Ana com muito amor, ela é nossa filhinha amada, e não vamos ficar tristes porque ela é diferente. Decidimos que lutaríamos para que ela tivesse um futuro feliz. E foi assim que começamos a curtir nossa menina com síndrome de Down.

Parece que aquela malformação na nuca tinha um objetivo claro: preparar-nos para receber a Ana Beatriz como ela é. No dia 6 de junho fomos para Ribeirão novamente, e o higroma media apenas 1,2 mm e, no próximo ultrassom, já havia sumido.

Exames cardíacos e todas as medidas nos mostravam que se tratava de uma menina com Down muito saudável e grande. Marcamos a cesariana para 5 de novembro de 2003.

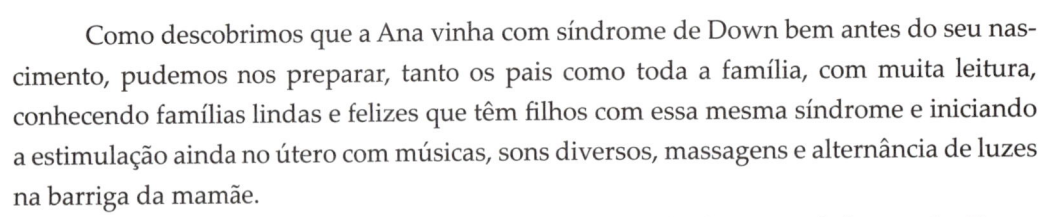

O nascimento e o início de uma nova vida de muita felicidade

Como descobrimos que a Ana vinha com síndrome de Down bem antes do seu nascimento, pudemos nos preparar, tanto os pais como toda a família, com muita leitura, conhecendo famílias lindas e felizes que têm filhos com essa mesma síndrome e iniciando a estimulação ainda no útero com músicas, sons diversos, massagens e alternância de luzes na barriga da mamãe.

Nossa amiga Renata – mãe do Gabriel, menino lindo, com síndrome de Down – esteve presente na sala de parto e corria de um lado a outro fotografando tudo e dando notícias para o pai e os avós que estavam superansiosos. A Ana nasceu de 40 semanas, com 3,770 kg e 50,5 cm. Uma menina forte, loira, com pele rosada e olhos azuis com uma luz indescritível. Ela é a primeira neta dos dois lados, sendo, também, a primeira sobrinha também. A chegada da Ana foi uma grande festa e comemoramos muito. Até esquecemos que ela é diferente!

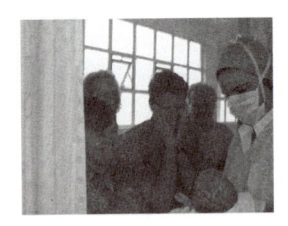

Com os cuidados da pediatra, a Ana foi encaminhada para muitos especialistas. Fizemos todos os exames necessários e a única coisa que descobrimos é que se tratava de uma criança muito saudável e feliz. Das patologias possíveis na síndrome de Down, a Ana não apresentou nenhuma. Meu Deus, obrigada por tanta felicidade!

Tivemos a sorte de encontrar profissionais fantásticos que se dedicaram e deram muito carinho à Ana. Fisioterapia, terapia ocupacional, fonoaudiologia, equoterapia, natação, musicoterapia, psicopedagoga, escolas regulares muito especiais e muito, muito, mas muito AMOR foram a receita para uma menina esperta, falante, carinhosa e linda. Confesso que fico emocionada de alegria, pois minha filha é tão maravilhosa que não existem adjetivos que a descrevam. Ela é tudo na minha vida!

Antes eu pensava: – *Por que Deus fez isso comigo?* Hoje penso: – *Será que mereço tudo isso?*

Minha Ana é uma criança muito mais igual do que diferente. Hoje, ela tem um irmãozinho, Lucas, que não tem síndrome de Down. Tem muito ciúme dele como qualquer outra criança da idade dela teria. Adora *shopping*, como as outras crianças, nada, conversa com as bonecas, conta histórias, canta diversas músicas fazendo os gestos correspondentes, conta até 12 corretamente e até 20 ela inventa, reconhece várias cores e as vogais... É teimosa, atenciosa, esperta, como as outras crianças da mesma idade. Não vejo quase nenhuma diferença e, na maior parte do tempo, até esqueço que ela tem Down.

A diferença mais perceptível na Ana é sua eficiência sentimental. Ela sente quando estou triste, passando por algum problema e me surpreende com palavras e atos de carinho...

Eu não tenho uma Down! Eu tenho a Ana Beatriz que tem síndrome de Down e é a alegria de toda a família. A síndrome de Down deve ser considerada como uma das muitas características que a criança tem, e não como algo que definirá seu futuro.

Tenho que agradecer muito ao marido que Deus colocou na minha vida para ser um grande companheiro. Não sei se repararam, mas falei sem querer o tempo todo "nós". Pois foi assim mesmo: passamos por tudo unidos, cada hora um era forte, e, assim, os momentos de angústia passaram e não deixaram marcas. Não é à toa que a Ana chama o pai de *papai anjo*!

Aos avós, tias e tios que consideram a Ana um xodó, que sempre a aceitaram e que a tratam como deve ser, da mesma forma que tratariam se ela não tivesse Down, nossos agradecimentos.

Aos profissionais e às escolas que a acolheram e deram condições para que utilizasse todo seu potencial, nossa profunda admiração.

Ana, que bom que você é como é! Que bom que você é nossa filha! Que bom termos você para lembrar que a vida é feita de pequenos momentos e que ser feliz é uma opção! Amamos demais você! Mamãe Vanessa, Papai Vicente.

É pelos filhos que vivemos, tenham eles síndrome de Down ou não!

FIGURA 110 – Ana Beatriz e Lucas.

História do João Pedro

Não poderia começar minha história de amor com o João Pedro sem falar das três gestações que tive antes da sua chegada.

Da minha primeira gravidez nasceu Ana Beatriz, que viveu por 11 dias; nasceu prematura. Depois engravidei de Ana Clara, que nasceu natimorta. Tive pré-eclâmpsia nas duas gravidezes. Passados três anos, engravidei novamente e ficamos muito felizes, pois durante todo este tempo eu desejava muito ter filhos. Apesar de muitas restrições, no meu íntimo alguma coisa me dizia que não tinha acabado minha história.

Pois bem, a primeira ultrassonografia mostrava que tudo ia bem. Passados dois meses, fui fazer outro ultrassom e descobri que estava com aborto retido. Meus sonhos foram por água abaixo. Mais uma vez, tudo parecia estar perdido. Eu dizia: *Esta foi a última tentativa*.

Durante todo esse período da minha vida, fui alimentada com uma esperança muito grande, pois sentia a presença de Deus em todos os acontecimentos.

Depois de oito meses do aborto, descobri que estava grávida novamente. Tudo novo, maiores cuidados, novos caminhos e pessoas que Deus colocou na minha vida que realmente me ajudaram. Por intermédio de uma enfermeira, fui encaminhada à Unicamp para ter um acompanhamento mais de perto. Fiquei sob os cuidados de um médico em São Carlos e tudo foi acompanhado com ultrassons. Fiz, inclusive, transnucência nucal e tudo estava normal.

A cada ultrassom, uma emoção. Descobrimos que seria um menino, o João Pedro.

Enfim, passados os meses, o médico começou a preparar o seu pulmão, pois, por vários exames, descobrimos que ele nasceria antes dos nove meses.

Fui internada numa quarta-feira, 22 de janeiro de 2003. Eu estava com 31 semanas de gestações e começou todo o acompanhamento com a equipe da Unicamp. Na quinta-feira, 23 de janeiro, tudo parecia normal. No dia seguinte, fui fazer outra ultrassonografia e a médica percebeu que seria a hora do João Pedro nascer.

Foi o tempo de avisar minha família e começaram todos os preparativos. Nesse momento, formou-se uma corrente de oração.

Fui levada à sala de parto e, passados alguns minutos, eu ouvia o choro do João Pedro, que nasceu muito pequeno, com 1,305 kg e 31 cm, mas com muita força. Quando o vi foi uma emoção muito forte, e não esqueço a pediatra me perguntando: *Com quem ele parece?* Não tinha como negar: *É a cara do pai, ele vai ficar todo orgulhoso!*

Logo em seguida o levaram à UTI. Desde os primeiros minutos ele já lutava, foi um guerreiro, não precisou do aparelho para respirar; respirava sozinho.

Terminado todo o processo de uma cesariana, fui levada para a sala de espera e depois para o quarto. Passado aquele período do sono, acordei e uma enfermeira perguntou se estava tudo bem, eu disse que sim. Perguntei pelo João Pedro: *Ele está na incubadora, mas está tudo bem. Descanse, pois amanhã precisaremos de você, e que você seja forte.*

Era exatamente 00h30min e aquilo não saía da minha da minha cabeça. Eu questionava o que poderia ter acontecido. *Será que ele corre risco de vida? Será que foi algum problema comigo?*, e fiquei contando as horas para poder ir até a UTI.

Aquelas palavras ressoavam no meu ouvido e realmente me sentia forte. Levantei às 4 horas da manhã, tomei banho e nem parecia que tinha feito cesárea.

De manhã, veio outra enfermeira e não disse nada, e também não tive coragem de perguntar. Apenas me disse que eu iria começar a tirar leite, para guardar no banco de leite. Tomei café e rezava muito, nem imaginava o que estava acontecendo, sentia medo de ir até a UTI. Lá na Unicamp você pode ter um contato direto com o bebê, não tem horário específico para a mãe ficar com o filho.

Enfim, tomei coragem e desci até a UTI infantil. Tinha uma enfermeira tomando conta dos bebês e ela me disse que ele tinha passado a noite bem. Mostrou-me sua incubadora e fiquei muito feliz ao vê-lo, tão pequenino, mas tão cheio de vida.

Fiquei aguardando do lado da incubadora e conversava muito com ele. Procurava alguma coisa diferente e fiquei naquela angústia. Passados uns 15 minutos, a pediatra entrou e a enfermeira me apresentou como a mãe do João Pedro. Ela relatou todos os detalhes do seu nascimento, de como seria daí pra frente, que ficaria alguns dias na UTI e que depois iria para a semi-UTI. Por fim, ela me disse que estavam desconfiados de que meu filho tivesse uma síndrome. Aquela palavra penetrou dentro de mim como uma bomba, estremeci da cabeça aos pés, mas me fiz de firme e acabei de ouvir, minha boca secou e não vinham palavras; tomei coragem e perguntei: *Síndrome de Down?* E ela respondeu:

Provavelmente. Não temos certeza. O prematuro engana muito e ele é muito pequeno, só depois de fazer o exame de cariótipo que teremos certeza. Vamos aguardar os resultados.

Eu não chorei naquele momento. Voltei para o quarto e não falei nada para ninguém, fiquei no silêncio profundo, pensando o que poderia ter dado errado, no ultrassom tudo estava normal. Quem era culpado: eu ou o João, meu marido. Passaram-se mil coisas na minha cabeça.

Ficava imaginando como eu falaria para o João, para a minha família, os amigos, enfim, pra todos que esperavam ansiosos por notícias.

Era sábado, dia de visita. À tarde eu sabia que viriam o João e mais algumas pessoas. Fiquei aguardando a chegada dele.

Os primeiros que entraram no quarto foram o João e a minha mãe, e perguntaram se estava tudo bem. Relatei um pouco daqueles momentos da cesárea, do nascimento do João Pedro e, no ímpeto, eu disse o que a pediatra tinha dito. Momento de silêncio, choro engasgado, e o João me disse para aguardarmos: *Deus não permite nada que não seja da sua vontade*. Minha mãe concordou e eu disse que não contaria às outras pessoas que fossem me ver, até ter certeza.

Não citarei os nomes dessas pessoas, porque posso ser injusta. Muitas foram as que me visitaram, que rezaram e torceram para que tudo desse certo; estão todas no fundo do meu coração e tenho a maior gratidão por elas. Todos que me visitaram puderam ver o João Pedro, claro que com todos os cuidados exigidos. Eu tinha uma grande preocupação que as pessoas notassem alguma coisa diferente Eu não estava preparada para aquele momento, afinal tinha me preparado para ter um bebê "normal", sem problemas, e tudo parecia ter dado errado. Deus tinha que me compensar pelos meus sofrimentos passados, tudo isso era o que eu achava.

As pessoas estavam felizes e não notaram nada. Pelo menos naquele momento não comentaram.

No domingo, 26 de janeiro, recebi uma ótima notícia: o João Pedro saiu da UTI, foi para a semi-UTI e começou se alimentar através da sonda com 2 ml do meu leite. Que vitória! Com o passar dos dias, aumentaria o leite.

Depois do almoço, também recebi a notícia que eu estava com alta. Uma nova etapa começaria. Eu voltaria a São Carlos e ele continuaria na Unicamp.

Recebi todas as instruções quanto à ordenha de leite, à visita, o que eu deveria fazer... Chegou a hora de me separar do João Pedro e voltar para casa sem meu bebê.

Os dias se passaram e as coisas iam se resolvendo quanto às idas e às vindas.

Naquele momento, só sabiam dos detalhes minha mãe e minhas irmãs.

Eu esperava que, nesse tempo, Deus fizesse um milagre, e rezei muito, minhas irmãs também, para que isso acontecesse.

Eu tinha medo de não aceitar, do preconceito, eu só ficava pensando como dar a notícia, enfim, minha cabeça fervia muitos pensamentos desordenados.

O João Pedro ficou 27 dias internado na Unicamp. Eu ia um dia sim e outro não, o dia em que eu não ia a ambulância levava o meu leite, os dias em que ia sempre conversava muito com ele, expressava todo o meu amor. Eu não via a hora de poder segurar o meu bebê, e chegou o grande dia, em um domingo. Uma enfermeira disse que me deixaria pegá-lo, ou seja, fazer mãe canguru. Que emoção! Ele mal cabia na palma da minha mão, na incubadora parecia maior, tudo era um sonho.

E, finalmente, chegou o dia em que eu recebi a notícia. Fui visitá-lo e veio a cardiopediatra e me explicou o resultado do exame cariótipo. Ela me disse que meu filho tinha síndrome de Down, ou seja, trissomia 21, e que também tinha uma cardiopatia. Isso é normal para quem é Down: defeito do septo atrioventricular de forma intermediária, CIV de VIA de entrada, FO pérvio, PCA. *Ele terá que tomar uma medicação e, talvez, futuramente, passar por uma cirurgia.* Novamente eu desmoronei, fiquei sem chão e, como da outra vez, eu estava sozinha.

Naquele momento éramos eu e Deus. Parecia que eu não tinha força para suportar. Entreguei-o nas mãos de Nossa Senhora e pedi sua proteção. Fiz-me de forte, perguntei alguns detalhes de como seria daí para frente e a cardiopediatra me explicou tudo. Passei um dia terrível, não via a hora de voltar para casa e falar para o João, desabafar... Entrei na van para ir embora, sentei no fundo, vim chorando o caminho inteiro. Uma pessoa que estava na van perguntou se meu filho corria risco. Respondi que não e ela me disse para não chorar e confiar em Deus, pois ele sairia logo.

Naquele momento pensei: *Deus me traiu, não fez o milagre que eu queria*. Briguei, questionei Deus. Tinha medo que o João Pedro morresse, enfim, tanta coisa me angustiava, mas eu o amava, era meu filho; já pensava em defendê-lo dos preconceitos, das pessoas que pudessem rejeitá-lo.

Cheguei em casa chorando muito, o João já compreendeu que o resultado tinha sido positivo. *Deus sabe o que faz*, ele me disse, *vamos enfrentar juntos, vamos começar contando para as pessoas*. Não que nós pensávamos em esconder a comprovação dos exames; queríamos ter certeza, e, para minha surpresa, todos deram o maior apoio. Todos, de alguma forma, queriam me ajudar, recebemos até ajuda financeira. É nessa hora que você encontra os verdadeiros amigos, amigos das horas boas e das horas difíceis.

Os dias iam se passando normalmente e, a cada dia, apaixonava-me mais por ele. Como não me apaixonar por aquele rostinho tão lindo, tão puro, tão encantador?

Uma assistente social conversou muito comigo e falava dos detalhes de um Down. Disse-me uma coisa que eu não me esqueço: *para as outras crianças, fazem bolo só no aniversário, e você vai fazer bolo até quando ele conseguir amarrar o tênis, porque tudo o que ele fizer vai ser motivo de festa, ele vai ser uma criança igual às outras, vai andar, falar, rir, chorar, brincar, com algumas diferenças. Tudo vai ser um pouco mais lento, mas ele vai fazer tudo, e tudo no seu tempo.*

Passaram-se 27 dias e ele teve alta, foi transferido para São Carlos, onde permaneceu internado por mais 27 dias. Tudo ficou mais fácil, passava o dia inteiro com ele. O João Pedro não pegou o peito, mas eu fazia a ordenha manual e colocava na mamadeira. Deus me presenteou com uma fartura de leite e pude amamentá-lo até 1 ano só na ordenha, e o pediatra sempre dizia que o leite materno para ele era fundamental.

Minha maior emoção foi quando dei o primeiro banho e pude acariciá-lo em meus braços. Eu dizia que voltava cada dia mais apaixonada por ele. E sabe qual foi o milagre maior que Deus me concedeu? Amá-lo a cada dia; aquela angústia toda que eu sentia deu lugar a uma paz muito grande e eu parei de chorar e questionar. Deus me deu a graça de não ter uma depressão e viver cada dia na sua vontade.

Chegou o grande dia de levá-lo para nossa casa. Que alegria sair com meu bebezinho nos braços! Todos estavam na expectativa da sua chegada. Antes, passamos na capela para agradecer a mãe do céu que, em todo este tempo, nos amparou.

Os meses passaram-se, a vida voltou na rotina normal, o João Pedro começou a fazer fisioterapia, tudo o que era preciso.

Nesse tempo, Deus colocou mais uma vez pessoas especiais na minha vida, pessoas que tinham filho com síndrome de Down e muito me ajudaram, porque, para nós, tudo era novo e parecia um bicho de sete cabeças.

Os profissionais têm experiências, falam tudo o que pode acontecer, mas eles não têm a vivência do dia-a-dia, da alegria, das conquistas, porque tudo o que o Down conseguir fazer é motivo de festa, e a cada dia nós, pais de Down, somos invadidos por um amor muito grande, até difícil de descrever.

A visita de Fátima, Eduardo, Beth e Pedro, que é Down, me ajudou demais. Deram dicas de tudo o que eu deveria fazer para que o João Pedro tivesse uma vida normal, como as outras crianças. A visita de Maria Alice, mãe do Kalzinho, também me ajudou. Foram pessoas que se preocuparam em passar suas experiências para me auxiliar.

Eu, a cada dia, percebia o presente que Deus tinha me dado e dizia: *este filho tinha que ser meu, e aquele era o momento certo que Deus tinha preparado.*

É claro que em todo esse tempo muitas coisas não foram fáceis, a rotina do dia-a-dia muda completamente, nós ficamos com uma ansiedade muito grande pensando no futuro, se estamos ou não fazendo as coisas certas, ficamos neuróticos procurando informações.

Desde o começo, o João Pedro foi uma criança muito amada por todos da família, os amigos etc. Aquele medo que eu tinha do preconceito das pessoas nunca existiu e, onde eu ia com o João Pedro, todos queriam pegá-lo, até começaram a chamá-lo de *nota de um real*.

Eu nunca senti desprezo por ninguém, e uma coisa é certa: nós, pais, somos responsáveis pela aceitação dos nossos filhos deficientes. Se nós aceitarmos naturalmente, as pessoas também irão aceitá-los, porque o preconceito existe dentro de nós e começa em nossa casa.

Não poderia deixar de falar da graça que nós recebemos em relação à cardiopatia do João Pedro. Rezamos muito e o entregamos nas mãos de Nossa Senhora de Rosa Mística; aliás, desde o começo da gravidez, o João Pedro não precisou ser operado, após o exame feito na Unicamp, a cardiologista pediatra constatou que havia fechado, chamou outra médica, mostrou o exame, e disse: *vocês devem ter rezado muito, ele não tem mais nada. Pode parar de tomar o remédio.*

O apoio das pessoas é muito importante, fortalece-nos, dando-nos novo ânimo a cada dia, e um fato é certo: Deus nos enche de tanta força que fazemos coisas que antes achávamos impossível.

O apoio dos profissionais também é fundamental, e nós encontramos profissionais excelentes que trabalharam para a melhora do João Pedro. Não citarei nomes, porque foram muitos, mas, com certeza, foram pessoas enviadas por Deus, anjos que muito nos ajudaram. Fica aqui todo o nosso agradecimento.

Tinha uma preocupação quanto à decisão de voltar a trabalhar, e a Fátima me ajudou a decidir. O tempo passou e chegou a hora de voltar, e, mais uma vez, Deus me ajudou colocando uma família maravilhosa que toma conta do João Pedro desde os nove meses. Ele aprendeu tudo na casa deles: andou, falou, fez as primeiras artes. A mãe Terezinha, o pai Toninho, a tata Claudia, a tata Carina, o vovô Mario... é assim que ele os chama. É sua segunda família e nós somos eternamente agradecidos. É a mãe Terezinha que o leva em todas as suas atividades.

O João Pedro é uma criança esperta, alegre, dócil, que encanta a todos. Andou com 2 anos e meio, começou a falar com quase 3 anos, e hoje é tagarela e vive fazendo peraltices; nós sempre o tratamos normalmente.

Começou ir à escolinha com 2 anos e meio. Eu tinha medo da aceitação das professoras, das crianças, enfim, tinha muito medo que ele ficasse excluído dos outros alunos, mas, para minha surpresa, ele foi muito bem acolhido, as crianças sempre o papariacaram e não percebem as diferenças. Nós, adultos, é que fazemos comparação e enxergamos o diferente.

As professoras da escolinha nos ajudaram muito, desde a tarefa de tirar a fralda, a paciência em ensiná-lo, do carinho com que o tratam. Nossos agradecimentos às escolinhas *Criando Asas* e *Mickey Mouse*.

Hoje, posso falar que o João Pedro é uma criança igual às outras, é arteiro, faz birras, mostra a língua, briga, tudo igual. É claro que tem seus limites e já nos deu sustos: pulou em uma piscina funda, depois saiu dizendo que tinha feito bolinhas na água; caiu do sofá e fez um ovo em sua testa, estava no cavalão; fugiu da casa da mãe Terezinha, atravessou a rua e disse que ia ao *shopping*.

A geneticista nos disse que nós, pais, devemos sempre respeitar seus limites, sem ficar comparando-o às outras crianças da sua idade e nunca exigir nada, tratar o mais naturalmente possível.

Nós temos por obrigação oferecer tudo que é possível para a sua melhora, para sua socialização. Hoje, graças a Deus, os tempos mudaram e as nossas crianças deficientes são incluídas na sociedade, muitos serviços também são oferecidos gratuitamente, e nós não podemos perder as oportunidades.

É fundamental, também, o apoio do pai, o João, que sempre me ajudou a trocá-lo, dar banho, levá-lo às consultas, às atividades. Até hoje o João Pedro só dorme com ele. Tudo o que é dividido fica mais fácil. Nós sempre o estimulamos em casa, na hora do banho, da troca, da comida. Cantamos, dançamos, fazemos tudo o que é possível para o seu desenvolvimento.

O João Pedro é a alegria da nossa casa, preencheu um espaço vazio que existia. Hoje minha casa tem vida, não fica arrumadinha como antigamente, tem brinquedos espalhados no lugar dos bibelôs. Falar do João Pedro é falar do próprio amor, amor gratuito, amor sem limites. É o maior presente que já ganhei.

O João Pedro ganhou um irmãozinho, chamado Gabriel, que também é muito amado e certamente será um grande amigo e companheiro do irmão.

Agradeço a Deus por ter me dado a oportunidade de ser a mãe do João Pedro, de contemplar a Sua face por meio do meu filho e de não ter levado em conta os meus medos, as minhas interrogações, os porquês e por ter feito uma história maravilhosa na minha vida, na vida do João e na vida de todos os que amam o meu filho.

Meus agradecimentos à minha comunidade Neo Catecumenal, que muito nos apoiou em todos os momentos.

Aos padrinhos do João Pedro, Edna e José Luiz, que estiveram sempre presentes, mesmo antes do seu nascimento, meus agradecimentos.

Não poderia deixar de agradecer às pessoas que nos ajudam todos os meses com doações para que ele possa fazer fonoaudiologia.

Aos familiares que estão sempre presentes em todos os acontecimentos de alegria e tristeza, que nos apoiam até hoje. Se eu fosse citar nomes, iriam várias páginas, pois nossa família é muito grande.

Aos amigos de sempre, aqueles amigos que Deus providenciou, e aos amigos que ainda encontraremos. E por falar em amigos, não poderia deixar de mencionar a Renata e a Vanessa, pessoas maravilhosas que muito me ensinaram e ajudaram nesse tempo. Quem encontra um amigo encontra um tesouro, por isso sou agradecida por ter encontrado esse tesouro.

Ficam aqui, também, meus agradecimentos a Dr. José Ernesto, Dr. Raul Borges, equipe da Dra. Mariana da Unicamp, dos pediatras da Unicamp e Dr. Durval. Esses profissionais ajudaram esse sonho a se realizar. À Dra. Cláudia, que acompanha hoje o João Pedro.

Meus agradecimentos a todas as pessoas que, de alguma forma, sem saberem, ajudaram-nos com seu carinho para o desenvolvimento do João Pedro.

Enfim, por todos que participam dessa história maravilhosa, que participam das nossas vidas.

Espero que a cada dia as portas possam se abrir e novos caminhos possam ir surgindo para poder dar oportunidade ao nosso filho no futuro, e que o preconceito dê lugar à igualdade, porque todos, de alguma forma, têm a sua capacidade; basta incentivarmos, pois os estímulos são a base de tudo, e quanto mais eles se sentirem amados, maior será o seu desenvolvimento. Essas crianças são muito sensíveis e têm uma percepção incrível, surpreendendo-nos a cada dia.

João Pedro, você é tudo de bom. Obrigada por você existir e ser essa criança maravilhosa.

Eu te amo, João Pedro. Nós te amamos muito.

História do Paulo

Nosso segundo filho. Uma gravidez tranquila e saudável. O desenvolvimento do bebê foi normal, acompanhado a cada mês pelo obstetra no pré-natal. Nada foi diferente da primeira gravidez.

Chegado o grande dia! Nasceu o Paulo, com 49 cm e pesando 3,410 kg. O índice de Apgar foi sete no primeiro minuto e nove no quinto. Chorou bastante, seus reflexos eram bons. Ao chegar ao quarto, mamou bastante. Tudo parecia normal como quando nasceu o irmão, a única diferença que notei foram as bochechas, que eram bem flácidas.

Passado um mês, na consulta, o pediatra veio conversar comigo e meu esposo. Com muito cuidado e cautela, deu-nos a notícia, falou sobre sua suspeita de que o Paulo poderia ser portador da síndrome de Down, porém ele não poderia afirmar, pois ficou em dúvida, já que o Paulo tinha bons reflexos, bom tônus muscular e traços fisionômicos da síndrome de Down não tão marcantes. Para nós, não foi difícil aceitar, pois tenho uma irmã Down. Iríamos amá-lo da mesma forma e, se em cada célula havia um cromossomo a mais, era um motivo a mais para amá-lo.

Ele foi encaminhado ao geneticista. Ao examiná-lo, disse-nos que só o cariótipo poderia confirmar. Foi feito, então, o exame.

Quando o resultado ficou pronto e foi confirmada a trissomia 21, ficamos um pouco chocados, pois bateu uma insegurança. Todo pai e toda mãe sempre querem o melhor para os filhos. Quando se tem a certeza de que o filho é portador de uma deficiência, nós nos preocupamos em como será sua vida, seu futuro. Houve um momento de dor e lágrimas, mas o amor supera todas as incertezas, e o Paulo tornou-se prioridade absoluta em nossa vida.

Logo passou a fazer terapia ocupacional. Ia uma vez por semana na terapeuta e fazíamos o trabalho de estimulação todos os dias em casa.

O trabalho da terapeuta foi muito importante para o Paulo e para nós. Passamos a olhar a vida com outros olhos. Aprendemos a tratá-lo como uma criança normal, sem superproteção ou como um coitadinho. Ele não era incapaz, pelo contrário, tinha muitas potencialidades, porém deveríamos respeitar seu ritmo e seus limites.

Aprendemos a acreditar na capacidade que ele possuía, porém sabendo que, para desenvolvê-la, seria necessário estimulá-lo diariamente.

Descobrimos que o caminho é longo e que ele seria capaz de trilhá-lo e chegar muito longe, mas que é feito de passos. Passo a passo, aprendemos a valorizar e a comemorar cada pequena vitória.

Mesmo na minha profissão como professora, cresci muito e passei a ter um novo olhar. Cada criança é única, com suas potencialidades, seu tempo e seu ritmo, e são necessários estímulos para que desenvolva o máximo de si.

A partir daí, tornou-se maravilhoso ver o desenvolvimento do Paulo. O que para o Lucas (o irmão) acontecia com naturalidade, e às vezes nem percebíamos, com o Paulo passamos a observar cada fase do seu desenvolvimento. A família se uniu e se deu forças. A presença do irmão foi muito importante na vida do Paulo. Sempre tiveram uma relação de carinho e cumplicidade. Desde a gestação, o Lucas acariciava o irmão na barriga, conversava com ele, cantava para ele e fazia planos para o futuro. Após o nascimento, sempre participou, ajudando nos cuidados e na estimulação, mesmo como brincadeira de pintar o irmãozinho passando pincel pelo seu corpo. Com muito carinho e amor, sempre participou da vida do Paulo, incentivando e comemorando suas vitórias.

O tempo foi passando e o desenvolvimento dele foi muito bom. Com aproximadamente sete meses, começou a sentar, aos poucos a rolar, rastejar e andar e, com 2 anos e três meses, começou a andar.

Muito inteligente, sempre nos surpreendeu a cada dia.

Aos 2 anos, começou a fazer fono, porém soltou a língua e passou a falar bem quando foi para a escola, aos 3 anos.

Ficamos muito apreensivos quando, por orientação da terapeuta, ele foi para uma escolinha particular de ensino regular. Adaptou-se muito bem, relacionava-se bem com as crianças e continuava a nos surpreender, com uma descoberta nova a cada dia.

Com a colaboração da professora, aos 4 anos, deixou de usar fralda. Nessa ocasião, já conhecia as cores e reconhecia seu nome. Aos 5 anos, começou a participar da natação.

Foi a uma escola maior, uma escola municipal de educação infantil, e, apesar de nossa preocupação inicial, sua adaptação foi muito boa.

Aos 6 anos, foi para uma escola municipal de ensino básico. Nessa ocasião, iniciamos uma nova luta. O Paulo começou a apresentar algumas dificuldades para andar. Em princípio, entortava um pouco a perna ao andar, depois começou a perder o equilíbrio e cair com facilidade.

Inicialmente, achamos que fosse algum problema ortopédico e procuramos o ortopedista que, ao examiná-lo, disse que ele não tinha nada. Insatisfeitos com o diagnósticos, procuramos outro ortopedista, que, após radiografia de pernas, pés e quadril, disse que não havia nada de errado na parte ortopédica e a instabilidade que apresentava deveria ser por conta da musculatura mais flácida e dos ligamentos frouxos, próprios da síndrome de Down. Recomendou que o Paulo fizesse seções de fisioterapia e natação mais vezes por semana, porém não houve melhora, pelo contrário, ele passava por períodos em que o quadro estabilizava e outras vezes piorava.

Nessa ocasião, a terapeuta ocupacional e o fisioterapeuta me alertaram que o problema poderia ser neurológico, pois, se fosse muscular, teria apresentado melhoras. O Paulo, então, foi encaminhado à neuropediatra e, a princípio, houve a suspeita que fosse uma doença degenerativa do sistema nervoso. A neuro pediu uma ressonância de crânio, porém, no mesmo dia, o Paulo foi internado com pneumonia. Ficou uma semana internado. Nossa angústia e ansiedade foram muito grandes nesse período, e uma dor terrível tomava conta do nosso coração. Não sabíamos exatamente o que ele tinha e, para fazer os exames, teríamos que esperar que ele se recuperasse completamente, pois a ressonância deveria ser realizada com sedação. Foram dias difíceis de espera e incerteza. Em junho daquele ano, Paulo fez os exames e não havia nenhum problema no sistema nervoso central, porém a ressonância acusou uma lesão na medula na altura da cervical. O Paulo já havia feito uma radiografia da coluna cervical aos 2 anos e meio e havia apresentado uma falha no processo odontoide entre C1 e C2.

Foi encaminhado para um neuro em São Paulo e, após fazer ressonância e tomografia da coluna cervical, foi detectado que uma das vértebras havia se deslocado, causando uma compressão na medula, segundo o médico, algo que pode acontecer com crianças com síndrome de Down. Ele necessitaria de uma cirurgia para fixar a coluna com urgência, pois, sendo a lesão muito alta, havia risco de ficar tetraplégico ou perder a vida.

A vida do Paulo parou. Deixou de ir à escola, à piscina e de fazer todas as outras atividades. Sua diversão passou a ser assistir a filmes, supervisionado 24 horas por dia para que não houvesse o risco de uma queda, até que se realizasse a cirurgia.

A espera foi grande. O médico que, a princípio, disse que faria a cirurgia em vinte dias, quando soube que não poderíamos pagar por ela, foi adiando. Paulo passou a perder todos os movimentos.

Tudo foi se complicando. A dificuldade para andar foi aumentando, até que não conseguia mais ficar em pé. Foi perdendo a coordenação motora, já não conseguia segurar objetos e a mão não chegava até a boca.

Durante esse período, esteve sempre otimista, era ele quem nos dava forças.

Quando percebeu que não podia caminhar, já não tentava. Ele, que sempre foi muito independente, com muita autonomia e queria fazer tudo sozinho, passou a ser totalmente dependente até para pegar um brinquedo que estava ao seu lado, porém nunca reclamou, nunca lamentou sua situação, ao contrário, sempre teve muita força e fé. Dizia: *Jesus vai me curar e vou fazer tudo que fazia antes, correr, andar, pular, nadar, ir para a escola...*

A cirurgia foi marcada para o final de outubro em São Paulo. No entanto, na véspera da internação, foi adiada sem previsão de data para realizá-la. Naquele dia chorei muito, pois, quando estava próxima uma solução para seu problema, foi como um balde de água fria em nossos ânimos.

Muitas vezes não entendemos os desígnios de Deus. Na hora não compreendemos, mas Deus estava preparando algo melhor para o Paulo. Na mesma semana, veio para São Carlos Ana Paula, enfermeira no hospital Sarah em Brasília. Ela ficou sabendo da história do Paulo, sensibilizou-se e, por telefone, deu-me o número do hospital para cadastramento e pedido de atendimento.

O Paulo foi, então, para Brasília e fez a cirurgia para fixar a coluna com a colocação de pinos e enxerto de osso. A cirurgia foi um sucesso. Paulo teve um pós-operatório muito bom e, sempre que perguntavam como estava, ele dizia: *Estou ótimo*.

Sempre muito otimista, usou o colar cervical durante sete meses, sem nunca reclamar. Dizia que o colar era para ajudar a sarar. Aos poucos, fui colocando-o em pé para passar da cama para a cadeira de rodas, segurava-o para que fosse mudando um passinho, depois dois, até caminhar pequenos espaços. Aos poucos, foi ganhando forças. Em março de 2007, conseguia passar da posição sentado para em pé sozinho e arriscava alguns passos.

Recebeu um andador do hospital. A partir daí, com o andador e sua força de vontade, voltou a andar. Em junho, fez os exames e foi comprovado o sucesso da cirurgia: o enxerto havia colado completamente.

Hoje, Paulo leva uma vida normal. Estuda em uma escola pública estadual de ensino regular, brinca, corre, pula e, apesar de ainda fazer tudo isso com pouco de dificuldade, não se deixa abater e é uma criança muito feliz.

O Paulo é e sempre foi uma benção em nossas vidas. É ele quem nos alegra quando estamos tristes, anima-nos quando bate desânimo, dá-nos força, coragem e muita alegria. É muito carinhoso, educado, inteligente, amável, comunicativo e extremamente sociável.

Agradecemos muito a Deus por nos ter dado uma pessoa tão maravilhosa como o Paulo. Somos privilegiados. A síndrome de Down não é um problema, mas uma oportunidade de crescer e aprender com ela a cada dia; uma chance de olhar o mundo de uma forma diferente e valorizar o grande milagre da vida nos pequenos milagres de cada dia.

História do Gabriel

A notícia não foi tão inesperada, uma vez que a intuição já dizia que havia grandes chances de ter um filho especial e, entre as várias possibilidades, a síndrome de Down era a que mais alto "falava".

Durante os sete meses que tentei engravidar, comentei com várias pessoas sobre essa possibilidade, e todas, da área da saúde, por sinal, diziam: *imagina Renata, nem pense nisso, porque hoje em dia, a medicina... e tra-la-la, tra-la-la e tra-la-la*, mas ela, a intuição, continuava falando que sim. Por ser da área de saúde, enfermeira, se essa possibilidade me chocasse tanto, continuaria evitando a gravidez da mesma forma que fiz todos esses anos. Engravidei com 38 anos. Enfim, engravidei! Que alegria! Com 11 semanas de gestação, fomos fazer o ultrassom da nuca. Medidas dentro do padrão, exceto uma que passou 0,1 mm do limite máximo e que nem foi descrita no resultado do exame.

Levei o ultrassom para o ginecologista e comentei sobre a medida não descrita. Foi-me solicitado, então, outro tipo de ultrassom, só para verificar com mais clareza. Fui fazê-lo e olha daqui, olha dali e vamos ver a nuca. A nuca vista por esse outro profissional era de um tamanho alarmante. Fiz outro ultrassom com um terceiro profissional, bastante conceituado, que relatou parâmetros de nuca semelhante do ultrassom anterior. Este profissional, apesar de a nuca estar dentro dos parâmetros considerados normais, não descartou a hipótese de ser uma criança especial, uma vez que eu estava com 38 anos e na primeira gestação. Perguntou se eu queria fazer um exame específico, cariótipo, que daria certeza de alguma alteração que meu filho pudesse ter, porém poderia pôr a gestação em risco. Recusei e agradeci, porque, o quer que fosse, meu filho viria e eu não iria colocá-lo em risco. Tudo isso aconteceu entre a

11ª e o início da 14ª semana de gestação. A minha intuição mais os acontecimentos dessas semanas fizeram que eu fosse da tristeza à luta.

Conversei muito com a minha consciência, meu filho e Deus e me preparei para receber uma criança especial. Não comentei muito a respeito das minhas desconfianças com as outras pessoas, mesmo porque, toda vez que falava alguma coisa, ouvia sempre a mesma coisa: *imagina, nem pense nisso, vê se pode, o que é isso, não vai acontecer nada.*

Continuei a fazer os ultrassons de rotina com a primeira profissional, mesmo porque, se eu já confiava nela, essa confiança aumentou.

O ultrassom da 30ª semana mostrava que tudo estava dentro do normal e o próximo foi aconselhado a ser feito na 36ª semana. Tudo ia muito bem. Continuava conversando com a minha consciência, meu filho e Deus, quando, na 34ª semana de gestação, minha intuição começou a dizer que alguma coisa não estava bem com meu filho, apesar de não ter sentido dor, perdido líquido, passado mal ou qualquer coisa. Achei que fosse estresse e solicitei ao médico a possibilidade de um atestado, de cinco dias, para dar uma relaxada ou "desestressada". Ele pediu para eu ir ao consultório para me examinar. Batimentos cardíacos corretos, tamanho do útero correto, pressão correta, enfim, tudo bem, porém faríamos novo ultrassom com 35 semanas, após cinco dias de atestado, para ver como o bebê realmente estava.

Lá fui eu fazer o ultrassom após o descanso, com a primeira profissional, é óbvio. Ela olhou, olhou, olhou e verificou batimentos cardíacos, mudou as cores na tela, fixou a imagem colorida na cabeça do bebê, foi para a imagem da placenta e falou: *Renata, seu bebê está em sofrimento fetal, com centralização e óligo-âmnio. Se eu fosse seu médico tiraria seu filho hoje. Aguarde na sala de espera que vou ligar para ele e conversar.* Depois de algum tempo, veio a auxiliar, deu-me o resultado do exame e disse: *Seu ginecologista quer vê-la daqui duas horas no consultório.* Fui para casa, tomei banho, separei as roupas para a maternidade e fui ao consultório. Apesar de tudo, mantinha a calma, porque continuava conversando com Deus. Fui para o consultório e de lá para a maternidade fazer os preparos para a cesárea.

Gabriel nasceu bem, pequeno e com baixo peso para a idade gestacional, mas bem. Após mais ou menos 12 horas após o parto, pude ficar em pé e realmente vê-lo no berçário. Digo realmente vê-lo porque, apesar de a pediatra tê-lo me mostrado, não o vi direito porque estava um pouco atordoada com tudo o que acontecia, além do efeito dos medicamentos para a anestesia. Após ficar algum tempo olhando meu "branquelinho", pequenininho, magrelinho e delicadinho, encontrei a pediatra que estava de plantão no berçário. Ele deu-me os parabéns e comentou comigo como ele era loirinho, lindo etc. Perguntei se ela havia reparado nos olhinhos dele e ela me disse que era cedo para saber se seriam claros ou não. Então, puxei os meus olhos com os dedos, fazendo com que ficassem como olhos dos orientais e falei para ela: *Os olhos! Tipo "puxadinho".* Para quem é da área de saúde, sabe que isso significa síndrome de Down. Ela perguntou-me se eu já havia falado com a pediatra do Gabriel e pediu-me para falar com ela. Como eram 5h30min, voltei ao quarto para descansar mais um pouco e, às 7h30min, voltei ao berçário. A pediatra de Gabriel estava lá, conversando com a plantonista, e, após alguns minutos, veio em minha direção e perguntou como eu estava, e respondi estar bem. Ela começou a dizer: *Então, Renata, sabe o que é...* Interrompi o que ela ia dizer e respondi: *Sei*. Ela disse, então, que precisaria fazer o cariótipo para ter certeza. Interrompi novamente dizendo: *Tudo bem!* De certa forma, esses diálogos foram todos com uma dose de bom humor. Quem me conhece sabe que sou um tanto quanto palhaça, brincalhona e sarrista, porque de séria basta a vida com suas "reais responsabilidades", o que não significa que devemos ser sérios sempre, muito pelo contrário, sempre que possível, devemos, com responsabilidade, rir das situações.

Gabriel precisou ficar no berçário por 28 dias para ganhar peso, fazer estimulação oral e demais acompanhamentos que são indispensáveis a qualquer prematuro. Após a alta, fomos ao cariótipo, que só veio confirmar tudo aquilo que eu já sabia. Quando voltei para casa com o resultado do exame relatando que o Gabriel tinha trissomia 21, ou seja, síndrome de Down, olhei aquela criança linda, tão pequenininha, tão frágil, tão dependente dos cuidados da mãe como qualquer outra criança, mas tão especial, que tive vontade de ser uma canguru para colocá-lo na minha bolsa, envolvê-lo e protegê-lo com meu corpo e meu carinho, aquecê-lo com minha alma. Chorei, em parte, por sentir um afeto dobrado e, em parte, por sentir-me culpada, porque se Gabriel tinha trissomia, o cromossomo a mais, que fazia que ele "tivesse/fosse" síndrome de Down, muito provavelmente tinha vindo de mim. No meu mundo, estava tudo bem ele "ter/ser" síndrome de Down, mas o mundo real não estava preparado para aceitar, acolher, respeitar e amar um ser tão especial. O mundo real era carregado de preconceitos e segregações. Não que eu estivesse preocupada com o que iam falar de mim, mas preocupada com o que iam fazer com meu filho.

Um dia após o outro e a passagem por vários especialistas: cardiologista, fonoaudiologista, neuropediatra, fisioterapeuta, terapeuta ocupacional, otorrinolaringologista, oftalmologista, endocrinologista, ortopedista e logicamente a pediatra regendo tudo isso. Por que esse monte de especialista? Porque crianças com síndrome de Down têm grandes possibilidades de nascerem ou virem a desenvolver problemas/alterações em vários órgãos ou sistemas. Elas necessitam, também, e muito, de estimulações por parte de fisioterapeutas, terapeutas ocupacionais e fonoaudiólogos. Mais uma vez o "ataque" do sentimento de culpa, porque, se meu filho tivesse problemas/alterações, a culpa era da "fábrica que não havia produzido com selo de qualidade", ou seja, eu. Então, já que eu não tinha gerado uma criança "perfeita" aos olhos da sociedade, sentia-me, agora, obrigada pela minha consciência a "correr atrás do prejuízo", não era justo deixar meu filho, tão especial, a mercê do tempo; eu tinha que correr atrás do tempo, mesmo porque quanto mais rápido você andar, menor o atraso na hora de chegar. Na verdade, o que quero dizer é que quanto mais rápido os problemas/alterações físicos, se houverem, forem sanados, mais efetivas e precoces serão as estimulações, menor será o atraso (mental) da criança, maiores as chances de se sair bem na vida social, de se viver em sociedade. Aquela sociedade preconceituosa e segregacionista que não está preparada para aceitar, acolher, respeitar e amar as diferenças.

Dos problemas/alterações possíveis de estarem presentes na síndrome de Down, Gabriel apresentava um cardíaco, que poderia desaparecer espontaneamente (e desapareceu); ligamentar, que com fisioterapia mais calçados adequados está sendo corrigido; endocrinológico, que com um remedinho diário está equilibrado; e otorrino, que pequenas cirurgias durante o desenvolvimento corrigem. Que tudo isso gera ansiedade, medo e insegurança, sem dúvida gera, principalmente quando se sabe e se sente que aquele ser tão especialmente delicado e frágil depende duas vezes mais de você (se comparado a outro ser que não seja especial). Na verdade, de tudo isso, o que mais causava angústia era ter que esperar pelo diagnóstico da neuropediatra, quantificando, digamos, o atraso motor e cognitivo de meu filho.

Essa angústia durou oito meses, porque foi quando o Gabriel tinha essa idade que a neurologista finalmente relatou quanto de atraso motor e cognitivo Gabriel, aparentemente, aparentava. Graças a Deus, o atraso de Gabriel não era tão grande; isso significava que eu não tinha gerado uma criança "perfeita", mas também não era "imperfeita", e que eu tinha conseguido correr, um pouco, atrás do tempo. Com certeza, teria que continuar correndo contra o tempo, mas não precisava mais ser tão rápido; poderia fazer paradas eventuais para descanso e abastecimento.

O que mais me ajudou nesse período foi conhecer três pessoas maravilhosas. Uma mãe de uma garotinha com síndrome de Down que me auxiliava nos períodos de angústia, simplesmente por ouvir minhas aflições, e não fazer como as outras pessoas, que diziam: *Larga mão de ficar pensando e sentindo isso, Renata, tudo vai dar certo, você está preocupada à toa*, e tão logo possível mudavam de assunto, como quem quer fugir de algo que não lhes agrada. Outra mãe de duas garotinhas prematuras (de idades gestacionais menores que a de Gabriel), porque a prematuridade também traz certo atraso inicial, porém posteriormente compensado. Outra mãe, ainda gestante, mas que já sabia que sua filha tinha síndrome de Down, porque fez cariótipo com 16 semanas de gestação e que, enquanto grávida, visitou instituições especializadas em cuidar, estimular e educar pessoas com síndrome de Down e que tinha bagagem para traçar uma linha comparativa entre Gabriel e outras crianças com síndrome de Down, para que eu pudesse ter parâmetros a fim de "palpar" o desenvolvimento de Gabriel. Essas três mulheres/mães foram um exemplo e uma escola para mim. Ajudaram muito, entre outras coisas, pelo simples fato de ouvirem minhas angústias, minhas ansiedades, meus medos, meus receios e minhas aflições e, quando não tinham nada a aconselhar, simplesmente diziam: *Estou aqui com você e seu filho para o que der e vier e, juntas, vamos achar as respostas*, tão diferente das outras pessoas que davam um jeito de mudar de assunto e, às vezes, até criticavam, dizendo: *Você está neurótica!*

Silvia, Patrícia e Vanessa, amo vocês como irmãs de coração, e o coração não esquece, por mais que a geografia nos distancie. O amor sem medida que sinto por Gabriel e a paz de espírito que sinto com relação a ele tem "dedo" de vocês.

Gabriel, meu anjo abençoado, você é o maior presente que a vida me deu.

Obrigada, meu Deus!

História do Leonardo

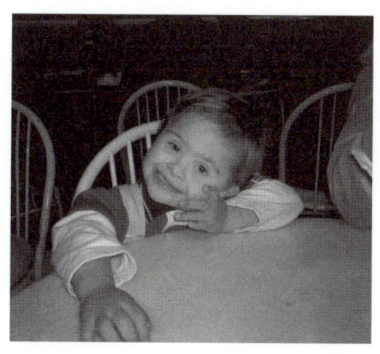

Quando eu estava com sete meses de gestação, fui a uma consulta de rotina no meu obstetra, toda contente com meu exame de ultrassonografia nas mãos, e foi quando recebi a notícia que me fez perder o chão naquele momento: *Olha, Gisele, o seu bebê pode ter síndrome de Down.*

O quê? Como assim?

Eu não podia acreditar! Aquele filho tão planejado, o irmão que a Letícia tanto queria, iria nascer "assim"? Nem tive lágrimas naquele momento. Meu marido, Eduardo, ao contrário, chorou muito. Depois desse dia, foi o mês mais longo da minha vida, pois o Léo nasceu de oito meses.

Rezava todos os dias, queria aceitar, mas não conseguia, ainda tinha esperança de que isso não fosse acontecer. Nem conseguia pensar muito na cirurgia que o médico disse que meu bebê poderia ter que fazer assim que nascesse, pois ele parecia ter uma malformação intestinal, pelo que viu no ultrassom.

Pedia a Deus que isso também não acontecesse, mas, no fundo, me preocupava mais com a síndrome de Down.

Finalmente chegou o grande dia! Nasceu o Leonardo! Os médicos não me disseram nada naquele momento, mas nem precisava, pois só de olhar seu rostinho já percebi: olhinhos puxadinhos... japonês não era!

Foram três meses na UTI infantil e um mês no berçário, quatro cirurgias intestinais... E foi aí que, quando nos demos conta, nem percebemos mais que o Léo tinha síndrome de Down. Só queríamos que ele sobrevivesse e saísse bem daquela situação para poder viver e brincar como uma criança "normal".

Após quatro longos meses, o Léo veio para casa. Foi engordando, se adaptando, fazendo suas estimulações, e hoje está aí, todo cheio de saúde, uma criança saudável, risonha, ativa, que brinca e se diverte com todos e a todos.

O Léo veio com o intuito de nos ensinar muita coisa, tanto a mim quanto ao pai, Eduardo, à irmã, Letícia, e também a todo o resto da família.

Surpreendi-me ao ver que ele estava conseguindo, mas, hoje, com o amor e a admiração que sentimos pelo nosso tão esperado filho, já não me surpreendo ao ver que, com certeza, ainda temos muito a aprender com ele.

Raramente peço algo a Deus, pois vendo o presente maravilhoso que Ele nos enviou, percebo que não preciso pedir mais nada, apenas agradecer, agradecer e agradecer...

Bom, este é um resumo da história do Leonardo, espero que possa ajudar, de alguma forma, as famílias que receberam ou receberão uma criança especial em suas famílias, pois é o maior presente que podemos ter em nossas vidas!

E lembre-se: Deus só envia crianças especiais a pessoas especiais!

Um abraço a todos!

História da Larissa

Meu nome é Luiza e tenho 49 anos.

Em junho de 1999, fui ao médico porque fazia dois meses que não tinha menstruação. Ele não me passou nenhum remédio e me pediu um exame. Nunca me passava pela cabeça que eu estivesse grávida. Imaginava que estava entrando na menopausa.

Peguei o resultado e, para minha surpresa, eu estava grávida. Fiquei abalada, porque não tinha mais nada de bebê.

Na época, tinha uma filha de 12 anos. Estávamos em uma situação difícil financeiramente, mas não fiquei triste, aceitei muito bem. Pensava: *Antes uma filha que uma doença*.

Minha gravidez foi bem até o sexto mês. Durante o sétimo mês fiquei internada quase o tempo todo, porque minha pressão arterial subia muito. Foi então que o médico chamou a mim e ao meu marido e disse que precisava tirar o bebê de oito meses, pois tanto eu quanto a criança estávamos correndo risco de vida, mas eu nunca imaginei nada, só pedia a Deus que me mandasse ela perfeita e com saúde.

Foi então que no dia 27 de janeiro de 2000, às 18h35min, foi feita minha cesárea e a Larissa nasceu, com 2,125 kg e 43 cm. Eu a ouvi chorar muito pouco, foi então que a pediatra chegou perto do meu marido e perguntou se nós tínhamos mais filhos. Ele mostrou minha filha mais velha e a pediatra não disse mais nada, simplesmente virou as costas e voltou para dentro da sala de cirurgia, levou Larissa para a incubadora e não a mostrou a ninguém.

As enfermeiras traziam os bebês para todas as mamães que estavam no meu quarto, só a minha filha que não vinha. Fiquei dois dias sem vê-la. Meu marido já estava louco sem saber o que estava acontecendo, e eu, mais ainda. Foi então que a pediatra falou para ele que a Larissa nasceu com síndrome de Down e que ela não andaria nem falaria. Não explicou o que era a síndrome de Down e que existem vários casos diferentes. Simplesmente disse o que ela imaginava. Meu marido pediu à pediatra que não me falasse nada sem que ele estivesse perto, mas foi em vão, pois ela chegou ao meu quarto às 23 h, levou-me a outro quarto, sozinha, e deu-me a notícia. Nesse dia meu mundo desabou, não sabia o que fazer nem o que pensar. Eu, com 41 anos, sem nem uma experiência de saber como lidar com uma criança especial, fiquei totalmente perdida. Ficava pensando como isso teria acontecido. Durante minha gravidez, fiz várias ultrassonografias e nenhuma delas acusou nada. O médico dizia que estava tudo bem e, como minha filha nasceu com a síndrome, não tinha explicação para minha dúvida.

Saí da maternidade e fui para minha casa. Deixei a Larissa no hospital. Cheguei no meu quarto e vi o berço dela todo arrumado, mas ela não estava comigo. Para mim, naquele momento, Deus não existia, mas meu marido, minha filha, meus vizinhos, amigos e familiares começaram a me ajudar, abriram meus olhos e diziam que Deus existia sim, porque, se Deus me mandou a Larissa, era para eu cuidar, que Ele sabia que eu tinha condições para isso e não dá uma cruz maior que a você pode carregar.

A Larissa ficou nove dias na maternidade, e eu ia lá todos os dias, três vezes ao dia, para aprender a amamentar, porque ela tinha dificuldade de sugar. No nono dia, ela teve alta, foi para casa, mas começou a perder peso e passou a pesar 1,9 kg. Eu só pedia a Deus para não tirá-la de mim.

E assim começou minha luta: médicos, exames, eletros e tudo mais que se pode imaginar.

Com dois meses de vida, comecei a levá-la para fazer fisioterapia e terapia ocupacional. Eu não desistia.

Com 2 anos e quatro meses ela começou a andar e teve alta da fisioterapia. Para mim, Deus já tinha me dado uma vitória. Mas ela faz terapia ocupacional até hoje, com o objetivo de impor limites.

Com 4 anos, ela começou a fazer fonoaudiologia e continua até hoje. Nessa época, a Larissa frequentou uma creche para se sociabilizar com crianças, foi então que ela parou de usar fraudas e começou a comer sozinha. Depois de um tempo, foi transferida a uma EMEI de São Carlos, onde ficou por dois anos e, por motivo de inclusão, foi a uma escola de ensino regular. Hoje, ela está estudando em uma ótima escola, graças a pessoas amigas que estão nos ajudando.

Sinto-me uma pessoa muito importante, porque minha filha Larissa me ensinou muita coisa. A síndrome de Down não é uma doença, mas uma prova de Deus, que nos coloca em sintonia com os dias de hoje, e, se olharmos para trás, veremos que existem situações muito mais difíceis. Se eu preciso pedir ajuda, peço. Se alguém quiser me ajudar, aceito de braços abertos, pois é para a minha filha, e ela não terá pai e mãe para sempre.

Minha família é muito feliz. A Larissa só trouxe paz e alegria à casa, sem ela tudo seria sem graça.

Todo mundo sabe que existe o preconceito de pessoas desinformadas, mas isso é coisa que sempre existirá.

A Larissa vai à escola, está aprendendo a ler e escrever, alimenta-se e toma banho sozinha, troca-se sem ajuda. Ela é uma criança muito esperta e amável. É um pouco teimosa, mas isso é normal de toda criança. Adora ganhar presente, tudo para ela é motivo de festa. Ela é minha assistente de telefone, pois adora atender telefone e o faz muito bem.

Eu fiz tudo isso e ainda faço, porque, até agora, ela só me trouxe alegria. Se precisasse, eu faria tudo de novo, pois tive a recompensa, e agora posso dizer que Deus existe, sim, e ela é a prova disso.

O que seria de mim se não fosse a Larissa? Talvez a vida não tivesse mais sentido, mas ela me fez viver de novo.

Em minha casa hoje tem muita alegria e paz, porque veio um anjo para nos abençoar. Ela é a pessoa mais sincera, trouxe vida, paz e amor. Por ela confiei e confio em Deus.

Larissa é a razão do nosso viver, é a pessoa mais especial desse mundo.

História do Lucas José

Minha gravidez foi planejada, pois queríamos mais um filho; já tenho uma filha. Para nós não importava o sexo do bebê. Pedíamos muita saúde.

Fiz a primeira ultrassonografia com 12 semanas. Esse ultrassom é para ver se está tudo bem, e estava tudo em ordem.

Depois, com quatro meses, fiz outro ultrassom para saber o sexo do bebê. Era um menino, e o nome já estava escolhido: se chamaria Lucas. Estava marcado para nascer entre final de maio e começo de junho de 2005. No quinto mês, fiz outro ultrassom para confirmar o sexo do bebê, e era realmente um menino.

Comecei a sentir uma sensação diferente. Depois de três ultrassons não conseguia ver o rosto do Lucas. Comecei, então, a ficar preocupada, e foi quando pedi ao meu médico o quarto ultrassom. Fiz a ultrassonografia, estava tudo em ordem, mas ainda não conseguia ver o rosto, somente o sexo e uma das pernas.

Pedi uma explicação ao médico, pois o Lucas estava sentado e de costas. Por isso não conseguia ver o rosto. Mesmo assim, sentia algo diferente, algo que eu não senti na minha primeira gestação.

Com oito meses e meio, fiz o último ultrassom, e o Lucas continuava sentado, estava pesando aproximadamente 4 kg e medindo 50 cm, estava tudo em ordem.

Depois de mais ou menos duas semanas, comecei a sentir que ele estava mexendo muito pouco. Passei por uma consulta com o médico, então ele resolveu marcar a cesárea, pois estava tudo em ordem, já com 38 semanas e alguns dias. Bom, agora chegou a hora de conhecer o nosso filho.

O Lucas nasceu em uma sexta-feira, dia 27 de maio de 2005, às 08h15min da manhã, pesando 3.890 kg e medindo 50 cm.

Quando ele nasceu, não o vi, pois precisava de oxigênio. Mostraram-no ao papai, José, e à irmã, Jéssica, pelo vidro. Fui para o quarto e, logo em seguida, meu marido foi me ver, quando eu perguntei se estava tudo em ordem com nosso filho e como era o rosto do Lucas, e ele me respondeu que o nosso menino era lindo.

Recebi visitas às 15 h, de uma amiga e da minha cunhada. Eu ainda não o tinha visto, pois ele estava no berçário. Minha cunhada foi até o berçário e não voltou para o quarto. Então comecei a desconfiar de que algo estava acontecendo. Minha amiga entrou no quarto e perguntei por que minha cunhada não havia voltado, ela me disse que era por causa do tempo da visita.

Quando acabou a visita, recebi o meu médico, perguntei a ele como estava o meu filho. Ele me falou que meu filho era lindo e que eu e meu esposo éramos muito especiais. Comecei a chorar. Ele foi me falando que eu tenho uma família linda e que Deus só dá filhos especiais a pais especiais. No primeiro momento, não conseguia entender nada.

Então entrou uma enfermeira no quarto, ajudou-me a tomar banho e levou-me para conhecer o meu filho.

Chegando ao berçário, peguei-o no colo, abençoei-o e comecei a chorar, pois não conseguia entender o que estava acontecendo, para mim estava tudo normal, não via diferença alguma, somente que ele era meio molinho.

À noite recebi a visita do pediatra, foi quando ele nos deu a notícia de que o nosso filho provavelmente tivesse síndrome de Down, mas somente um exame de sangue confirmaria.

Foi quando eu entrei em desespero. Por não saber do que se tratava, comecei a fazer várias perguntas, o que tinha que fazer e como seria o seu tratamento. Ele me respondeu que eu iria cuidar dele como eu cuidei da minha filha, com muito amor e carinho. Sobre o tratamento que provavelmente precisaria, ele citou alguns: fisioterapia, terapia ocupacional e fonoaudiologia.

No começo sentia muita tristeza e culpa, tentava achar explicação. Passamos por uma consulta com o geneticista, ele nos explicou que não se tratava de algo que teria acontecido durante a gestação, mas de um acidente genético em relação aos cromossomos e que o Lucas precisaria fazer um exame de sangue: o cariótipo, e demoraria trinta dias para pegar o resultado.

Durante esse tempo, uma pessoa me ligou, apresentando-se como mãe de um menino com síndrome de Down com 3 anos de idade. Ela me dizia que não se tratava de algo impossível, mas de um presente que Deus teria me dado e que veio para me ensinar muitas coisas.

Chegou o dia de pegar o resultado. Lá no fundo do meu coração eu tinha uma esperança de que daria negativo. Não foi o que aconteceu, o resultado foi positivo, o meu filho tem síndrome de Down. Foi quando eu saí da tristeza e comecei a encarar a situação de outra maneira: amar o meu filho mais que tudo nesta vida. Em momento nenhum eu o rejeitei ou não cuidei dele. Eu o amarei sempre.

O Lucas começou a fazer fisioterapia e terapia ocupacional com três meses. Com sete meses começou a sentar-se sozinho, logo começou a engatinhar. Com 1 ano e meio ficava em pé com apoio e dava passinhos com ajuda.

Na fono, começou a ir com seis meses e logo começou a balbuciar.

O Lucas começou a andar sozinho no dia 19 de junho de 2007 e já fala algumas palavrinhas inteiras.

Hoje, agradeço a todas as pessoas que me ajudaram e principalmente a Deus, por ter nos dado o Lucas, o nosso maior presente.

Obrigada, Senhor Deus, pela saúde do nosso filho: Lucas José.

História do Lucas

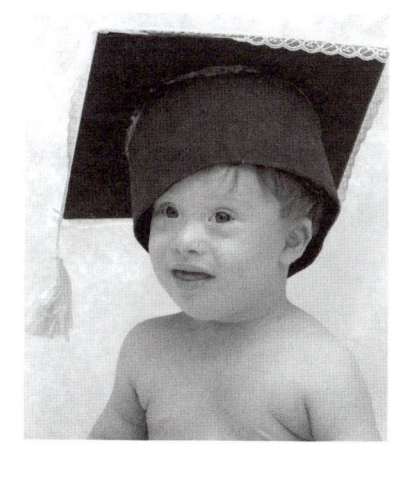

Olá! Meu nome é Maria Elena e hoje vou contar um pouquinho da história de uma pessoinha muito especial para mim, meu filho Lucas.

Engravidei do Lucas com 43 anos, ele é meu terceiro filho. Minha gravidez foi ótima, passei muito bem. Tenho também duas filhas, a Jéssica, de 14 anos, e a Cris, de 18.

Descobri que o Lucas tinha síndrome de Down quando ele nasceu. Fiquei muito assustada, pois eu era pouco informada sobre o assunto e raramente assistia à novela *Páginas da Vida*, que relatava fatos da vida de uma criança com Down.

Quando a médica conversou comigo, disse que meu filho era totalmente diferente, tinha os pés e as mãos diferentes das outras crianças.

No princípio fiquei sem reação, pois, da maneira como ela havia dito, meu filho não era normal. Minha família também ficou muito assustada! Minhas filhas choravam muito e pensavam que tudo seria diferente.

Graças a Deus muitas pessoas me ajudaram no começo, principalmente a Marlene, mãe do João Pedro, a Claudia e a Aline, estagiárias da maternidade, apoio foi o que não faltou. Muitas mães entraram em contato comigo, como a Renata, mãe do Gabriel. Participei de reuniões de mães com filhos com Down e, assim, fui me aperfeiçoando.

Comecei a entender que nada era como eu imaginava, muito pelo contrário, eu fui uma pessoa escolhida, abençoada por Deus, e hoje agradeço a ele por ter colocado esse menino lindo em minha vida.

Além de serem uma bênção de Deus, essas crianças trazem pra nós uma nova visão do mundo, ensinam-nos muitas coisas que, às vezes, não acreditamos, mostram-nos coisas que nunca imaginávamos que fossem como realmente é e, principalmente, nos emocionam com cada passo, cada gesto de amor, cada momento de carinho, e assim vemos e acreditamos que a síndrome de Down é um dom!

Acredito que crianças são como borboletas ao vento, algumas voam rápido, outras voam pausadamente, mas todas voam do seu melhor jeito, porque cada uma é diferente, cada uma é linda e cada uma é especial. Ninguém consegue ser tão especial nem tão significante como elas, por isso Deus escolhe a dedo a quem presentear com essa maravilha!

O Lucas traz muita alegria e felicidade para todos que vivem ao nosso redor. Muito inteligente e com seu jeitinho meigo de ser, conquista a todos por onde passa. A cada dia ele surpreende a mim e a meus familiares, pois percebo que é uma criança muito esperta e obediente.

Não pode ouvir o barulho da porta que já quer ir ver a rua. Quando meu marido vai trabalhar, o Lucas adora entrar no carro e ficar mexendo no volante. Até a porta do carro ele fecha e faz sinal dizendo tchau para o papai.

Adora ouvir música, cantar parabéns, passear, falar, gritar, bagunçar, e até eu entro na dança, ajudando-o a bagunçar pela casa, e tudo que ele apronta faz a alegria e causa risos em todos aqui em casa. Ele também adora mexer no computador enquanto minhas filhas usam. O telefone para ele é o brinquedo preferido. Gosta, também, de animais, como pássaros e cães. O Lucas gosta de assistir à televisão, presta uma atenção como se fosse gente grande.

Ele é muito apegado às meninas. Aonde elas vão ele quer ir, e, se não o levam, ele fica chorando. Se minhas filhas começam a conversar e não dão atenção a ele, fica bravo e faz de tudo para que elas vejam que ele também está ali e quer atenção. Quando juntam os três em casa, sai de baixo! Ele adora puxar os cabelos delas, fazer caminhãozinho, subir no sofá... até ligar o rádio ele já aprendeu.

Toda noite não dorme sem antes rezar com minhas filhas. Levanta as mãozinhas quando elas dizem: *Vamos rezar para o Papai do Céu*. E, para dormir, ele espera todos da casa se deitarem para, depois, que estiver tudo em silêncio, ele dormir.

Sempre está aprendendo coisas novas e fazendo gracinhas.

O Lucas também faz fisioterapia duas vezes por semana. No começo ele estranhou, chorava sem parar, mas com o tempo foi se adaptando e, atualmente, adora brincar com a Andréia (fisioterapeuta). Percebo que a cada dia que passa ele se desenvolve muito bem por meio do estímulo da fisioterapia.

Costumo dizer a todos que o meu filho, para mim, tem o sorriso mais lindo, o olhar mais sincero. Ele é o meu porto-seguro e é a criança mais linda do mundo, meu lindo bebê loirinho de olhos azuis.

Ele é uma criança abençoada por Deus, amada por todos, uma criança normal, especial e que mudou minha vida. Meu filho é tudo para mim. Lucas, a mamãe ama você muito e para sempre!

Considerações finais

O trabalho de estimulação realizado precoce e conscientemente tem modificado a realidade das pessoas com síndrome de Down. O profissional bem informado será decisivo para o bom desenvolvimento desse indivíduo; no entanto, ele nem imagina o quanto irá crescer e aprender com as pessoas com síndrome de Down.

Há alguns anos, nas Olimpíadas Especiais de Seattle, nove participantes, todos com deficiência mental ou física, alinharam-se para a largada da corrida dos 100 metros rasos. Ao sinal, todos partiram, não exatamente em disparada, mas com vontade de dar o melhor de si, terminar a corrida e ganhar. Todos, com exceção de um garoto, que tropeçou no asfalto, caiu rolando e começou a chorar. Os outros oito ouviram o choro. Diminuíram o passo e olharam para trás. Então, eles viraram e voltaram. Todos eles. Uma das meninas, com síndrome de Down, ajoelhou, deu um beijo no garoto e disse: – *Pronto, agora vai sarar*, e todos os nove competidores deram os braços e andaram juntos até a linha de chegada. O estádio inteiro levantou e os aplausos duraram muitos minutos. As pessoas que estavam ali, naquele dia, continuam contando essa história até hoje.

Essa história reflete um pouquinho do muito que se pode aprender com as pessoas com síndrome de Down. A eficiência sentimental de muitos dos indivíduos com síndrome de Down supera sua deficiência mental.

Desde que a Ana Beatriz surgiu em nossas vidas, descobrimos o que é felicidade. Hoje, não conseguimos imaginar nossas vidas sem esse ser tão iluminado. Proporcionar as informações coerentes, consistentes e adequadas sobre a síndrome de Down por meio deste livro é a realização de um sonho. Esperamos que essas informações possam tornar a vida das pessoas com síndrome de Down um pouco melhor.

Só quem convive com uma pessoa com síndrome de Down pode entender que aprendemos com eles uma forma mais bonita, feliz, sem maldade e iluminada de ver e curtir a vida. Quando achamos que vamos ter que ensinar muito, aprendemos muito mais que ensinamos.

Nós, a nossa princesa, Ana Beatriz, todas as pessoas com síndrome de Down e suas famílias aplaudimos e agradecemos a você pela busca do conhecimento e pelo oferecimento de nossas oportunidades e de uma vida melhor para todos os que têm síndrome de Down.

Álbum de fotos

Álbum de fotos

Síndrome de Down

Álbum de fotos

SOBRE O LIVRO

Formato: 22,5 x 25 cm
Mancha: 14 x 20 cm
Tipologia: Palatino Linotype
Papel: Offset 90 g
nº páginas: 336
1ª edição: 2009

EQUIPE DE REALIZAÇÃO

Edição de Texto
Talita Gnidarchichi (Assistente editorial)
Maria Apparecida F. M. Bussolotti (Estabelecimento de texto)
Nathalia Ferrarezi (Preparação do original, copidesque e revisão)
Renata Sangeon (Revisão)

Editoração Eletrônica
Fabiana Tamashiro (Capa, projeto gráfico, diagramação e tratamento de imagens)
Ricardo Howards (Ilustração)

Impressão:
HR Gráfica e Editora